中等职业教育汽车专业理实一体化系列教材

汽车车身钣金修复技术
（配任务工单及理论习题）

组　编　烟台瑞达汽车科技有限公司

主　编　纪建平　黄　涛　于晓亮

副主编　宋元利　房前程　王善静　高　俊

参　编　杨介福　汤少岩　黄天元　罗　佳　张　东
　　　　单恩强　王化学　蔡汉奇　赵　锦　王家虎
　　　　班英杰　丁楷源　杨　猛　孙贻智　刘玉东
　　　　魏洪元　汲广任

机械工业出版社

本书是校企"双元"合作开发的教材,使用新型活页式工单并配套开发信息化资源。本书内容分为4个部分:职业技能等级证书篇包括准备作业与部件检查拆装、钣金工具设备的保养与操作、车身外部板件的修复、黏合剂使用与塑料件检修4个项目;车身小损伤修理篇包括免喷漆修复技术、车身铝外板修复技术、钣金成形技术3个项目;车身中损伤修理篇包括车身热接合技术和车身冷接合技术2个项目;车身大损伤修理篇包括车身测量技术和车身校正技术2个项目。

本书可作为中等职业院校汽车车身修复、汽车美容与装潢、汽车运用与维修等专业的教材,也可供技师学院汽车钣金与喷涂、汽车美容与装潢专业的学生使用,还可作为汽车钣金行业从业人员岗位培训教材使用。

图书在版编目(CIP)数据

汽车车身钣金修复技术:配任务工单及理论习题 / 烟台瑞达汽车科技有限公司组编;纪建平,黄涛,于晓亮主编. — 北京:机械工业出版社,2023.7

中等职业教育汽车专业理实一体化系列教材

ISBN 978-7-111-73621-9

Ⅰ.①汽… Ⅱ.①烟…②纪…③黄…④于… Ⅲ.①汽车–车体–车辆修理–中等专业学校–教材 Ⅳ.①U472.4

中国国家版本馆CIP数据核字(2023)第143447号

机械工业出版社(北京市百万庄大街22号 邮政编码100037)
策划编辑:齐福江　　　　　责任编辑:齐福江
责任校对:潘 蕊 梁 静　　封面设计:陈 沛
责任印制:单爱军
北京虎彩文化传播有限公司印刷
2023年11月第1版第1次印刷
184mm×260mm·18印张·291千字
标准书号:ISBN 978-7-111-73621-9
定价:69.90元

电话服务　　　　　　　网络服务
客服电话:010-88361066　机 工 官 网:www.cmpbook.com
　　　　　010-88379833　机 工 官 博:weibo.com/cmp1952
　　　　　010-68326294　金 书 网:www.golden-book.com
封底无防伪标均为盗版　机工教育服务网:www.cmpedu.com

FOREWORD
前 言

党的二十大精神进教材是二十大精神"三进"(进教材、进课堂、进头脑)活动的重要组成部分，本书在编写之际，恰逢党的二十大胜利召开，各地各部门兴起了轰轰烈烈地学习党的二十大精神的热潮。本书编写组认真学习了党的二十大精神，并探索将党的二十大精神"润物无声"地融入教材。

汽车车身钣金修复"看似汽车毫末技艺，实则座驾顶上功夫"。如果将汽车维修工统称为"汽车医生"的话，那么汽车钣金维修工就是皮肤科医生、五官科医生以及骨科医生。

本书内容分为4个部分，4部分内容分别对应汽车钣金维修工的四个职业发展阶段："书证融通育新人——职业技能等级证书篇"对应新手阶段，维修企业称之为学徒工阶段；"技艺傍身出新秀——车身小损伤修理篇"对应生手阶段，维修企业称之为小工阶段；"技能提升成新锐——车身中损伤修理篇"对应熟手阶段，维修企业称之为中工阶段；"技术精湛开新局——车身大损伤修理篇"对应能手阶段，维修企业称之为大工阶段。

"书证融通育新人——职业技能等级证书篇"内容包括准备作业与部件检查拆装（前保险杠的调整与拆装、翼子板的检查与拆装、车窗玻璃升降器的调整与拆装）、钣金工具设备的保养与操作（气动工具的保养、介子机的调整与应用、点焊机的调整与焊点检查、MAG焊机调试与塞焊焊接）、车身外部板件的修复（翼子板的修复、车门的修复、车身线的修复）、黏合剂使用与塑料件检修（塑料的鉴别、塑料的粘接和焊接修复）4个项目。

"技艺傍身出新秀——车身小损伤修理篇"内容包括免喷漆修复技术（拉拔法修复、顶撬法修复、内应力法修复）、车身铝外板修复技术（手工具修复、介子机修复）、钣金成形技术（放样和认识放样工具、常用钣金成形工艺）3个项目。

"技能提升成新锐——车身中损伤修理篇"内容包括车身热接合技术（MIG焊接、MIG钎焊、激光焊接、激光钎焊、连续成型旋接、摩擦焊接）和车身冷接合技术（折边连接、胶粘连接、盲铆接、冲压铆接、连续成型铆接、无铆钉连接）2个项目。

"技术精湛开新局——车身大损伤修理篇"内容包括车身测量技术（二维测量、超声波三维测量、激光三维测量、位移传感器三维测量、斯潘内锡电子测量、专用模具测量）和车身校正技术（斯潘内锡系统车身校正、奔腾系统车身校正、卡尔拉得系统车身校正）2个项目。

本书是校企"双元"合作开发的教材（烟台汽车工程职业学院、杭州技师学院等诸多职业院校与烟台瑞达汽车科技有限公司合作开发），使用新型活页式工单并配套开发信息化资源。教材实现三融合：将汽车钣金修护与车架调校技术1+X证书的相关内容融入教材，将世界技能大赛和全国职业院校技能大赛车身修理内容融入教材，将保时捷、捷豹路虎、奔驰等高端汽车品牌的钣金维修内容融入教材。

本书分为11个项目，40个任务，由烟台汽车工程职业学院纪建平、杭州技师学院黄涛、烟台瑞达汽车科技有限公司于晓亮担任主编，烟台汽车工程职业学院宋元利和房前程、威海市文登技师学院王善静、捷豹路虎中国有限公司高俊担任副主编，杭州汽车高级技工学校杨介福、烟台汽车工程职业学院汤少岩、厦门工商旅游学校黄天元、嵊州市职业教育中心学校罗佳和张东、寿光市职业教育中心学校单恩强、胶州市职业教育中心学校王化学、安吉技师学院蔡汉奇、济南市历城职业中等专业学校赵锦、青岛西海岸新区职业中等学校王家虎、临沂市工业学校班英杰和丁楷源、武汉市交通学校杨猛、滨州市高级技工学校孙贻智、临沂市理工学校刘玉东、滕州市中等职业教育中心学校魏洪元、烟台瑞达汽车科技有限公司汲广任参与编写。

纪建平编写项目九，黄涛编写项目十，于晓亮编写项目十一，宋元利编写项目八的任务一和任务二，房前程编写项目八的任务三和任务四，高俊编写项目八的任务五和任务六，王善静编写项目七，杨介福编写项目一的任务一，汤少岩编写项目一的任务二，黄天元编写项目一的任务三，罗佳编写项目二的任务一,张东编写项目二的任务二,单恩强编写项目二的任务三,王化学编写项目二的任务四,蔡汉奇编写项目三的任务一,赵锦编写项目三的任务二,王家虎编写项目三的任务三,班英杰编写项目四的任务一,丁楷源编写项目四的任务二,杨猛编写项目五的任务一,孙贻智编写项目五的任务二,刘玉东编写项目五的任务三,魏洪元编写项目六的任务一,汲广任编写项目六的任务二。由纪建平负责全书的统稿、定稿。

由于编者经验有限,书中难免有不足之处,欢迎读者交流、指正。

编 者

目 录

前言

第一部分　书证融通育新人——职业技能等级证书篇

项目一　准备作业与部件检查拆装 ················· 2
知识链接 ·· 2
　　任务一　前保险杠的调整与拆装 ····················· 6
　　任务二　翼子板的检查与拆装 ························ 9
　　任务三　车窗玻璃升降器的调整与拆装 ············ 11

项目二　钣金工具设备的保养与操作 ············· 14
知识链接 ··· 14
　　任务一　气动工具的保养 ····························· 26
　　任务二　介子机的调整与应用 ······················· 27
　　任务三　点焊机的调整与焊点检查 ················· 29
　　任务四　MAG 焊机调试与塞焊焊接 ··············· 31

项目三　车身外部板件的修复 ······················· 34
知识链接 ··· 34
　　任务一　翼子板的修复 ································ 39
　　任务二　车门的修复 ··································· 41
　　任务三　车身线的修复 ································ 43

项目四　黏合剂使用与塑料件检修 ································ 47

知识链接 ··· 47

　　任务一　塑料的鉴别 ··· 51

　　任务二　塑料的粘接和焊接修复 ··· 52

第二部分　技艺傍身出新秀——车身小损伤修理篇

项目五　免喷漆修复技术 ······································ 58

知识链接 ··· 58

　　任务一　拉拔法修复 ··· 65

　　任务二　顶撬法修复 ··· 67

　　任务三　内应力法修复 ·· 68

项目六　车身铝外板修复技术 ······························ 70

知识链接 ··· 70

　　任务一　手工具修复 ··· 77

　　任务二　介子机修复 ··· 79

项目七　钣金成形技术 ··· 81

知识链接 ··· 81

　　任务一　放样和认识放样工具 ··· 86

　　任务二　常用钣金成形工艺 ·· 88

第三部分　技能提升成新锐——车身中损伤修理篇

项目八　车身热接合技术 ······································ 104

知识链接 ··· 105

　　任务一　MIG 焊接 ··· 109

　　任务二　MIG 钎焊 ··· 115

　　任务三　激光焊接 ·· 120

任务四　激光钎焊 125

　　任务五　连续成型旋接 131

　　任务六　摩擦焊接 132

项目九　车身冷接合技术 134

知识链接 134

　　任务一　折边连接 149

　　任务二　胶粘连接 150

　　任务三　盲铆接 152

　　任务四　冲压铆接 156

　　任务五　连续成型铆接 161

　　任务六　无铆钉连接 163

第四部分　技术精湛开新局——车身大损伤修理篇

项目十　车身测量技术 166

知识链接 166

　　任务一　二维测量 179

　　任务二　超声波（Shark）三维测量 180

　　任务三　激光三维测量 182

　　任务四　位移传感器（卡尔拉得）三维测量 187

　　任务五　斯潘内锡（SPANESI）电子测量 190

　　任务六　专用模具测量 193

项目十一　车身校正技术 195

知识链接 195

　　任务一　斯潘内锡（SPANESI）系统车身校正 204

　　任务二　奔腾（BANTAM）系统车身校正 207

　　任务三　卡尔拉得（CAR-O-LINER）系统车身校正 209

第一部分

书证融通育新人——
职业技能等级证书篇

PART 01

项目一 准备作业与部件检查拆装

项目描述

本项目的部件指的是车身外部零部件（图 1-0-1），特指车身覆盖件中用螺栓、卡扣、铰链等可拆卸连接并固定到车身上的部件，主要包括前后车门、前后保险杠、发动机舱盖、行李舱盖、左右翼子板等。当这些部件损坏后无法进行修复，就需要拆卸旧部件，安装新部件。在汽车售后服务企业的车身钣金维修业务中，部件的拆卸与更换安装占到了很大的比例。

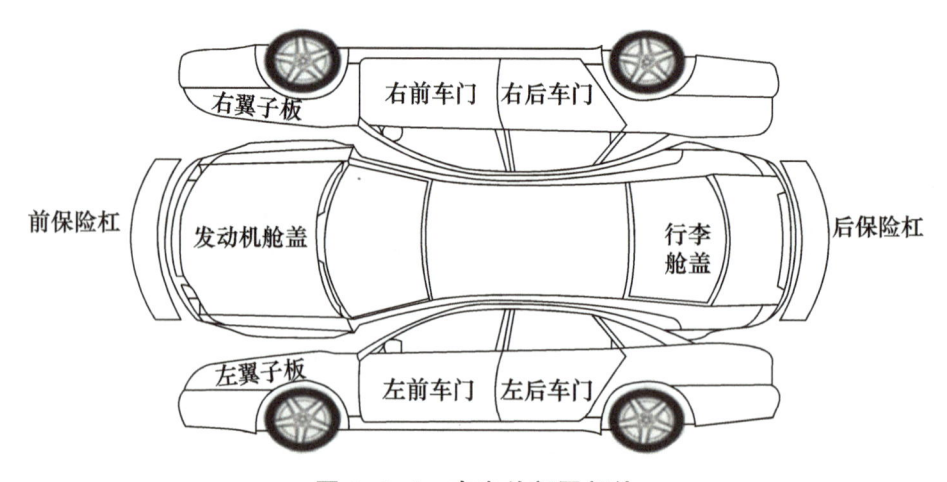

图 1-0-1 车身外部零部件

知识链接

一、车身卡扣

1. 推芯卡扣

推芯卡扣需要使用小冲头拆除卡扣的轴，然后才可以拆除卡扣，如图 1-0-2 所示。如果拆除的轴不能保留，就需要更换一个新卡扣。推芯卡扣广泛应用于多种不同的车身装饰件（图 1-0-3），需要使用小样冲和 U 形或 V 形卡扣起子拆除和安装。

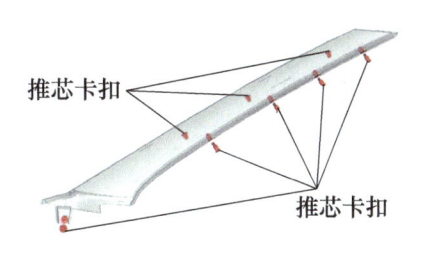

图 1-0-2　推芯卡扣的拆除　　　图 1-0-3　推芯卡扣的应用

2. 抽芯卡扣

抽芯卡扣的拆除方法与推芯卡扣类似，也需要将轴拆除。与推芯卡扣不同的是，需要用 U 形或 V 形卡扣起子工具使轴升起，才能拆除卡扣，如图 1-0-4 所示。

3. 螺纹卡扣

螺纹卡扣（图 1-0-5）需要使用合适的螺钉旋具以逆时针方向旋转将轴拆除，然后就可将剩余部分拆除。拆除和安装的工具是米字形螺钉旋具和 U 形或 V 形卡扣起子。

图 1-0-4　抽芯卡扣的拆除　　　图 1-0-5　螺纹卡扣

4. 树形卡扣

树形卡扣（图 1-0-6）需要使用合适的 U 形或 V 形卡扣起子工具来拆除，然后通过一个撬起动作使卡扣从部件上分离。在拆除之前，确保饰件工具与卡扣头部紧密配合。

5. 装饰板卡扣

在装饰板上常用的是装饰板卡扣（图 1-0-7），通过使用合适的 U 形或 V 形卡扣起子工具将卡扣从板件上撬起。在拆除之前，确保饰件工具与紧固件四周紧密配合。

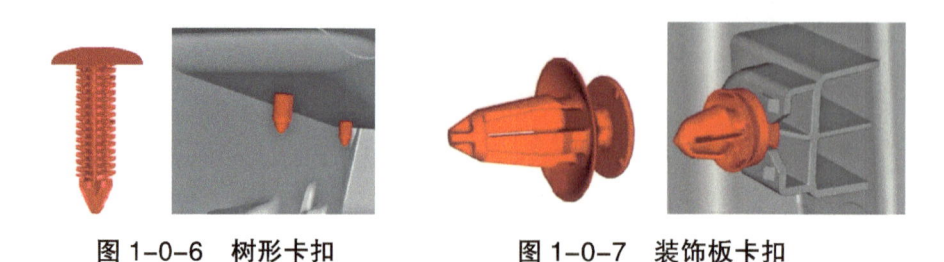

图 1-0-6　树形卡扣　　　图 1-0-7　装饰板卡扣

二、拆装工具

在车身外部件拆装中，需要使用常见的套筒和扳手、螺钉旋具、扭力扳手等拆装工具（图 1-0-8），需要注意的是在使用金属螺钉旋具进行操作时，建议使用胶带纸包裹螺钉旋具头部，这可降低损坏装饰件的风险。另外在拆装过程中，很重要的是使用卡扣起子和挑针等工具。

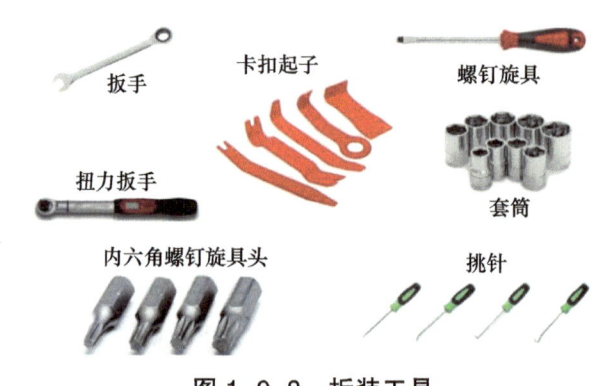

图 1-0-8　拆装工具

1. 卡扣起子

卡扣起子具有多种不同的形式，是理想的饰件拆除工具。塑料卡扣起子（图 1-0-9）由硬质塑料制成，可减少饰件及车身损坏的风险。将起子定位在靠近紧固件的饰件之下，然后通过一个撬起动作使紧固件从车身上松开，即可完成拆除流程。

金属卡扣起子（图 1-0-10）也很常见，使用方法与塑料起子类似，可以使用其处理一些坚固的紧固件。使用金属卡扣起子存在损坏饰件风险，需在其头部包裹胶带纸。

图 1-0-9　塑料卡扣起子　　图 1-0-10　金属卡扣起子

两种类型的卡扣起子都具有 U 形和 V 形轮廓，非常适合于拆除推芯卡扣、抽芯卡扣、树形卡扣和装饰板卡扣。

2. 挑针

挑针（图 1-0-11）是拆除小塑料仪表板盖的好工具。其头部尺寸较小，不同的头部轮廓不会损坏饰件并有助于饰件的拆除。挑针套件的末端具有不同的类型。按照长度不同，挑针还分为 3 种规格：152mm、203mm 和 247mm。

图 1-0-11　挑针

三、电线插头

在内外装饰板件的拆装中，需要拆装电器部件，这就要断开和连接电线插头。几种常见的电线插头拆除方法如图 1-0-12 所示。

图 1-0-12　电线插头拆除方法

四、拆卸和安装零配件的准备工作和注意事项

1. 准备工作

1）实施驻车制动并安放车轮挡块，以防车辆前后移动。

2）开始作业前断开蓄电池负极搭铁，确保蓄电池负极导线始终有效隔离。

3）拆卸部件之前，准备好标记材料、标签和容器。

4）用胶带纸保护任何可能受损的部位。

5）在拆卸和安装零部件前，都要查询维修手册，按照维修手册的要求进行拆装。

6）在拆卸和安装零部件前，应在车外和车内相关位置安装防护套装。

2. 注意事项

1）确认所有安装部件和连接器断开后，才可以拆下相关零部件。

2）零部件拆下之后，采用单独的容器存放每一部件及其关联零件。

3）重新连接蓄电池之前要确保所有电气系统已关闭，避免产生火花或损坏灵敏的电器设备。

任务一　前保险杠的调整与拆装

随着汽车工业的发展和工程塑料在汽车工业的大量应用，汽车保险杠作为一种重要的安全装置也走向了革新的道路。目前汽车前后保险杠除了具备原有的保护功能外，还追求与车体造型的和谐与统一，追求本身的轻量化。乘用车的前后保险杠都是塑料制成的，称为塑料保险杠。其中外板和缓冲材料用塑料制成，横梁用厚度为 1.5mm 左右的冷轧薄板冲压成 U 形槽；外板和缓冲材料附着在横梁上，横梁与车架纵梁螺栓连接，可以随时拆卸下来。前保险杠组成部分有右雾灯灯盖、右侧雾灯总成、前保险杠右侧孔盖、前保险杠左侧孔盖、左雾灯灯盖、左侧雾灯总成、前保险杠加强总成、散热器格栅、车辆标牌、保险杠吸能区、发动机舱盖至前端密封。具体如图 1-1-1 所示。

当汽车前部发生碰撞或者更换散热器等时，需要对前保险杠罩进行拆装，具体流程如下（不同汽车品牌流程有所差异）。

1)做好拆卸和安装车身零部件的准备工作。

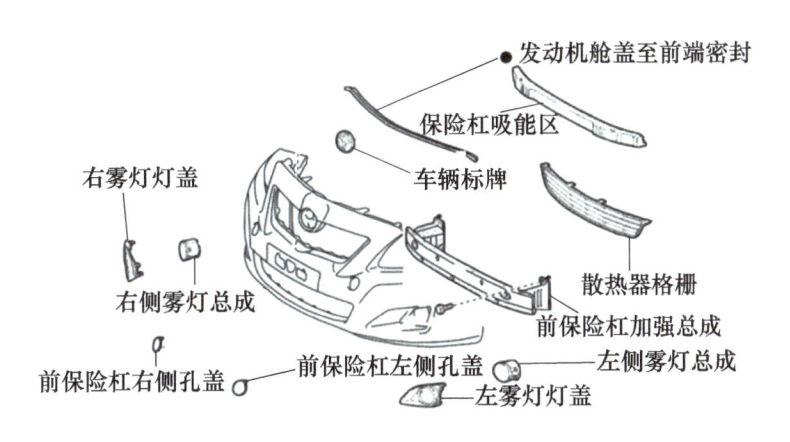

图 1-1-1 前保险杠的组成

2)检查散热器格栅,如有固定夹,则应先松开固定夹。

3)使用合适的工具拆下散热器格栅的固定螺钉和卡扣,并取下散热器格栅,如图 1-1-2 所示。

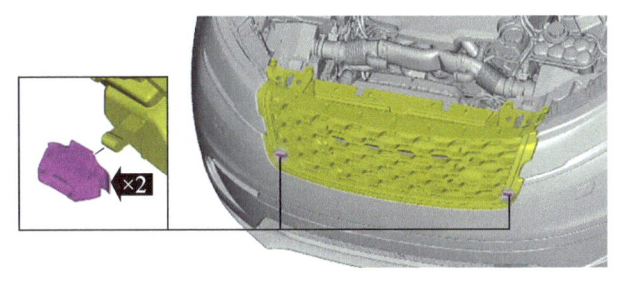

图 1-1-2 散热器格栅的拆卸

4)拆下前保险杠上部螺钉,其位置如图 1-1-3 所示,使用举升机升起并机械锁止支撑车辆。

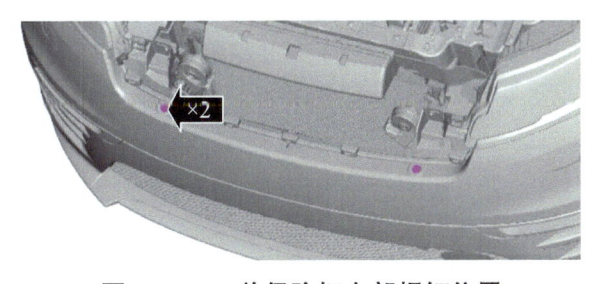

图 1-1-3 前保险杠上部螺钉位置

5)松开轮罩内衬前部,并断开前保险杠接线线束电器接头,其位置如图 1-1-4 所示。如此处有清洗器软管,也一并断开,残留液体应妥善处理,并及时清理地面，防止发生滑倒等安全事故。

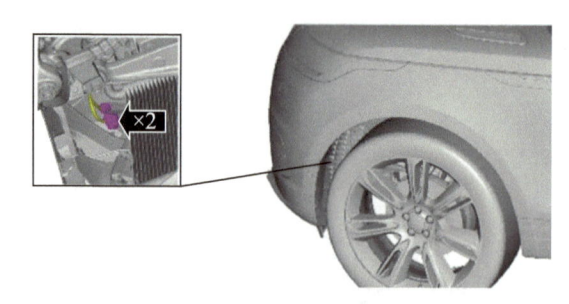

图 1-1-4　接线线束电器接头位置

6）拆下车底发动机孔盖，如图 1-1-5 所示。

7）拆下前保险杠下部螺钉和卡扣，如图 1-1-6 所示。

> **注意**：卡扣种类各异，不能强拆，一旦卡扣损坏，应弃之并更换新的卡扣。

图 1-1-5　拆下车底发动机孔盖 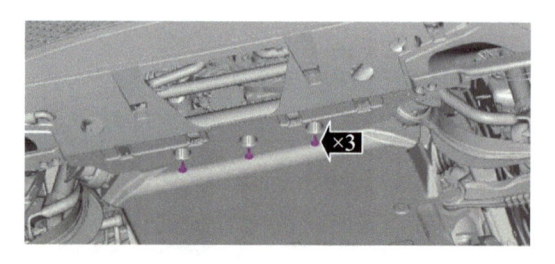　　图 1-1-6　拆下前保险杠下部螺钉和卡扣

8）拆除前保险杠上部螺钉和卡扣，并取下前保险杠，如图 1-1-7 所示。在取下保险杠时，应注意内部有无电器接头，如有应断开接头。

图 1-1-7　取下前保险杠

9）前保险杠的安装顺序与拆卸顺序相反，安装时应注意对保险杠与周围部件的间隙（图 1-1-8）进行调整。同时还要使用扭力扳手对车轮螺栓进行固定，并按标准拧紧，使其间隙符合维修手册的尺寸要求（表 1-1-1）。

10）操作完毕后，进行 4S 管理。

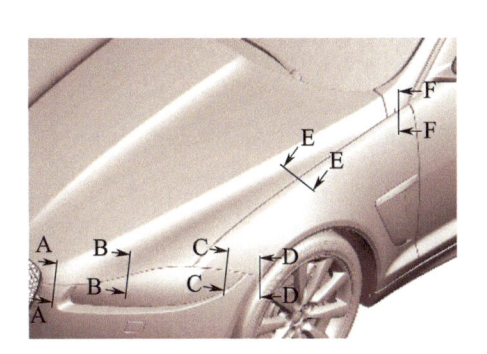

图 1-1-8　保险杠与周围部件的间隙

表 1-1-1　维修手册的尺寸要求

位置	说明	间隙 /mm
A—A	发动机舱盖至前保险杠盖	4.0 ± 2.0
B—B	发动机舱盖至前照灯	4.0 ± 2.0
C—C	翼子板至前照灯	3.5 ± 1.8
D—D	翼子板至前保险杠盖	2.0 ± 1.0
E—E	翼子板至发动机舱盖	2.0 ± 0.5
F—F	前立柱外板至翼子板	2.0 ± 0.5

任务二　翼子板的检查与拆装

翼子板是遮盖车轮的车身外板，因车身上该部件形状及位置似鸟翼而得名。翼子板的作用是，在汽车行驶过程中，防止被车轮卷起的砂石、泥浆溅到车厢的底部。因此，要求所使用的材料具有耐候性和良好的成型加工性。有些车辆的前翼子板用有一定弹性的塑性材料制成，塑性材料具有缓冲性，安全性较高。

当汽车侧方向发生碰撞或者出现锈蚀、锈斑（塑料材质的除外）等情况需要更换翼子板时，要对翼子板进行拆装，具体流程如下（不同汽车品牌流程有所差异）。

1）做好拆卸和安装车身零部件的准备工作，断开蓄电池并保护好电器接头，如图 1-2-1 所示。

2）在车辆举升机上举升车辆，并用

图 1-2-1　断开蓄电池并保护好电器接头

气动工具拆除车轮，如图 1-2-2 所示。

🔧 **注意**：在举升汽车时一定要注意人身安全和车辆安全，如有必要，需对汽车进行刚性支撑，如图 1-2-3 所示。

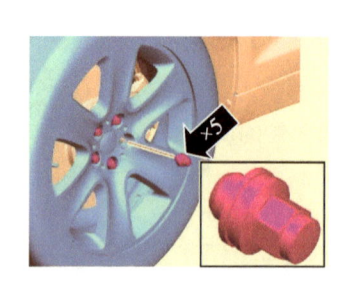

图 1-2-2　拆除车轮　　　　图 1-2-3　刚性支撑

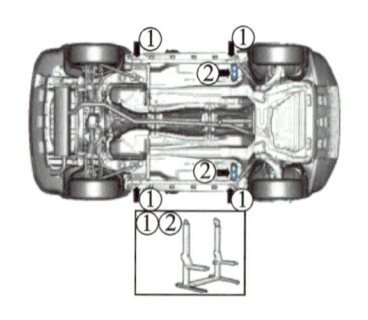

3）拆除挡泥板上的螺钉或卡扣，如图 1-2-4 所示，取下挡泥板。

🔧 **注意**：卡扣种类各异，不能强拆，一旦卡扣损坏，应弃之并更换新的卡扣。

4）拆下图 1-2-5 所示的前照灯螺钉，拆除前照灯总成，注意内部电器接头，应断开接头，如图 1-2-6 所示。

图 1-2-4　拆除挡泥板上的螺钉或卡扣

图 1-2-5　前照灯螺钉　　　　图 1-2-6　断开电器接头

5）拆除保险杠罩，如图 1-2-7 所示，必要时需要辅助工具拆装。

图 1-2-7　拆除保险杠罩

6）拆除翼子板固定螺栓，其位置如图1-2-8所示，取下翼子板。

🔧 注意：翼子板形状各异，边角较多，避免划伤手部和车身。

7）翼子板的安装顺序与拆卸顺序相反，安装过程中应注意以下要求。
①避免划伤相邻部件的漆面。
②使用扭力扳手对车轮螺栓进行固定，拧紧力矩必须要符合标准。
③对翼子板与周围部件的间隙（图1-2-9）进行调整，使其符合维修手册的尺寸要求（表1-2-1）。

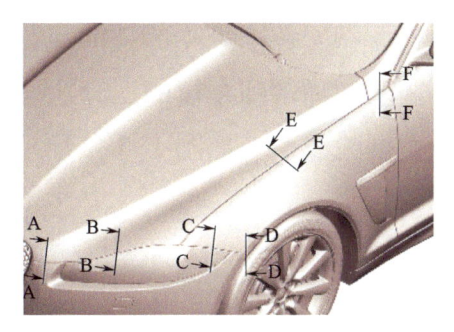

图1-2-8　翼子板固定螺栓位置　　图1-2-9　翼子板与周围部件的间隙

表1-2-1　维修手册的尺寸要求

位置	说明	间隙/mm
A-A	发动机舱盖至前保险杠盖	4.0 ± 2.0
B-B	发动机舱盖至前照灯	4.0 ± 2.0
C-C	翼子板至前照灯	3.5 ± 1.8
D-D	翼子板至前保险杠盖	2.0 ± 1.0
E-E	翼子板至发动机舱盖	2.0 ± 0.5
F-F	前立柱外板至翼子板	2.0 ± 0.5

8）操作完毕后，进行4S管理。

任务三　车窗玻璃升降器的调整与拆装

玻璃升降器是汽车门窗玻璃的升降装置，主要分为电动玻璃升降器与手动玻璃升降器两大类。随着汽车技术的不断发展，现在许多汽车门窗玻璃的升降一般都采用按钮式的电动玻璃升降方式，使用电动玻璃升降器。汽车用的电动玻璃升降器总成多由玻璃升降器、导轨、绳索、玻璃托架等组成，如图1-3-1所示。总开关由驾车者控制全部门窗玻璃的开闭，各车门内把手上的分开关由乘员分别控制各个门窗玻璃的开闭，操作十分便利。

当汽车需要更换车门或者玻璃升降器损坏时，就要对玻璃升降器进行拆装，具体流程如下。

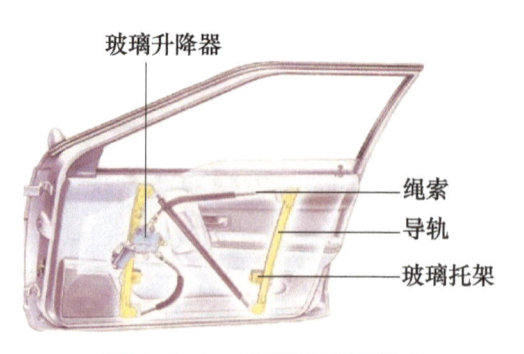

图1-3-1 玻璃升降器组成

1）做好拆卸和安装车身零部件的准备工作。

2）将车窗玻璃降落到车窗的三分之一处。

3）断开蓄电池线束，如图1-3-2所示。

图1-3-2 断开蓄电池线束

4）松开前车门内部饰件螺钉或者卡夹，其位置如图1-3-3所示。拆除车门内饰，如图1-3-4所示。

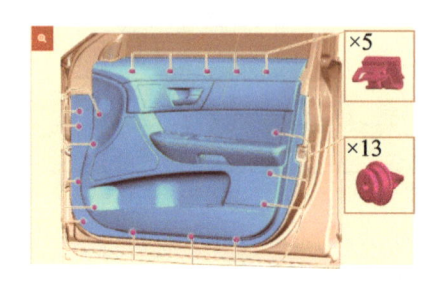

图1-3-3 内部饰件螺钉或者卡夹位置　　图1-3-4 拆除车门内饰

提示： 车门螺钉一般在车门内把手和车门扶手位置。

5）如图1-3-5所示，对图中所示位置线束进行拆除，拆除线束时一定要注意，不能直接把线束拆掉，需要先把卡扣按下去，不然容易损坏插接器与导线。必要时可查阅维修手册。

6）拆除车窗玻璃固定螺栓或者卡夹，其位置如图1-3-6所示。

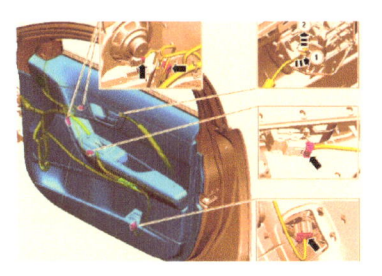

🔧 **注意**：拆除车窗玻璃固定螺栓时，应避免工具划伤玻璃。

图 1-3-5　线束拆除位置　　　图 1-3-6　车窗玻璃固定螺栓或卡夹位置

7）如图 1-3-7 所示，取出车窗玻璃。

🔧 **注意**：做好玻璃的防护，防止损坏玻璃。必要时可以辅助拆装。

8）拆除玻璃升降器固定螺栓并断开线束接头，其位置如图 1-3-8 所示，取出玻璃升降器。

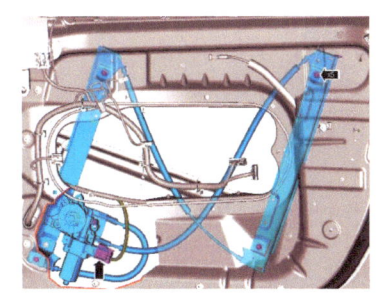

图 1-3-7　取出车窗玻璃　　　图 1-3-8　玻璃升降器固定螺栓和线束接头位置

9）车窗玻璃升降器的安装顺序与拆卸顺序相反，注意安装位置，应检查对中定位情况，如果正确，继续进行下一步；如果不正确，应予以校正并在继续之前重新进行检查，使其符合维修手册的要求。

具体要求如下：

①玻璃升降时间约 7s，并且玻璃在升降过程中一定要平稳匀速、工作良好，无异响和卡滞。

②玻璃升降电动机在上升或下降时不能忽快忽慢。

③玻璃升降槽一定要干净，无异物或灰尘。

④玻璃升降槽不能涂任何润滑脂。

⑤玻璃导轨安装位置不要出现偏差。

10）操作完毕后，进行 4S 管理。

项目二 钣金工具设备的保养与操作

项目描述

工欲善其事，必先利其器。工匠要想把他的工作做好，一定要先保养好工具使其状态良好，并熟练地掌握它。要想做好汽车车身钣金修复工作，就必须学会钣金工具设备的保养与操作。

知识链接

一、钣金手动工具

1. 撞锤

如图 2-0-1 所示，其带有两个曲面，质量约为 500 g，用于校正内部面板、加强板以及弯曲的基础结构件部分。

2. 平头锤

如图 2-0-2 所示，它主要用于修整具有较大的面板外形的区域。平头锤有两个圆形端面，一个端面直径为 32mm，另一个端面直径为 40mm。

3. 修整锤（精修锤）

如图 2-0-3 所示，其锤尖主要用于敲击较小的高点以及进入空间受限的区域，锤子的另一端面为冠状面，可用来精修车身外板件部分。

图 2-0-1　撞锤　　图 2-0-2　平头锤　　图 2-0-3　修整锤

4. 橡胶锤和木锤

如图 2-0-4 所示，橡胶锤和木锤主要用于柔和地锤击薄钢板，这样不会破坏板件漆膜，也不会造成板件过多的延展，适合于损伤板件的粗修阶段。

图 2-0-4　橡胶锤和木锤

5. 垫铁

垫铁一般由合金钢制成，重量是一般锤子的两到三倍，因此在敲击时，其不会弹起。

垫铁像一个铁砧，它通常顶在锤敲击金属板的背面，用锤和垫铁一起作业使高起的部位下降，或使低凹部位上升。垫铁有高隆起、低隆起、凸缘等多种不同的形状，每种形状用于特定的凹陷形式和车身板面外形，如图 2-0-5 所示。

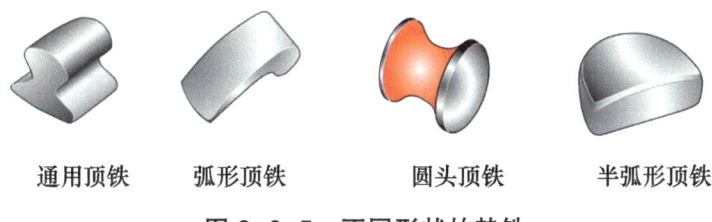

通用顶铁　　弧形顶铁　　圆头顶铁　　半弧形顶铁

图 2-0-5　不同形状的垫铁

垫铁与面板外形的配合非常重要，假如在高隆起的面板上使用平面或低隆起的垫铁，结果将会增加凹陷。轨型垫铁也是一种常用的垫铁，它也有许多形状，如足尖式和足根式垫铁用于在狭窄部位进行敲击，而其平面直角边则用以矫正凸缘。

6. 匙形铁

匙形铁不仅可以当作锤使用，还可以当作垫铁使用。它有许多种形状和尺寸（图 2-0-6），可与不同的面板形状匹配。平直表面的匙形铁把敲打力分布在宽的接触面上，在修复皱折和隆起部位特别有用。当面板后面空间有限时，匙形铁可当作垫铁使用。敲击匙形铁与锤一起作业，可降低隆起，如图 2-0-7 所示。内边匙形铁可撬起低凹处，或与锤一起敲击来拉起凹陷。冲击锉匙形铁则有锯齿状的表面，用来拍打隆起或里边的皱折，使金属板回复到原来的形状。

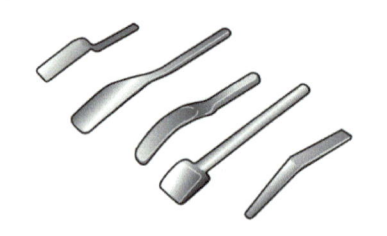

图 2-0-6　匙形铁　　　图 2-0-7　匙形铁与锤一起作业

7. 撬镐

撬镐（图 2-0-8）用作撬起凹点，具有不同的长度和形状，大多数撬镐具有 U 形末端把手。

撬镐可以用来升起门后顶侧板或其他密闭的车身部件上的凹点。撬镐通常较滑锤和拉杆好用，因为它不需要在钣金件上钻孔或焊接，不会损伤漆面。

8. 车身锉

车身锉（图 2-0-9）用于检查车身上的高低点，由锉刀把手、调节旋钮、可调节弧度锉刀三部分构成。可以根据板件的形状，通过调节旋钮，使锉刀的弧度与板件的形状匹配。在对损伤部位进行修整后，用车身锉可以磨去高点而显露出需要敲击的低点（高点发亮，低点发暗）。操作时要注意，不要大力使用车身锉，否则可能会锉薄金属板，钣金锉的作用不是锉平板件，锉去高点，而是检查车身上的高低点。

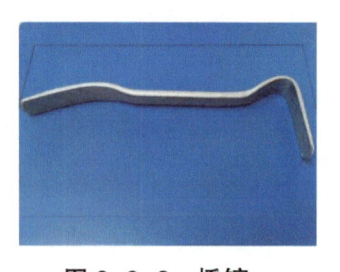

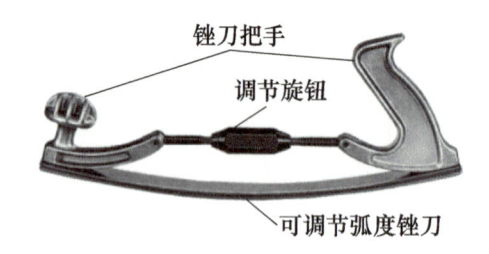

图 2-0-8　撬镐　　　图 2-0-9　车身锉

二、钣金气动工具

1. 圆盘打磨机

金属板在修理之前一般都需要先清除油漆层。操作时一般采用圆盘打磨机（图 2-0-10）来进行。经常使用的是砂轮直径为 7in（1in=0.0254m）、转速至少为 4000 r/min 的磨光机。

低速转动的磨光机可用来清除油漆，使用粒度为 16~60 号的砂轮。清除油漆时，最常用的砂轮粒度为 16 号。粒度为 24 号或 36 号的砂轮用来清除金属，而更高的粒度则用来消除锉平时留下的痕迹或对金属进行抛光。

垫块有两种类型：刚性垫块用来清除金属，而较柔软的垫块用来清除油漆或抛光。较柔软的垫块使砂轮能够随着金属表面的变化而发生滚动。

单独清除油漆时最好不要用砂纸类型的磨削方式，而应该使用尼龙砂轮盘（图 2-0-11），这样既可以打磨掉漆层又不会伤害下层金属板。

图 2-0-10　圆盘打磨机　　　图 2-0-11　尼龙砂轮盘

砂轮具有两个功能：一个是抛光，如图 2-0-12 所示，用来清除油漆或整平填充物；另一个是横切割，如图 2-0-13 所示，用来清除金属。使用砂轮机时，只有最上端的部分和金属表面相接触，并且不要使压力过大。砂轮的背面与金属表面形成 10°~20° 的夹角。

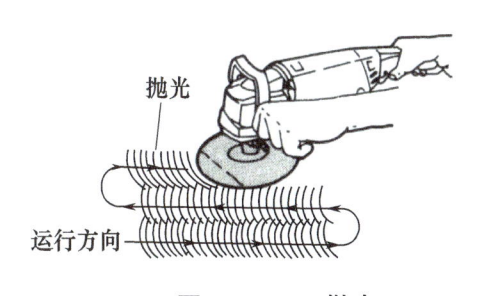

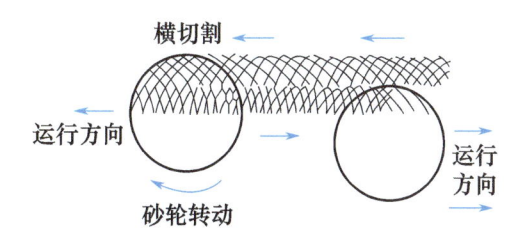

图 2-0-12　抛光　　　图 2-0-13　横切割

2. 砂带打磨机

砂带打磨机主要配合圆盘打磨机来打磨旧漆膜，因其带面较窄，可以对板件较深或狭窄的损伤区域进行旧漆膜打磨，如图 2-0-14 所示。砂带打磨机转速高，切削力较大，也可用于焊点或者毛刺的打磨。

图 2-0-14　砂带打磨机

3. 气动切割锯

在车身板件切割作业中，一般建议使用短冲程锯来进行分离切割，即气动切割锯。短冲程锯的额定速度一般为 9500~10000 冲程/min，并且需要使用合适的锯条。由于其速度较高，存在锯条粉碎或锯齿变钝的风险，因此不建议将手持钢锯上使用的钢锯条用于气动切割锯上。

气动切割锯（图 2-0-15）行程为 6.5mm，主要用于车身薄钢板等材料的切割作业，可用于切割厚度 ≤ 1.6mm 的钢板或厚度 ≤ 2mm 的铝板，严禁用于高强度钢板的切割。

在气动锯条的选用上，钢板切割建议使用规格为 24 齿/in 或 32 齿/in（1in=0.0254m）的锯条（图 2-0-16）。32 齿/in 的锯条适合于厚度 ≤1mm 的薄钢板的切割，24 齿/in 的锯条适合于厚度 ≥1mm 的钢板的切割。18 齿/in 的锯条会导致过多的振动被传递到板件以及技术人员的手和手臂上，通常不用于钢板切割，而用于铝板切割。

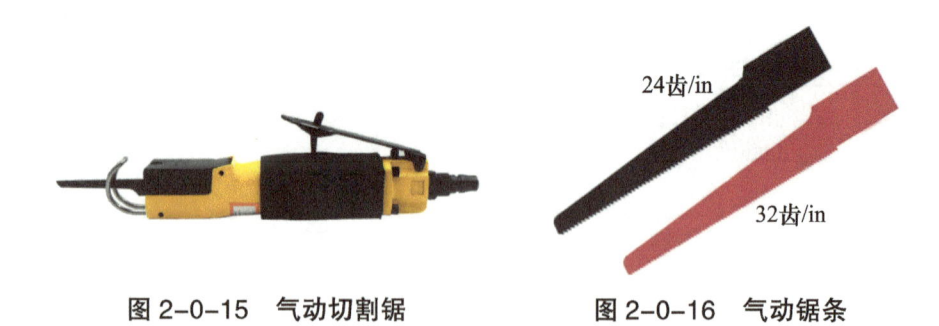

图 2-0-15　气动切割锯　　　图 2-0-16　气动锯条

4. 气动钻

气动钻（图 2-0-17）又称低速高扭矩钻，带有正反转调节开关，可实现正反转，主要用于钢板等多种材料的钻孔作业。

5. 焊点去除钻

车身壳体中使用了超高强度钢，这些板件通过电阻点焊的形式连接。而在执行面板更换作业时，需要清除点焊熔核，这就需要焊点去除钻和特殊的钻头。推荐的点焊钻头带有三个槽形面，并且表面由碳化钨制成。在进行焊点去除作业时，务必确保转速不能超过800r/min，否则极易损坏钻头。

焊点去除钻（图2-0-18）可以配合G形卡夹来进行固定，以便在整个焊点清除过程中，施加稳定的压力，提高钻除效率，并且还可以通过调节钻孔深度以确保在钻孔时不损坏底板。

图 2-0-17　气动钻　　图 2-0-18　焊点去除钻

6. 气动拉铆枪

图2-0-19所示为抽芯铆钉气动拉铆枪。该拉铆枪使用的铆钉直径为4.8~6.4mm，工作气压为0.45~0.65MPa，工作拉力可以达到16562N。

气动拉铆枪可用于钢板、铝板或者复合材料的连接，具有较大的拉力，可以配合多种尺寸铆钉进行铆接。

注意事项：

①使用前应检查气路、油路是否正常，气压是否在规定值内，导嘴型号是否与所用铆钉匹配。

图 2-0-19　抽芯铆钉气动拉铆枪

②确保进气压力在0.45~0.65MPa，进气压力过小，会降低拉铆的拉力，增加工具的负荷，从而导致零部件的加速磨损或者损坏。

③工具开始工作前需从进空气口注入一两滴润滑油润滑内部密封件及气动马达，以保证工具工作时的性能和工作寿命。

三、外形修复机

外形修复机（图2-0-20）又称介子机、整形机，是汽车车身外板件专修设备，它通过将垫圈、三角垫片、螺钉等介子与板件焊接在一起，进行拉伸操作，从而很轻松地将凹陷区域拉出，同时还可以进行除去高点（热收缩）作业。

1. 原理

外形修复机的电源电压是380V，通过内部的变压器转换成10V左右的直流电。主机上有两条输出电缆线，一条为焊枪电缆，另一条为搭铁电缆，在工作时两条电缆形成一个回路。把搭铁电缆连接到工件上，焊枪通过垫圈等介子把电流导通到面板的某一部分上，由于电流达到3500A左右，垫圈接触面板的部位产生巨大的电阻热，使温度上升且能够熔化钢铁，熔化的垫圈就焊接到面板上了。

图2-0-20 外形修复机

2. 组成

外形修复机包括主机、控制面板、搭铁夹、介子机焊枪以及各种配件等。

3. 配件

外形修复机配件（图2-0-21）主要包括垫圈、钥匙垫片、三角垫片、蝶形簧（蛇形线）、精修极头、拉拔挂钩、缩火铜极、缩火碳棒等。

4. 注意事项

1）焊接操作前，必须将焊接件焊接部位的油漆、油污清理干净，以确保工作件表面导电良好。

2）不能长时间作业，以免机器部件过热，有损机器。

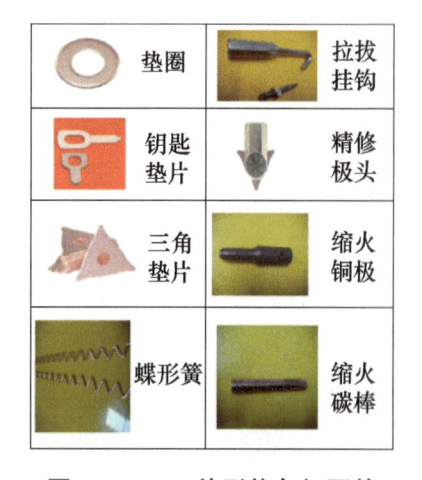

图2-0-21 外形修复机配件

3）清洁保养机器前，务必断开电源。

4）在进行焊接、起动或充电的任何一项操作期间，切记不要转动功能开关。

5）焊枪、焊条、焊头及其他焊接导体在焊接期间或焊接结束后会产生高温，注意防止烫伤。

6）不能在潮湿的环境中进行焊接操作。

7）更换焊接接头及耗材时必须关闭焊机电源。

8）不能焊接可燃物或装有油品的容器。

9）严格按说明书对机器进行保养及检修。

四、电阻点焊机

车身是由若干个冲压件通过不同的连接形式组装成的一个整体。根据板件的材质、强度、厚度等不同，可以选用电阻点焊、激光焊、气体保护焊、胶粘等形式来连接，而在整体式车身的焊接中，有90%～95%采用电阻点焊的形式连接。在售后维修中，建议采用原厂的方式进行焊接维修，即用电阻点焊机进行焊接修理，尤其是在修理高强度钢和超高强度钢的车身时，尤为重要。

1. 基本组成

如图2-0-22所示，电阻点焊机的基本组成部分有主机、控制面板、焊枪、弹簧悬挂等。

2. 工作原理

电阻点焊的工作过程分为三个阶段。

（1）预压阶段　电极臂在气泵的作用下，将焊件牢牢压住。此时，在电极头两端产生的压力达5kN。

（2）焊接阶段　焊接时间指的是电流流过焊件的时间。焊接时间并不是点焊形成的全部时间。电流穿过焊机遇到金属时产生大量的热量，从而使连接处熔化，形成点焊焊点（熔核）。

图2-0-22　电阻点焊机的基本组成

（3）保持阶段　保持（锻压时间）时间是指在释放焊头的压力之前让焊接点冷却的时间。此时间由电阻点焊机自动设置。

3. 焊点检查

焊点的质量检查需要通过目视检查、尺寸检查、破坏性试验和非破坏性试验来完成。

（1）目视检查　在进行目视焊接检查时，需要在350～500lx的光照强度下，使用2～5倍的放大镜检查所有焊接接头，确保焊点无表2-0-1所示五种焊接缺陷。

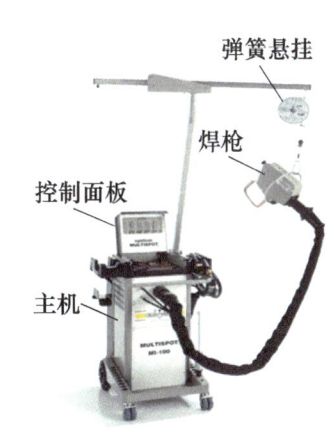

表 2-0-1　电阻点焊焊点常见的焊接缺陷类型

缺陷类型	原因	图片
表面裂缝	（1）电极头压力过小 （2）保持压力时间太短	
表面气孔	（1）电极头脏污 （2）面板表面有油污	
表面喷溅	（1）板件表面脏污 （2）预压时间过短 （3）焊接电流过大 （4）焊接时间过长 （5）电极头的原因	
面板过热	（1）焊接电流过大 （2）焊接时间过长	
焊点变形	（1）焊接电流过大 （2）电极头与板件错位（角度非垂直）	

（2）尺寸检查　焊点尺寸包括焊点直径（图 2-0-23）和压痕深度（图 2-0-24）这两个主要参数，其尺寸需要通过游标卡尺测得。

①焊点直径。原厂焊点直径为 7.0~8.4mm，维修时应尽量恢复原厂工艺。

②压痕深度。压痕深度不超过单层板厚的20%。

图 2-0-23 焊点直径　　图 2-0-24 压痕深度

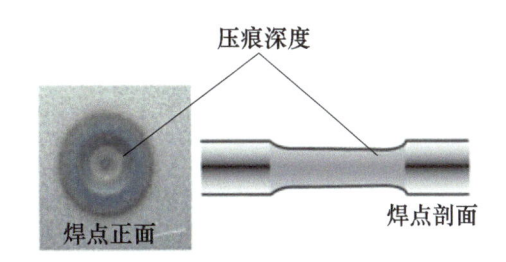

4. 焊点强度检查

（1）破坏性试验　对焊点进行剥离，通过台虎钳牢固地固定住剥离测试板件，并使用大力钳对板件进行撕裂测试，如图 2-0-25 所示，撕裂后在其中一个焊片上留有一个大于焊点直径的孔，另外一块焊件上有一个熔核。

焊点不正常断裂形式包括部分断裂（图 2-0-26）和界面断裂（图 2-0-27）。如果留下的孔过小或根本没有孔，说明焊点的焊接强度太低，质量不过关，需要重新调整焊接参数。

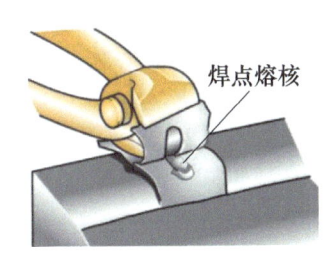

图 2-0-25 撕裂测试　　图 2-0-26 部分断裂　　图 2-0-27 界面断裂

（2）非破坏性试验　在点焊完成后，可用錾子和锤子按图 2-0-28 所示的非破坏性试验方法检验焊接的质量。将錾子插入焊接的两层金属板之间（距离焊点 7~10mm），并轻敲錾子的端部，直到在两层金属板之间形成 3~4mm 的间隙（当金属板厚度大于 1mm 时）。如果两层金属板的厚度不同，操作时两层金属板之间的间隙限制在 1.5~2mm 范围内。如果进一步凿开金属板，将会变成破坏性试验。检验完毕后，一定要将金属板上的变形处修好。

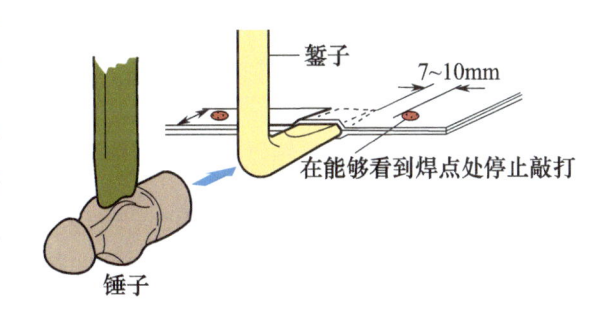

图 2-0-28 非破坏性试验

五、MAG焊

MAG焊指的是活性气体保护电弧焊，它采用CO_2活性气体或活性气体CO_2和惰性气体的混合气体作为焊接保护气，在车身上主要用来焊接钢板，所以也称作MAG钢焊。

1. 基本组成

如图2-0-29所示，气体保护焊机的基本组成有气瓶（保护气体）、送丝机构、焊丝盘、焊枪、控制面板等。

2. 焊机调试

焊接时，需要对下列参数进行调整（有些参数是可调的）：焊机输入电压、焊接电流、电弧电压、导电嘴与板件之间的距离、焊接角度、焊接方向、保护气体的流量、焊接速度和送丝速度。

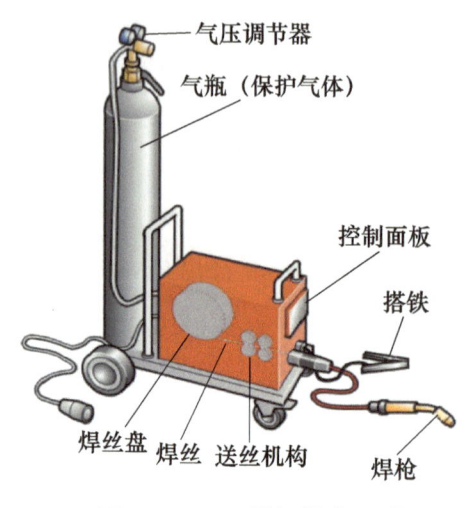

图2-0-29 焊机基本组成

（1）焊接电流 焊接电流的大小会影响母材的焊接熔深、焊丝熔化速度、电弧的稳定性、焊接溅出物的数量。

随着电流的增加，焊接熔深、剩余金属的高度和焊缝的宽度也会增大，如图2-0-30所示。

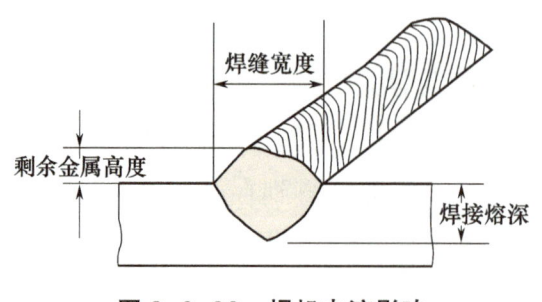

图2-0-30 焊机电流影响

（2）导电嘴到工件距离 导电嘴到工件的距离（图2-0-31）应该是8～15mm。距离过大，从焊枪端部伸出的焊丝长度增加而产生预热，增加了焊丝熔化的速度，焊接熔深浅，保护气体所起的作用也会减小；如果导电嘴到工件的距离过小，热量易在板件集中，熔穿风险大，并且枪头易挡住焊缝，难以焊接。

（3）焊接方向和焊接角度　焊接方向分为正向焊接和逆向焊接两种。正向焊接（推焊）的熔深较小且焊缝较平；逆向焊接（拖焊）的熔深较大，并会产生大量的熔敷金属。MAG钢焊接这两种焊接方式都可以采用。

为了便于观察焊接熔池情况，焊枪会沿焊缝方向倾斜，焊枪的轴线与面板法线夹角就是焊接角度（图2-0-32），一般10°~15°为最佳。

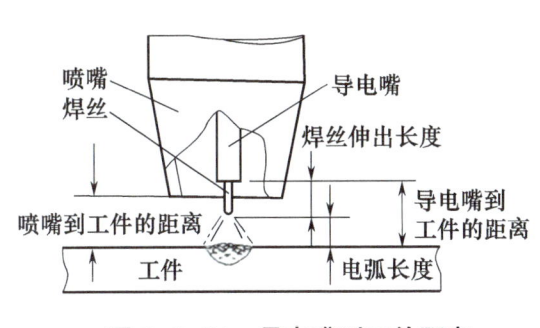

图2-0-31　导电嘴到工件距离

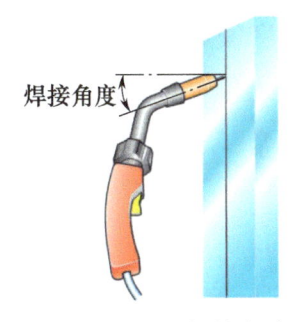

图2-0-32　焊接角度

（4）气体流量　如果气体流量太大，将会形成紊流而降低保护层的效果，同时也会造成大量气体浪费，不经济。如果流出的气体太少，焊接区域保护效果也会下降。一般应根据喷嘴和母材之间的距离、焊接电流、焊接速度及焊接环境来调整保护气体的流量。

建议的气体流量为10~15L/min。气体流量可直接从压力调节器的压力指示玻璃柱读出来，如图2-0-33所示；也可采用临时安装在焊枪喷嘴端的气体流量计测出来，如图2-0-34所示。

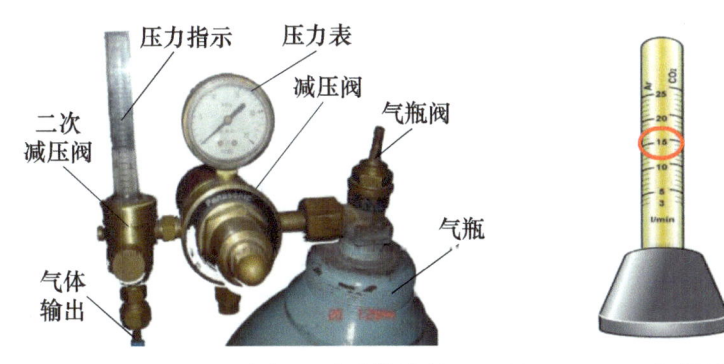

图2-0-33　压力指示玻璃柱读数　　图2-0-34　气体流量计读数

（5）送丝速度　如果送丝速度太慢，随着焊丝在熔池内熔化并熔敷在焊接部位，将听到啪嗒声；送丝速度太快将堵塞电弧，同时会产生更多飞溅。正常送丝速度会听到嘶嘶声，此时焊接熔点自动循环产生的频率为50~200次/s。

任务一　气动工具的保养

1. 气动圆盘打磨机和砂带机的保养

1）首先要有一个正确的供气系统（空压机供气），保证供给工具的气源干燥，无杂质。这样，产品才能更久、更好地使用。

2）每次使用工具前后由工具进气口加注三四滴专用气动保养油以降低磨损，延长工具使用寿命。

3）通常一个月定期检查1次，保养工具，清除机体内的灰尘，及时更换磨损零件。

2. 气动切割锯的保养

1）气压应该在0.65MPa左右，气压过大会加大机器内部配件的磨损，太小会影响工具使用时候的效率。

2）在气源上加装油水过滤器可有效控制压缩空气的水分，以防机器内部腐蚀。

3）选择合适的锯片，不超负荷作业。

4）驱动气缸里面的活塞、摇杆等往复运动构件是需要定期加气动保养油进行保养的。

5）将气动保养油直接加注到气动切割锯的进气接头处，加油4~6滴，如图2-1-1所示。

图2-1-1　气动切割锯保养

3. 气动钻的保养

气动钻只有勤保养才能持久耐用。每次保养前都需要从气动钻的进气接头处注入2~5mL的气动保养油，按下启动开关，让其空转5~10s时间。

4. 焊点去除钻的保养

1）接入稳定的供气系统，保证压力在0.6~0.8MPa，并且气源干燥、无杂质。

2）每次使用工具前后由工具进气口加注3~5滴专用气动保养油，如图2-1-2所示，并空载工作一会儿，可降低磨损，延长工具使用寿命。

3）通常三个月定期检查1次，清除机体内的铁屑，及时更换磨损零件。

图 2-1-2　焊点去除钻的保养

5. 气动拉铆枪的保养

1）工具每拉铆工作 1000 根铆钉，拧开外套筒清理铝屑（用气枪吹干净），并检查导嘴是否有松动（如松动需拧紧）。

2）工具每拉铆工作 3000 根铆钉，拧开外套筒后拧下卡爪套筒，清理内部铝屑，并涂抹适量耐高温润滑脂。清理收集桶内的消声器，以保证空气最大流通。

3）工具每拉铆工作 8000 根铆钉打开本体堵头，加入适量液压油并拧紧。

4）拉铆枪不用时清理干净外套筒、卡爪套、拉铆主轴、收集桶及后盖滑套内的铝屑，并在卡爪套内涂适量耐高温润滑脂，外套筒、拉铆主轴、气缸螺栓处涂防锈油，保存在干燥的环境里。

任务二　介子机的调整与应用

1. 介子机的模式选择

介子机的模式（图 2-2-1）有三种：单面点焊、热收缩、焊接垫片拉伸修复。可以通过旋转模式选择按钮对这三种功能模式进行切换，切换时，绿灯亮起即为选择该处的功能模式。

图 2-2-1　介子机的模式

2. 介子机参数选择与调整

1）当选择单面点焊功能模式时，如图 2-2-2 所示，可以通过旋转时间和功率调整旋钮进行单面点焊的焊接强度调整。

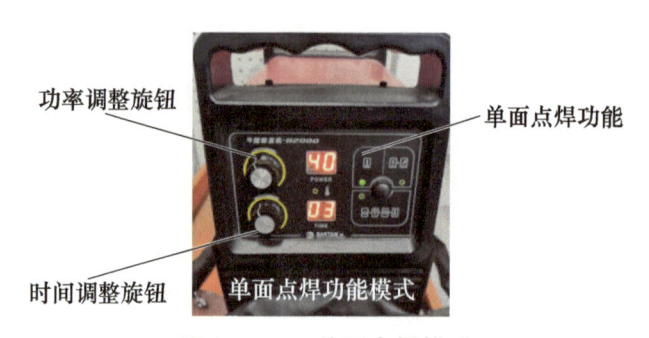

图 2-2-2　单面点焊模式

2）当选择焊接垫片拉伸修复功能模式时，如图 2-2-3 所示，可以通过旋转时间和功率调整旋钮进行焊接垫片的焊接强度调整。

3）当选择热收缩功能模式时，如图 2-2-4 所示，仅可调整功率调整旋钮，焊接时间由人工控制。

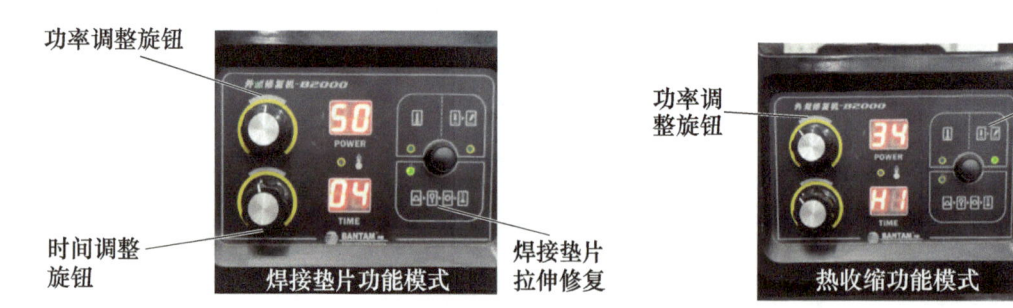

图 2-2-3　焊接垫片拉伸修复功能模式　　　图 2-2-4　热收缩功能模式

3. 应用

1）单面点焊模式。如图 2-2-5 所示，对连接强度要求不高的双层钢板区域，可以采用单面点焊方式连接，但目前此种模式在车身维修中应用较少。

2）热收缩模式。对板件高点区域或者强度弱化区域进行缩火作业，有碳棒缩火和铜棒缩火两种。碳棒缩火又称为大面积缩火，热量在碳棒上产生后传导至钢板，可以持续对较大面积进行缩火，操作时需轻按碳棒倾斜 45°由外向内画直径为 20mm 的螺旋，如图 2-2-6 所示。铜棒缩火又称为单点缩火（多次单点缩火也可以进行大面积缩火），热量直接产生在钢板上，可以对单个凸点进行缩火，操作时铜棒垂直钢板下压至钢板凹陷，如图 2-2-7 所示，待钢板产生热量后继续保持压力，并用气枪对钢板冷却。

图 2-2-5　单面点焊　　图 2-2-6　碳棒缩火　　图 2-2-7　铜棒缩火

3）焊接垫片拉伸修复模式。可对板件凹陷区域焊接弹簧垫片（图 2-2-8）、焊接垫圈（图 2-2-9）、焊接三角片（图 2-2-10）等介子，实现拉拔修复功能。

图 2-2-8　弹簧垫片焊接　　图 2-2-9　垫圈焊接　　图 2-2-10　三角片焊接

任务三　点焊机的调整与焊点检查

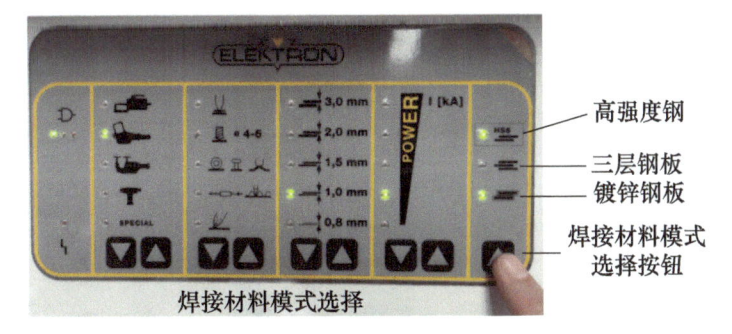

1. 焊接材料模式选择

按下焊接材料模式选择按钮，选择合适的焊接材料。通过不同的选择，可以组合出七种不同的材料模式。如图 2-3-1 所示，选择的材料为两层高强度镀锌钢板。

图 2-3-1　焊接材料模式选择

2. 材料焊接厚度调整

根据提供材料板厚，按下材料焊接厚度选择按钮正确调整对应厚度，如图 2-3-2 所示。

图 2-3-2　材料焊接厚度调整

3. 焊接功率调整

可以在设定材料焊接厚度后，在设备默认的焊接功率基础上进行微调，如图 2-3-3 所示。

图 2-3-3　焊接功率调整

4. 点焊压力调整

调试正确的供气压力，保证点焊时的供气压力在 0.6MPa 以上，如图 2-3-4 所示。

5. 焊点外观检查

观察焊点外观是否有缺陷。建议在光照强度 250lx 以上的环境下，使用 2~5 倍的放大镜检查所有焊点，如图 2-3-5 所示。检查焊点外观是否存在表面裂缝、表面气孔、表面喷溅、面板过热、焊点变形等常见外观缺陷。

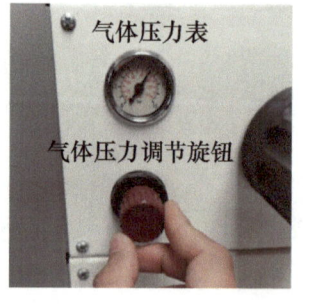

图 2-3-4　点焊压力调整　　图 2-3-5　放大镜检查焊点外观

6. 焊点尺寸检查

测量焊点尺寸是否符合规定要求。使用游标卡尺测量所有焊点的直径和压痕深度，确保符合原厂尺寸要求，如图 2-3-6 所示。

7. 破坏性测试

选择相邻的第二个焊点进行破坏性测试，在一层钢板上应留下一个孔，孔的直径应不小于 4mm，如图 2-3-7 所示。

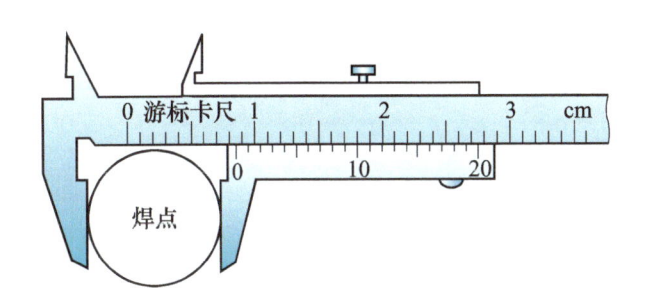

图 2-3-6　焊点直径测量

图 2-3-7　破坏性测试

任务四　MAG 焊机调试与塞焊焊接

1. 调整至手动焊接模式

旋转图 2-4-1 所示按钮至关闭状态，将焊机调整至手动焊接模式。

图 2-4-1　调整至手动焊接模式

2. 调整气体流量

1）打开气瓶阀门（逆时针旋转为打开，顺时针旋转为关闭），如图 2-4-2

所示。

2）打开气压调节器，调整气体流量，建议气体流量设定在 10~15 L/min，如图 2-4-3 所示。

图 2-4-2　打开气瓶阀门　　图 2-4-3　调整气体流量

3. 调试焊接电流

根据板厚，选择合适的焊接电流进行试焊，如图 2-4-4 所示。试焊时，出现熔穿现象，说明电流过大，应调小焊接电流；试焊时，焊点高度过高熔深不足，说明电流过小，应调大焊接电流。

4. 调试出丝速度

根据焊接电流大小，选择合适的出丝速度，如图 2-4-5 所示。焊接电流越大，出丝速度应越快。如焊接时出现过多的火花飞溅，则说明出丝速度过快；如焊接时出现耀眼的白光，则说明出丝速度过慢。

图 2-4-4　调试焊接电流　　图 2-4-5　调试出丝速度

5. 塞焊板件固定

1）对板件进行清洁，如图 2-4-6 所示，确保焊接板件无锈蚀、无油漆、无油污。

2）消除上下层钢板间的空隙。

3）对板件进行定位夹持，确保焊件牢牢夹紧，如图2-4-7所示。

图2-4-6　板件清洁　　图2-4-7　板件定位夹持

6. 塞焊操作与质量检测

对5mm和8mm孔进行塞焊，塞焊时为了降低热影响，需要进行错位交叉焊接，如图2-4-8所示。焊接完毕后，应对焊点焊接质量进行检查，正面应无飞溅、无气孔、无未填满、无失圆；5mm孔的焊点直径应在6~9mm，8mm孔的焊点直径应在9~13mm；焊点的高度应小于2mm；焊点背面应有背透。

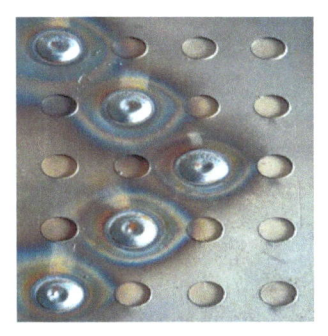

图2-4-8　塞焊错位交叉焊接

7. 4S管理

收拾设备工具，打扫工位，如图2-4-9所示。整个操作过程禁止出现任何安全问题。

图2-4-9　4S管理

项目三 车身外部板件的修复

项目描述

车身外部板件即车身外部零部件，在项目一中已介绍了板件损坏无法修复需要更换的情形。本项目介绍外部板件损坏较小时，对车身外部部件的修复方法。主要介绍翼子板、车门、车身线三种典型部位的修复。外部板件的修复对质量要求在毫米级别，可谓是"差之毫厘，谬以千里"，最能体现精益求精的工匠精神。

知识链接

一、翼子板的修复

当损坏部位以车身外部板件变形为主，尚没有达到需要更换的标准时，一般采取钢板维修的方式进行修复。

1. 常见的修复方法和使用范围

钢板维修是指通过对受损车身面板的维修以达到可以施涂原子灰状态的操作过程。汽车车身外部板件常见的修复方法以及适用范围见表3-0-1。

表3-0-1 常见修复方法及适用范围

钢板修复方法	手工具修复	介子机修复	缩火	免喷漆修复
适用范围	可以触及内侧的区域	不可以触及内侧的区域	强度降低或高点部位	漆膜未受损的小凹陷区域
实例	（1）前翼子板 （2）后翼子板后段 （3）后下围板 （4）车顶钢板中段 （5）行李舱盖板	（1）前后车门外板 （2）车顶钢板 （3）发动机舱和行李舱钢板	（1）延展的钢板 （2）高点部位	漆膜未受损的车门板、盖板等

其中前翼子板是最典型的需要使用手工具（即手锤、顶铁）修复的外板件。

2. 手工具修复敲击方法

（1）实敲法　实敲法（图 3-0-1）又称为直接敲击法、正托法，顶铁垫在哪里手锤敲在哪里。这种铁锤在垫铁上敲击的修理法适用于修理较小、较浅的凹陷和折损，也可以用这种方法来延伸金属，使其恢复原来的形状。这些情况一般出现在隆起处，偶尔也会出现在平坦的金属板上。为了整平一个折损，可以将垫铁放在金属板的反面、折损处的下方，并用铁锤从正面敲击。铁锤对垫铁的敲击将造成垫铁的轻微回弹，同时，垫铁也会从反面敲击金属板。

板件修理操作中，采用这种敲击法，存在面板延展较大的风险，因此在敲击时，要控制敲击力度，并保证正确敲击在受损的区域。

（2）虚敲法　虚敲法（图 3-0-2）又称为间接敲击法、偏托法，顶铁垫在最低点，手锤敲击附件的高点，铁锤不在垫铁上敲击。采用铁锤不在垫铁上敲击的方法来修整金属板时，将垫铁放在金属板最低处的下面，用铁锤敲击附近的高处，实际上铁锤并没有敲击垫铁。垫铁和铁锤一样，也是用来校正损坏部位的，它相当于一个冲击工具，只能敲击拉伸区（一般用在金属板的下面）。

采用这种敲击法，面板延展较小，同时需要控制敲击力度和敲击点，适合于大面积损伤凹陷的修复。

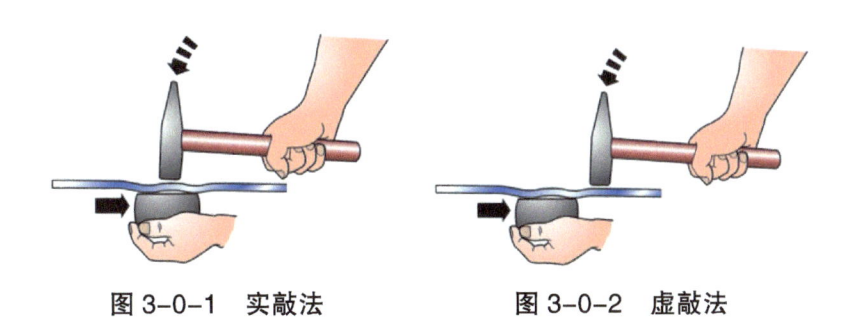

图 3-0-1　实敲法　　　　图 3-0-2　虚敲法

文化熏陶

《孙子兵法·虚实篇》曰"夫兵形象水，水之形，避高而趋下，兵之形，避实而击虚。水因地而制流，兵因敌而制胜。故兵无常势，水无常形，能因敌变化而取胜者，谓之神。"

二、车门的修复

车门凹陷修复时，需要拆卸车门内饰板，这就增加了维修工作量。而且即使拆卸了内饰板,有些部位仍然无法进入内侧,所以车门的修复通常采用介子机拉拔法进行修复。

1. 介子机拉拔法修复钢板的原理和方法

许多车身板件由于受到焊接在一起的内部板件和车窗等结构的限制而难以触及它们的内部,或是因为损伤比较轻微且只局限于金属外板,内板没有损坏。如果拆卸内板或拆卸相关构件,对于车身维修来讲工作量会无形之中加大很多,生产率大大降低。因此车身维修中还使用另一种方法专门用于上述的情况,即将凹陷的金属用拉拔的方法抬高,在拉拔的同时,用钣金锤对塑性变形的高点进行敲击,如图 3-0-3 所示。这种方法,有些类似于手锤和顶铁的虚敲。

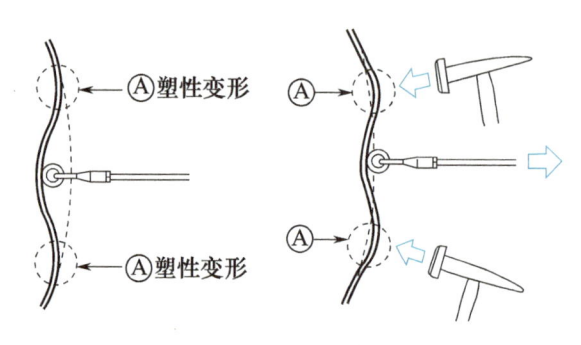

图 3-0-3 拉拔修复

2. 缩火原理

如图 3-0-4 所示,一根两端都处于自由状态的金属棒,受热时它会膨胀,冷却时回到原来的长度。把金属棒的两端都固定住,先对它进行加热,由于两端不能伸长,在受热部位直径就会增大,如果受热后直径增大的金属棒骤然冷却,增大部分的金属表面被骤冷,变形就被保留下来,金属内部降温较缓便产生收缩力使金属收缩变形,使金属棒尺寸缩短。

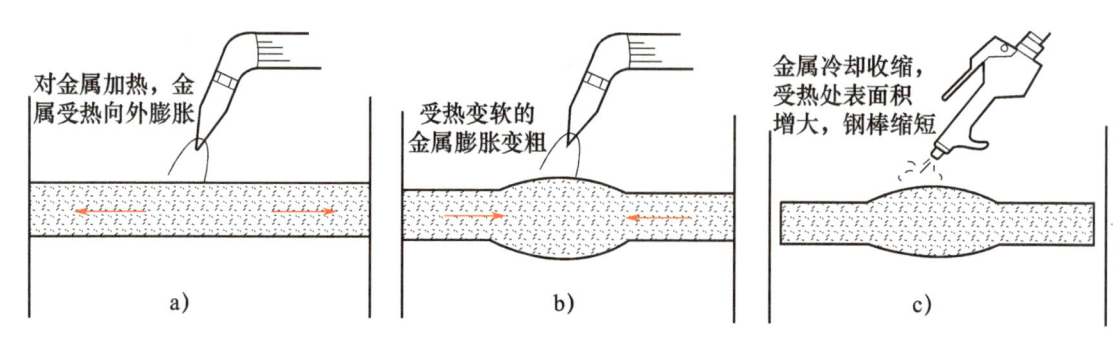

图 3-0-4 缩火原理

三、车身线的修复

1. 车身面板结构组成及刚度

汽车由各种不同形状的钢板组成，图 3-0-5 所示为车门面板的表面形状，由凸面、凹面、车身线和平面组成，表面比较复杂，而且各个区域的刚度也不尽相同，所以针对不同的车身面板、不同的损伤区域可采取不同的维修方式。

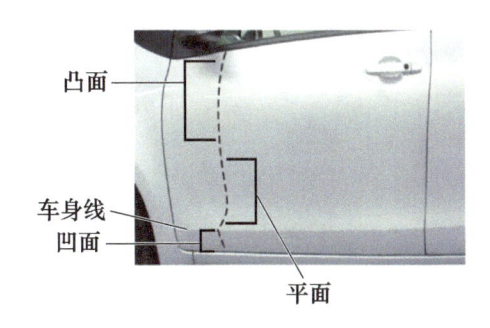

图 3-0-5 车门面板表面形状

冲压的钢板通过塑性变形塑造车身线，以保持钢板的形状和强度。同一块钢板的刚度随表面形状的不同而不同，如图 3-0-6 所示。表面加工硬化程度大的区域其刚度也大。在进行钢板维修作业时，如果表面不止一处塑性变形，则从刚性最大的变形区域开始维修。

图 3-0-6 车身面板刚度

2. 车身线损伤修复流程

若在车身筋线或板件边缘发生塑性损伤，一般先维修车身线，维修流程如图 3-0-7 所示，按照 L1（车身线）—L2（板件边缘）—S1（塑性变形大的区域）—S2（塑性变形小的区域）的顺序依次进行维修。

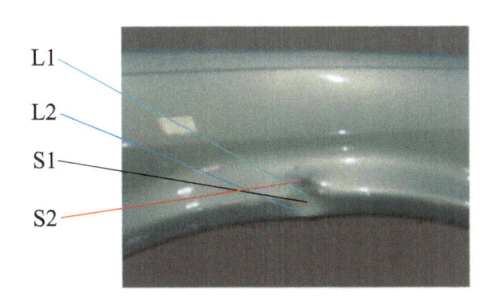

图 3-0-7 车身线维修流程

3. 快修工具

汽车钣金快速修复组合工具（图 3-0-8）简称快修工具，是针对现代汽车钣金维修推出的专业外板维修工具。整套设备配备专业焊机及专业的组合工具一套，可完成熔植垫片、收火、强力拉拔、棱线拉拔、快速拉拔、省力拉拔等针对车身外板的钣金维修工作。设备操作简单方便，对钣金维修人员经验要求不高，经专业培训后，可大大降低汽车钣金维修的工作强度，提高汽车外板维修质量。

（1）强力拉拔组合工具（图3-0-9）的特点

1）针对较强硬板件设计。

2）采用简单的顶拉原理。

3）配有多种支脚，可根据不同位置进行组合，方便拉拔。

4）可以任意调节拉拔幅度。

5）具有锁止功能，方便同时进行其他动作。

6）拉拔力量较大，基本满足车身外板件的快速拉拔维修要求。

图3-0-8 快修工具

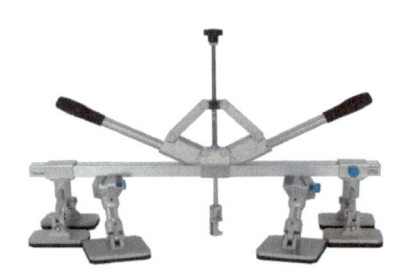

图3-0-9 强力拉拔组合工具

（2）简易拉拔组合工具（图3-0-10）的特点

1）采用力的相互作用原理。

2）配有多种手拉钩，方便提拉车身焊接的垫片等介子。

3）与钣金锤配合可简单地对车身外板进行拉伸修复。

图3-0-10 简易拉拔组合工具

（3）辅助工具 辅助工具（3-0-11）主要有钣金滑动拉锤、拉伸指针、垫片拉杆、拉伸垫片等。

钣金滑动拉锤　　　　拉伸指针

垫片拉杆　　　　拉伸垫片（介子）

图 3-0-11　辅助工具

任务一　翼子板的修复

翼子板的凹陷一般采用手工具进行修复，其修复流程为：

1. 安全防护用品穿戴

为了保障个人安全，提高工作效率，在维修过程中需要穿戴必要的防护用品，如图 3-1-1 所示。

2. 损伤评估（评估受损范围）

对于面板损伤有四种评估方法，可确定其受损范围，如图 3-1-2 所示。四种评估方法分别为目测、触摸、对比、按压。

图 3-1-1　安全防护用品穿戴　　　图 3-1-2　损伤评估

3. 粗修

通过木锤或者橡胶锤粗修，均匀敲击凹陷周围区域，释放其应力，同时最大程度减小板件的延展，如图 3-1-3 所示。

4. 精修（图 3-1-4）

1）通常采取实敲和虚敲相结合的方式进行精细修整。

2）通过敲击声判定垫铁的位置，确保其位于凹陷最低点。

3）凹陷较大的区域可采取虚敲方式，垫铁始终处在最低点位置，敲击高点区域。

4）凹陷较小的区域可采取实敲方式，为了避免过多的延展，应控制实敲力度和次数。

5）确保修复后钢板表面光滑。

图 3-1-3　粗修 　　　　图 3-1-4　精修

5. 缩火

1）打磨旧漆膜并进行清洁作业。

2）对翼子板强度低的区域进行碳棒缩火作业。

3）对局部高点区域进行碳棒缩火作业。

4）缩火作业完成后，打磨缩火的痕迹。

6. 质量评估

1）检查翼子板表面形状是否恢复，由于翼子板表面复杂，除了使用钢直尺进行表面检测外，还应使用万能塑形尺进行检测（图 3-1-5），检测内容包括：有无高点，低点是否在 1mm 范围以内。

图 3-1-5　质量评估

2）检查钢板修复区域的强度是否恢复，确保受损区域和未受损区域的强度一致。

3）确保翼子板能够正确安装，满足装配要求。

7. 4S 管理

操作完毕后，进行 4S 管理。

任务二　车门的修复

由于维修车门时不能实现内侧和外侧的两侧进入，故需要使用介子机对车门凹陷进行修复，其修复流程为：

1. 判定损伤范围

通过"一摸、二看、三对比、四按压"的方法进行板件损伤评估。评估包括损伤的范围、直接损伤和间接损伤区域、弹性变形和塑性变形区域。

2. 打磨旧漆膜

确认损伤范围后，画出需打磨的区域。对损伤范围的旧涂膜，要彻底地打磨干净，并进行清洁。

1）采用气动圆盘打磨机清除表面的油漆层，如图 3-2-1 所示。

2）对于钢板狭窄面油漆层的打磨和拉拔焊点的打磨，需采用砂带打磨机，如图 3-2-2 所示。

图 3-2-1　圆盘打磨机打磨　　图 3-2-2　砂带打磨机打磨

3. 凹陷拉拔修复

1）搭铁：搭铁区域涂层清除可使用60号砂纸，打磨面积大约5cm×5cm。调节大力钳松紧度，将外形修复机搭铁线固定在板件未受损的部位，如图3-2-3所示。

2）清理焊渣：检查三角片介子，用打磨机或锉刀清理焊枪三角片焊渣，如图3-2-4所示。

3）试焊：找一块与修复门板相同厚度的钢板进行试焊，将焊接电流大小和时间等参数调整到最佳状态，如图3-2-5所示。

4）拉拔操作：使用焊枪从离直接损伤最远点处进行拉伸，逐渐缓慢地向中间靠拢，如图3-2-6所示。

5）拉拔与敲击：拉拔过程中，应配合钣金锤的敲击，如图3-2-7所示。

图3-2-3 搭铁　　　图3-2-4 清理焊渣　　　图3-2-5 试焊

4. 缩火

1）对拉拔修复后的高点进行铜棒缩火处理。

2）对门板强度弱化区域进行碳棒缩火处理，如图3-2-8所示。

3）缩火作业完成后，打磨缩火痕迹。

图3-2-6 拉拔操作　　　图3-2-7 拉拔与敲击　　　图3-2-8 碳棒缩火

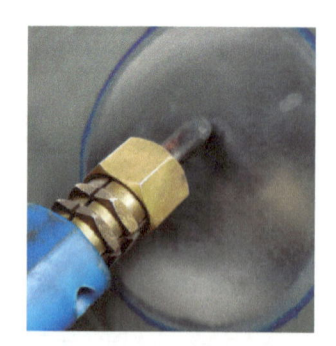

5. 质量评估

1）检查门板表面形状是否恢复、表面是否平整光滑，使用钢直尺检测（图 3-2-9），检测内容包括：有无高点，低点是否在 1mm 以内。

2）检查钢板修复区域的强度是否恢复，确保受损区域和未受损区域的强度一致。

图 3-2-9　质量评估

6. 4S 管理

操作完毕后，进行 4S 管理。

任务三　车身线的修复

车身线的修复流程为：

1. 安全防护用品佩戴

为了保障个人安全，提高工作效率，在维修过程中需要佩戴必要的防护用品。

2. 损伤评估（评估受损范围）

面板损伤有四种评估方法，可确定其受损范围，四种评估方法分别为目测、触摸、对比、按压。

3. 打磨筋线位置旧漆膜

1）沿着车身线位置划线，如图 3-3-1 所示。

2）对车身线位置的旧漆膜进行打磨，如图 3-3-2 所示，并再次沿车身线位置划线，用于定位介子焊接位置。

图 3-3-1　划线　　　　　图 3-3-2　打磨筋线位置旧漆膜

4. 外形修复机参数选择与调整

1）搭铁：使用 P60/P80 砂纸打磨搭铁区域涂层，将外形修复机搭铁线固定在此区域。

2）试焊：找一块与修复车身线相同厚度的钢板进行试焊，将焊接电流大小和时间等参数调整到最佳状态。

5. 强力拉拔修复

1）焊接介子：沿车身线位置均匀布置焊接介子，并确保介子垂直面板，如图 3-3-3 所示。

2）穿入铁棒：找一根长度合适的铁棒，穿入介子，如图 3-3-4 所示。

图 3-3-3　焊接介子　　　　　图 3-3-4　穿入铁棒

3）强力拉拔组合工具调整：选择合适的组合工具及支腿，并调整螺杆长度、支腿支撑位置，如图 3-3-5 所示。

4）强力拉拔：不断调整拉伸螺杆长度，分多次均匀拉出车身线凹陷区域，如图3-3-6所示。

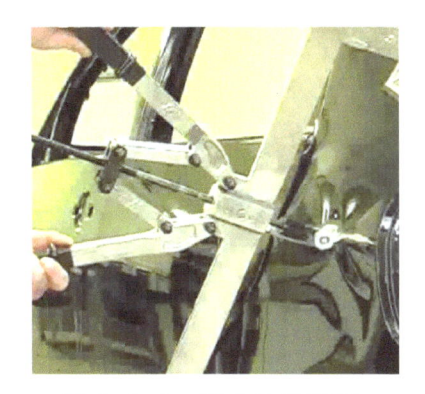

图3-3-5　调整强力拉拔组合工具　　图3-3-6　强力拉拔修复

6. 打磨旧漆膜

1）使用气动打磨机清除凹陷区域剩余的旧漆膜，如图3-3-7所示。

2）对于狭窄区域，采用砂带机打磨旧漆膜。

7. 单点焊接拉拔修复

使用焊枪对局部低点区域进行单点焊接拉拔修复，如图3-3-8所示。

图3-3-7　打磨旧漆膜　　图3 3 8　单点焊接拉拔修复

8. 缩火

1）对拉拔修复后的高点进行铜棒缩火处理，如图3-3-9所示。

2）对车身线强度弱化区域进行碳棒缩火处理。

3）缩火作业完成后，打磨缩火痕迹并清洁，如图3-3-10所示。

图 3-3-9　铜棒缩火　　　　图 3-3-10　打磨清洁

9. 质量评估

1）检查车身线是否恢复。

2）检查其他损伤区域表面形状是否恢复、表面是否平整光滑，根据形状使用钢直尺或万能塑形尺检测，检测内容包括：有无高点，低点是否在 1mm 以内。

3）检查钢板修复区域的强度是否恢复，确保受损区域和未受损区域的强度一致。

10. 4S 管理

操作完毕后，进行 4S 管理。

项目四 黏合剂使用与塑料件检修

项目描述

由于环保和节能的需要，汽车轻量化已成为世界汽车发展的潮流。应用于车身轻量化的材料除了高强度钢及各种铝合金材料外，塑料在车身上也得到了广泛应用。车身塑料件修复可实现塑料件的反复利用，对于实现节能环保、美丽中国有重大的现实意义。

知识链接

一、塑料的修理方法

车身塑料件损坏后在汽车维修企业一般有两种修理方法：更换塑料件和修复塑料件。更换塑料件的主要工作是拆装，技术要求不高，经济效益较好，因而汽车维修企业较倾向于更换；修复塑料件，经济效益不高，技术要求却较高，因此许多汽车维修企业不太愿意修复塑料件。对于中高端汽车，更换塑料件价格昂贵，受保险公司制约，越来越多的汽车维修企业也开始修复塑料件。从更高的层面讲，修复塑料件可减少塑料污染、保护环境。

二、塑料的种类

目前汽车上使用的塑料件较多，这些塑料件主要采用热塑性和热固性两种类型的塑料。热塑性塑料能通过加热反复熔化再成型，在整个过程中化学成分不会发生变化，因为热塑性塑料受热时随着温度的升高逐渐软化，冷却后重新硬化为固体，再加热又可软化，所以可以进行焊接修复。热固性塑料在最初加热和使用催化剂或紫外线照射的条件下会发生化学变化，冷却后硬化成一种永久的形状，再次加热或使用催化剂时其形状也不会发生变化，因此不能焊接，只能用胶黏剂粘接，见表4-0-1。

表 4-0-1　塑料的种类与修理方法

塑料类型	化学名称	符号	修理方法
热塑性塑料	丙烯腈-丁二烯-苯乙烯	ABS	焊接与粘接
	聚碳酸酯	PC	
	聚乙烯	PE	
	聚丙烯	PP	
	热塑性聚氨基甲酸乙酯	TPUR	
热固性塑料	环氧树脂	EP	粘接
	乙烯-丙烯-二烯-单聚物	EPDM	
	聚氨基甲酸乙酯	PUR	
	反应喷射成型的聚氨基甲酸乙酯	RIM	
	增强的 RIM-聚氨基甲酸乙酯	PPIM	
	苯乙烯-丙烯腈	SAN	
	热塑橡胶	TPR	
	聚酯	UP	

三、坡口形状

根据工艺或设计的需要，在待焊部位加工一个一定几何形状的沟槽，称为坡口，如图 4-0-1 所示。当需要对车身塑料进行焊接时，应先对塑料开坡口。如果损伤未穿透板件，可以采用 V 形坡口或 U 形坡口；如果损伤穿透板件，可以采用 X 形坡口或双 U 形坡口。

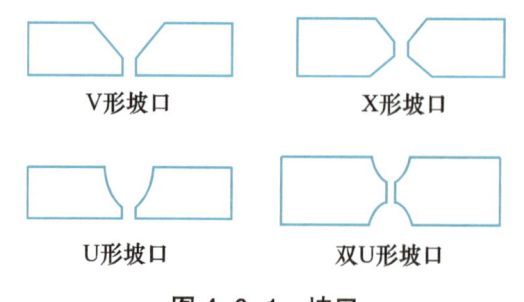

V形坡口　　X形坡口

U形坡口　　双U形坡口

图 4-0-1　坡口

四、塑料损伤

在日常生活中，常见的塑料损伤包括四种：塑料划痕、塑料凹陷、塑料裂痕、塑料穿孔。并不是所有的塑料损伤都可以进行维修。不同的维修企业或保险公司对于塑料件维修和更换的标准是有所不同的，大体上可以遵循表 4-0-2 中的标准。

表 4-0-2　塑料损伤维修与更换标准

塑料损伤类型	维修与更换标准	图片
塑料划痕	一般可以维修	
塑料凹陷	凹陷直径小于 30cm 可以维修，否则需要更换	
塑料裂痕	裂痕长度小于 20cm 可以维修，否则需要更换	
塑料穿孔	穿孔直径小于 2cm 可以维修，否则需要更换	

五、塑料件焊接工具

1. 电烙铁

电烙铁（图 4-0-2）用来将破损塑料保险杠内部的裂缝烫化或抹平塑料，也可以直接用焊条进行焊接。由于电烙铁可以在无空气源的情况下，熔化直径小于 3mm 的焊条，所以这种方法也称为无空气塑料焊接。

2. 塑料焊枪

塑料焊枪（图 4-0-3）又称为热风枪，主要用来加热塑料焊条，使塑料焊条达到熔化和黏结。焊枪口喷出的热量集中，风速高。

🔧 **注意：** 不可直接用手触摸焊枪前端（烤嘴），以免烫伤；不可直接将焊枪对准人或可燃物；使用完毕后，需自然冷却后保管放置。

图 4-0-2 电烙铁

图 4-0-3 塑料焊枪

3. 塑料植钉机

该设备是一款手持式塑料修复机（图 4-0-4），无噪声、无污染。针对不同角度、不同形状的破损，可以通过改变焊钉形状和焊枪头植钉方位的方法进行修复，如图 4-0-5 所示。

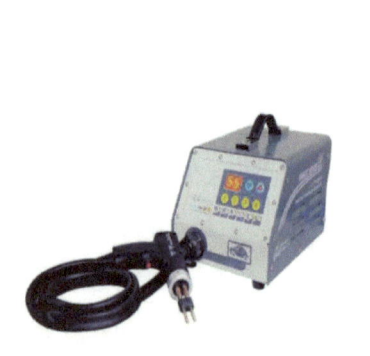

用于较细较直的裂缝	用于外转角
波浪形 S形	M形 V形
用于较大转弯的裂缝	用于内转角

图 4-0-4 塑料植钉机

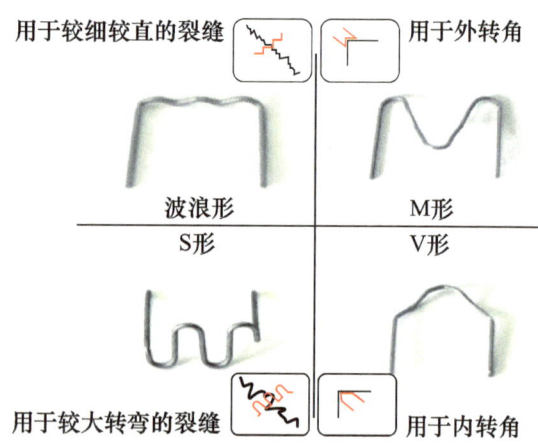

图 4-0-5 焊钉形状和植钉方位

六、焊接参数

采用塑料焊枪对塑料进行焊接的方法通常称为热空气塑料焊接（图 4-0-6）。为了获得较高的焊接质量，在采用热空气塑料焊接时，应控制好焊条角度、风嘴位置、焊条施加的压力、风嘴的运动方向等焊接参数。

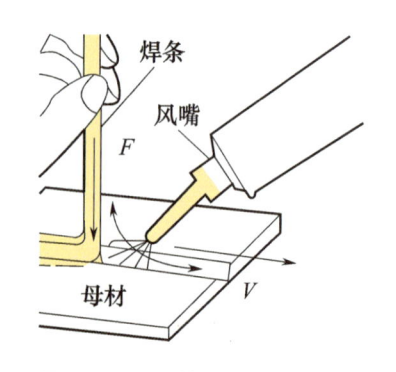

图 4-0-6 热空气塑料焊接

1. 焊条角度

在焊接过程中，应保证焊条与母材平面成90°的夹角。如果焊条向后倾斜使夹角大于90°，内部应力将使软化状态的焊条被拉伸，导致焊缝狭窄甚至漏焊缺焊，冷却后产生气泡或断裂；如果焊条向前倾斜使夹角小于90°，会使焊缝挤凸过高并且虚焊，甚至出现焊条与母材未熔合。

2. 风嘴位置

焊枪风嘴应位于焊条和焊缝之间，且距焊条和焊缝表面15mm左右（此距离与焊枪功率有很大关系），风嘴与母材夹角为30°~45°。如果距离太近，则会烧焦母材或焊条，产生气孔或夹渣；如果距离太远，则母材或焊条没有完全熔合，产生虚焊。另外，为保证母材和焊条均匀受热，焊条与焊枪风嘴应保持在同一平面内，否则焊缝一侧会发生虚焊或裂缝。

3. 焊条施加的压力

焊条施加压力的大小与焊条的材料、焊条的直径有关。在实际操作中，施加压力无法测量，可以按照以下方法估测：对焊条施加压力，感觉焊条马上弯曲，但还没有弯曲的临界状态为宜。施加压力过小，焊条与母材熔合压力过小，焊接接合面连接不牢固，焊接强度不够甚至产生虚焊；施加压力过大，焊条不能充分熔透，容易产生裂缝、凹槽等焊接缺陷。

4. 风嘴的运动方向

风嘴应沿着焊接方向做匀速直线运动，根据焊条直径和母材厚度选择焊接速度，速度一般为2.5~4.2mm/s。焊接速度过慢，焊条和母材容易烧焦，产生气泡或凹坑；焊接速度过快，焊条和母材没有完全熔化，产生裂缝甚至虚焊。为了使受热均匀，焊条做匀速直线运动的同时，风嘴还应呈扇状均匀摆动，摆速一般为1~2次/s，摆幅在10mm左右。

任务一　塑料的鉴别

塑料的鉴别很重要，只有在确定塑料的种类后才能确定具体的修理方法。可以采用测试识别法分辨塑料是热塑性塑料还是热固性塑料，测试识别法包括燃烧测试法和挠性测试法。对于燃烧测试法，热固性塑料燃烧时不会产生熔滴，热塑性塑料燃烧时会产生熔滴。对于挠性测试法，热固性塑料在弯折后不能完全恢复形状，热塑性塑料弹性较好，可以恢复形状。

要想正确识别塑料的具体种类，需要采用以下三种识别方法。

1）代码识别法：根据国际符号或 ISO 码识别法，塑料件背面有一个模压在塑料件上的代码供识别，如图 4-1-1 所示。

2）查阅手册识别法：未标注国际标准符号的塑料件，可查阅最新版本车身维修手册予以识别，或登录汽车品牌网络维修平台进行查询。

3）试焊识别法：可以在部件的隐秘区或损坏区选择一种塑料焊条进行试探性焊接，不同焊条的颜色不一样，常用的有五六种，如图 4-1-2 所示。试焊时应准备一套塑料焊接工具，在试焊前应对塑料件大致判断其种类，尽可能一次将焊条种类选择正确，然后再进行试焊。试焊位置应选择在损伤部位的背面附近且正面有部件遮挡的位置。

图 4-1-1　代码识别法　　　　图 4-1-2　塑料焊条

任务二　塑料的粘接和焊接修复

一、塑料划痕的修复

塑料件产生的划痕如图 4-2-1 所示，对这类损伤采用胶黏剂进行修理是较简单且实用的方法。对划痕进行胶黏剂修理可按以下步骤进行。

1. 打磨、清洁损伤部位

修理塑料划痕，首先用打磨工具将损伤表面的喷涂层打磨干净，之后将划痕部位擦洗干净。

2. 粘接修理

损伤部位打磨清洁以后，在打磨后的划痕表面刮涂胶黏剂，如图 4-2-2 所示。待胶黏剂干透硬化以后，将胶黏剂打磨平整，接下来即可进行表面喷涂颜色了。

图 4-2-1　塑料划痕　　　　图 4-2-2　刮涂胶黏剂

二、塑料凹陷的修复

车身防撞条、前格栅、仪表板、电器操纵箱等用丙烯腈-丁二烯-苯乙烯共聚物制成的 ABS 塑料，具有强度高、成型性好和二次加工容易等特点，这种材料变形时都可通过加热进行修复。

1）先将变形的塑料件在 50℃ 左右的温度下加热一定时间。对于局部小范围变形，可用热风枪对变形部位进行加热来矫正，如图 4-2-3 所示。

图 4-2-3　使用热风枪加热变形部位

如果变形较大应使用红外线烘灯加热变形部位，如图 4-2-4 所示。使用红外线烘灯时要注意控制塑料件的受热温度，一般应以 50~60℃ 最好，最高温度不能超过 70℃，避免产生永久性变形。

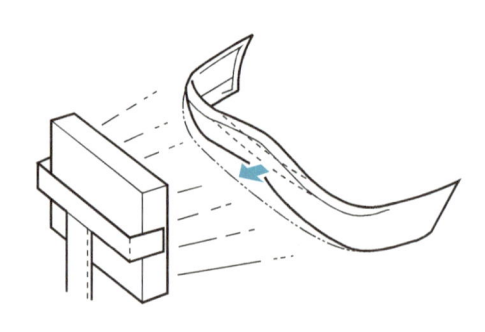

图 4-2-4　红外线烘灯加热变形部位

2）当塑料件趋于软化后用手将变形处恢复原状，如果变形面积较大，为了获得良好的外观，可以借助辅助工具如光滑的木板等。

三、塑料裂痕的修复

1）使用手钻配合 3mm 钻头在裂缝两端打止裂孔，操作时应尽量使裂缝两端或其延长线处于止裂孔中心，如图 4-2-5 所示。

2）首先将焊条一端切成 60° 的斜角，并在裂痕上打磨出 U 形坡口。如果裂痕为穿透伤，则需要在塑料件正面和反面都打磨出 U 形坡口；如果塑料件表面不平，应加热整平。

3）对焊条施加压力，调节塑料焊枪的距离、温度、角度来控制塑料焊条的熔化速度。

4）利用塑料焊枪的热量对焊条和 U 形槽接触点处进行加热焊接，如图 4-2-6 所示。结束焊接时，宜充分加热焊条和 U 形槽的接触区域，停止焊条移动。但还需要对焊条施加一定的压力并保持几秒钟，待冷却到已不能拉动焊条，即可切下多余的焊条。如果焊缝处焊条过高，可以采用电烙铁整平。

图 4-2-5　打止裂孔　　　　图 4-2-6　加热焊接

也可以采用塑料植钉机,对塑料进行维修,步骤如下:

1)使用手电钻配合 3mm 钻头在裂缝两端打止裂孔,操作时应尽量使裂缝两端或其延长线处于止裂孔中心。

2)选择合适的焊钉插入焊机头前端的两个小孔,按住开关给焊钉加热(图 4-2-7),等待焊钉受热变红后,将焊钉压入所需修复的位置(图 4-2-8),松开焊机按钮,待焊钉自然冷却并与塑料保险杠融为一体(图 4-2-9)后,将塑料焊机移开。

3)重复操作直到焊钉均匀分布在破损处,全部焊接完成之后,剪去尾钉。

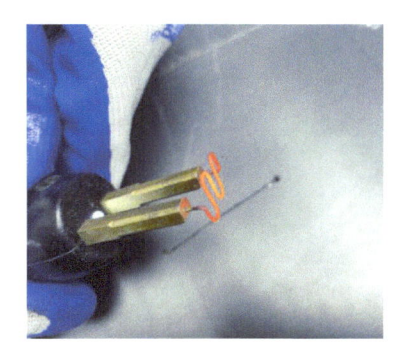

图 4-2-7 焊钉加热

图 4-2-8 将焊钉压入修复位置　　图 4-2-9 焊钉与保险杠融为一体

四、塑料穿孔的修复

对于穿孔损伤,可以采用胶黏剂修理,还须对损伤部位的背面采取增加强度的措施。修理可按以下程序进行。

1)对损伤部位进行打磨、清洁及开坡口,如图 4-2-10 所示。

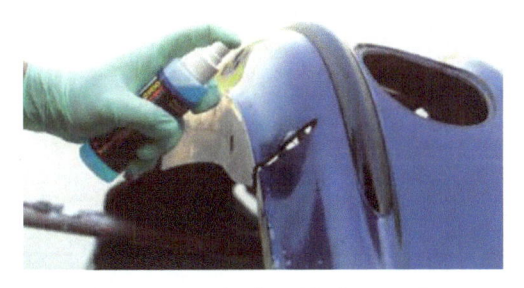

图 4-2-10 打磨、清洁、开破口

2）背面粘结修理。在修复前先剪一块比穿孔大的加强网，如图 4-2-11 所示。这块加强网的作用是覆盖在塑料件背面来增加强度。

图 4-2-11　剪加强网

3）涂胶黏剂。背面的处理结束后，装上静态混合胶嘴，在先前剪好的加强网上打上混合后的胶黏剂。

4）打胶后迅速将带有胶的加强网覆盖在保险杠背面损伤的部位，轻轻挤压让胶流到正面，如图 4-2-12 所示。

图 4-2-12　背面覆盖加强网

5）将塑料膜覆盖在保险杠正面的胶上，轻轻挤压使胶覆盖住损伤的部位，如图 4-2-13 所示。以上操作须在 2min 内完成。等待约 15min 以便胶干燥。用砂纸逐渐打磨修复区域，直至表面平整。

图 4-2-13　正面覆盖塑料膜

第二部分

技艺傍身出新秀——
车身小损伤修理篇

PART 02

项目五　免喷漆修复技术

项目描述

在现实生活中，经常会发生一些不损伤汽车表面油漆的车身凹陷。这些凹陷产生的原因包括交通事故、汽车运输中的磕碰、汽车行驶中的飞石撞击、冰雹砸落等。如果按照传统的钣金喷漆修复技术进行修复，则需要经历旧漆面打磨、钣金手工具或介子机整形、施涂原子灰、喷涂底漆和面漆等多道工序。而采用免喷漆修复技术不会破坏汽车原厂漆，汽车价值实现了保值，还不会对环境造成污染。免喷漆修复效果如图5-0-1所示。

图 5-0-1　免喷漆修复效果

知识链接

免喷漆修复技术起源于20世纪中期，20世纪末期传入我国。该技术最大的优势是不伤原车漆，能够实现汽车保值。由于免喷漆，客户承担的维修费用低，对环境也没有污染。但是免喷漆修复市场的增长非常缓慢，究其原因，其一是车主不知道这种维修技术；其二是能掌握这种技术的维修人员太少。只要通过合适的宣传手段让车主了解这种技术，通过技术培训让更多的维修人员掌握这种技术，免喷漆修复市场的发展空间是非常巨大的，发展前景也是非常可观的。

一、免喷漆修复的内涵

免喷漆修复是利用光学原理确定凹陷位置和检测修复效果，利用力学、电磁学原理对车身凹陷进行修复的技术。因为修复时不需要破坏车身表面的油漆，所以也称为车身凹陷修复、无痕修复、微钣金修复。

并不是所有的车身凹陷都可以采用该技术，只有当车身损伤没有明显折痕且漆面无破损时，才可以使用该技术进行修复。这种车身损伤对应的变形类型是弹性变形或无明显延展的轻微塑性变形。另外还需要说明的是，上文所提到的漆面无破损，仅限于原厂漆。如果是维修后喷涂的油漆，即使满足以上条件，也不能采用免喷漆修复技术进行修补，而只能采用传统的钣金喷漆修复技术。

二、车身凹陷的损伤评估与修复效果检测

车身凹陷的损伤评估方法除了传统的目测法、触摸法、尺规测量法、按压法，还包括一种称为整平灯光照法的评估方法。对于车身凹陷修复来说，这不仅是最重要的一种损伤评估方法，也是检测凹陷修复效果的方法。

凹陷修复中，使用整平灯的占到70%，可以说没有使用整平灯的修复就应该归于传统钣金修复。汽车凹陷修复整平灯也称为凹陷修复检测仪。由于受观察角度的影响，修复技师如果不借助灯光照射，就无法准确地判断车身凹陷位置、凹坑大小，进而影响整平修复效果。整平灯的灯光照射在车身凹陷处时，可以通过观察光线反射情况来判断凹陷的位置、大小和检测凹陷的修复效果。

整平灯与修复板面夹角为75°~90°，摆放时还应使眼睛、凹陷、整平灯三者角度为180°，如图5-0-2所示。如果有障碍物阻挡，那就调整眼睛和整平灯的位置，使其最大程度接近180°。整平灯的光源通过反光板反射到车身凹陷位置，利用整平灯灯管观察损伤。如果损伤处为高点，灯管在该处会聚光（图5-0-3）；如果损伤处为低点，灯管在该处会散光（图5-0-4）。

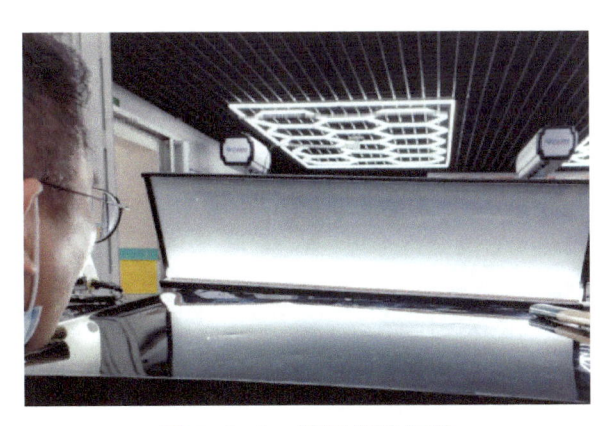

图 5-0-2　整平灯的摆放

图 5-0-3　高点聚光　　　　图 5-0-4　低点散光

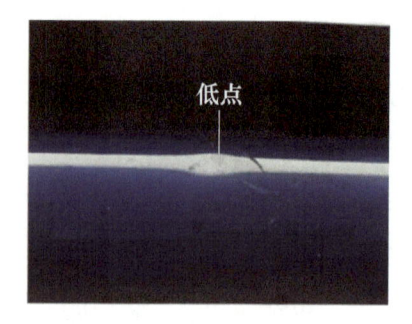

三、拉拔法修复

车身凹陷修复时，修复作用力直接作用在凹陷的钢板部位。根据修复作用力产生的方式不同，可以归纳出拉拔法、顶撬法、内应力法三种不同的车身凹陷修复方法。

拉拔法指的是修复作用力直接作用在车身凹陷的外侧，通过拉拔力修复车身凹陷的方法。

1. 拉拔法修复分类

按照拉拔力产生方式的不同，拉拔法又可以分为真空拉拔法和溶胶拉拔法。

（1）真空拉拔法　真空拉拔法（图 5-0-5）的拉拔力来源于吸盘内外的压力差。当车身凹陷位置不在零部件的边缘或棱角处且凹陷平缓时，可以采用橡胶吸盘进行修复。先把凹陷变形处用湿布清洁干净，之后把吸盘的吸面用水打湿（打湿的作用是密封，可以使吸盘紧紧地贴在车身表面）。对准凹陷，让吸盘吸紧凹陷处后就可以用吸盘拉锤往外拉，直到拉平为止。

此种维修方法应有非常有限，仅限于大表面的非常平缓的凹陷。

（2）溶胶拉拔法　溶胶拉拔法（图 5-0-6）是利用溶胶将拉拔垫片与车身凹

图 5-0-5　真空拉拔法　　　　图 5-0-6　溶胶拉拔法

陷处连接，通过拉拔垫片将凹陷修复。此种修复方法应用非常广泛，即使凹陷的背面不能接触到，也可以非常方便地进行维修。

2. 维修工具

（1）拉拔垫片　拉拔垫片（图5-0-7）由高强度的尼龙材质加工而成，配有不同的尺寸和形状，适用于不同形状大小的凹陷。

（2）热胶枪　热胶枪（图5-0-8）用于加热软化胶棒，并将液态的胶棒涂抹到拉拔垫片上。

图 5-0-7　拉拔垫片　　　　　　图 5-0-8　热胶枪

（3）拉拔器　拉拔器可以分为三种，分别是滑锤式拉拔器、桥式拉拔器、钳式拉拔器。

①滑锤式拉拔器：滑锤式拉拔器（图5-0-9）由拉头、滑动块、拉杆、手柄等组成。使用时将拉头钩住拉拔垫片，一手握住手柄，另一只手握住滑动块，将滑动块向车体外撞击，需配合胶枪和拉拔垫片使用。其操作方便简单，效率高，适用范围广。

图 5-0-9　滑锤式拉拔器

②桥式拉拔器：桥式拉拔器（图5-0-10）由拉力桥、螺钉旋钮、牵引杆、牵引吸盘等组成。其通过螺钉旋钮逐步旋转加力，将凹陷拉平，适用于深坑，需配合胶枪和牵引吸盘使用。

③钳式拉拔器：钳式拉拔器（图5-0-11）由调节螺母、垫片接口、橡胶底座、操作杆等组成。使用时将钳式拉拔器放到车身凹陷处粘好拉拔垫片的位置上，通过调节螺母调整吸盘接口与凹陷的距离，直到完全卡好拉拔吸盘为止，

用手握住拉拔器操作杆，来回压拔，直到凹陷修复完成，需配合胶枪和拉拔吸盘使用。

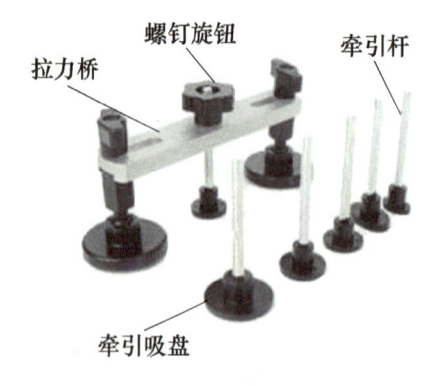

图 5-0-10　桥式拉拔器　　　图 5-0-11　钳式拉拔器

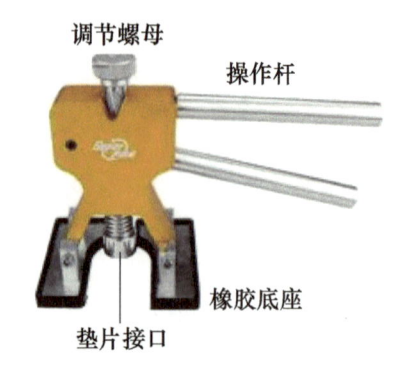

（4）整平笔　整平笔（图 5-0-12）有不同的规格，用于处理修复过程中不同大小的高点。整平笔需配合橡胶锤使用，行业中一般采用锤柄敲击整平笔消除高点，如图 5-0-13 所示。

图 5-0-12　整平笔　　　图 5-0-13　消除高点

四、顶撬法修复

1. 顶撬法简介

顶撬法指的是修复作用力作用在车身凹陷的内侧，利用杠杆原理通过撬杠顶撬修复车身凹陷的方法，如图 5-0-14 所示。这是在凹陷修复中最常用到的一种方法，需要使用各种形状和尺寸的撬杠。但是需要注意，顶撬法对维修人员的技术能力和综合水平要求比较高。即使一些经验丰富的维修人员，如果没有接受专业的培训并大量训练，也不能对该技术进行有效应用。

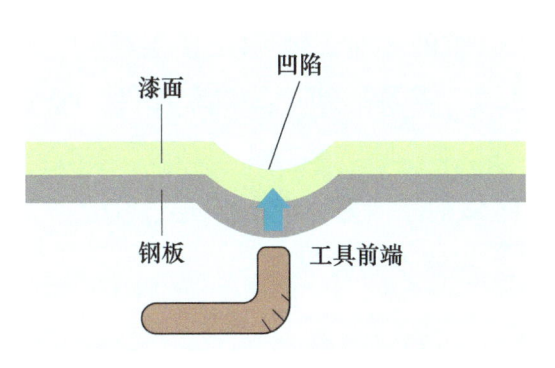

图 5-0-14　顶撬法修复

该方法的技术难点有以下两点：

1）如何顺利将撬杠深入受损板面内部。可以利用车身上已有的孔洞或在隐蔽部位打孔使撬杠顺利深入，对狭窄缝隙处可以使用修复气囊充气扩张，使空间变大，方便撬杠深入。

2）如何快速使撬杠头部对准凹陷点内侧。这就需要综合使用整平灯和撬杠。撬杠在板件内部轻微施加顶撬力，板件产生高点，通过整平灯（高点聚光）确定撬杠头部位置，逐渐向凹陷处靠近，直至找到凹陷点。

2. 车身的区域划分

对于不同的车身部位，进行凹陷修复的难度有很大的区别。可以按照修复难易程度，将车身分作四个区域，如图 5-0-15 所示。

图 5-0-15　车身的区域划分

（1）黑色区域　该区域的车身是单层钢板结构，凹陷修复相对容易，对撬杠工具的选择没有特别要求，撬杠可以顺利灵活地进入凹陷区域进行修复。

（2）灰色区域　该区域的车身基本是单层结构，少数是夹层结构，凹陷修复难度中等。需要选择合适形状、尺寸的撬杠工具才可以进行修复。

（3）红色区域　该区域的车身基本都是夹层结构，少数是双层钢板结构，凹陷修复难度大。修复时，需要拆卸一些汽车部件，撬杠工具选择上需要灵活使用。

（4）白色区域　该区域的车身基本都是双层、夹层、卷边结构，凹陷修复难度极大。撬杠工具选择上需要不断尝试。

3. 维修工具

（1）撬杠　撬杠（图5-0-16）材质一般为无碳锰钢，具有硬度高、韧性强、弹性大的特点，并有不同的尺寸规格。按照头部形状不同撬杠可以分为圆头撬杠、扁头撬杠、扇面撬杠、尖头撬杠等。

图 5-0-16　撬杠

圆头撬杠用来修复单层结构的凹陷，扁头撬杠用来修复夹层结构的凹陷，扇面撬杠用来修复边角夹层结构，尖头撬杠用来处理圆头和扁头工具修复后留下的小凹陷。

（2）扩张气囊　扩张气囊（图5-0-17）的作用是对双层部位的板件进行扩张，使用时将其放入狭窄的部位充气扩张，需配合防护垫板使用。

（3）防护垫板　防护垫板（图5-0-18）的作用是防止撬杠工具在狭窄部位划伤汽车表面和内饰。

（4）辅助挂环　辅助挂环（图5-0-19）适用于对发动机舱盖、行李舱修复时，为撬杠提供合适的支点。使用时在车身上找到合适的工艺孔，将挂钩的一头挂在工艺孔内，撬杠工具穿过挂环，利用挂环作为支点。

图 5-0-17　扩张气囊　　　图 5-0-18　防护垫板　　　图 5-0-19　辅助挂环

五、内应力法修复

内应力法修复指的是通过板件局部受热而使其内部产生应力来修复车身凹

陷的方法，类似于传统钣金中的缩火。缩火产生热量是由于焦耳定律的热效应，而内应力法修复产生热量是由于电磁热效应现象。当电磁波在固体和液体介质中传播时，电磁能会产生损耗，损耗的能量大部分转变成热能使介质温度升高，这就是电磁热效应现象。

内应力法修复采用的设备是电磁凹陷修复仪，其相较于传统的修复方式有以下几个优点：时间比较短，一般小的汽车凹陷问题，几十秒就可以修复；处理后的汽车车身不会损害原车漆，不影响汽车价值评估；易于操作，易于学习。

任务一　拉拔法修复

拉拔法修复流程如下：

1. 胶棒预热

将胶棒装入热熔胶枪后部，扣动扳机，让胶棒进入胶枪，插上电源，打开开关使胶枪对胶棒预热，如图 5-1-1 所示。

2. 整平灯摆放

将整平灯摆放到合适的位置和角度，使整平灯与修复板面夹角为 75°～90°，摆放时还应使眼睛、凹陷、整平灯三者角度为 180°。

3. 表面清洁

用干净的毛巾清洗凹陷表面，并用酒精清理一下垫片，去除油污和灰尘，如图 5-1-2 所示。

图 5-1-1　胶棒预热　　　　图 5-1-2　表面清洁

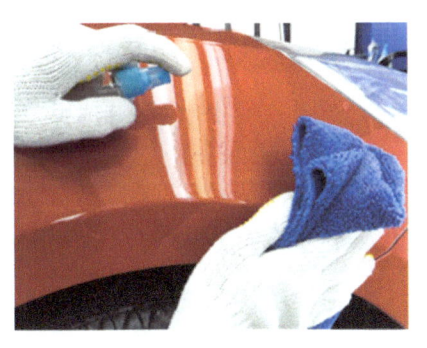

4. 拉拔垫片固定

依据车身凹陷尺寸和形状选择合适的垫片，选择的垫片尺寸通常为凹陷尺寸的 70% 左右。使用热熔胶枪将熔化后的热熔胶均匀地涂抹在拉拔垫片表面，如图 5-1-3 所示，快速将涂满热熔胶的拉拔垫片放在凹痕的修复部位，轻轻压住，直至热熔胶固化粘牢（图 5-1-4）。

图 5-1-3　用热熔胶涂抹拉拔垫片　　图 5-1-4　拉拔垫片固化粘牢

5. 凹陷拉拔

使用不同的拉拔器连接垫片，开始拉拔，如图 5-1-5 所示。操作中依据凹陷大小调整力度，并不断通过整平灯检测凹陷修复效果，直至修复凹陷。如果拉拔中出现高点，可以借助整平笔将高点部位敲平。

需要注意的是，不是所有的凹陷都可以通过拉拔法将凹陷修复，遇到一些大凹陷可以先将大凹陷修复成小凹陷，再使用杠杆工具采用顶撬法修复。

图 5-1-5　使用不同的拉拔器进行凹陷拉拔

6. 去除残胶

在拉拔垫片与热熔胶粘合点喷洒解胶剂去除残留热熔胶。

7. 4S 管理

操作完毕后进行 4S 管理。

任务二 顶撬法修复

顶撬法的修复流程如下：

1. 整平灯的摆放
将整平灯摆放到合适的位置和角度。

2. 表面清洁
用干净的毛巾清洗凹陷表面，并用酒精清理一下垫片，去除油污和灰尘。

3. 支点选择
根据凹陷情况选择适合的撬杠工具，并确定撬杠修复的支点，如图 5-2-1 所示。如找不到合适的支点，可使用辅助挂环作为支点，如图 5-2-2 所示。

图 5-2-1　确定撬杠修复支点　　图 5-2-2　使用辅助挂环作为支点

4. 寻找凹陷
将撬杠工具深入凹陷背面，撬动杠杆挤压工具头部，观察钢板漆面是否有高点（高点聚光），如果漆面没有变化，则继续给杠杆工具施加力度，直到漆面有稍微明显的高点，此处即为工具头的位置。重复以上过程，直至找到凹陷最深处，如图 5-2-3 所示。

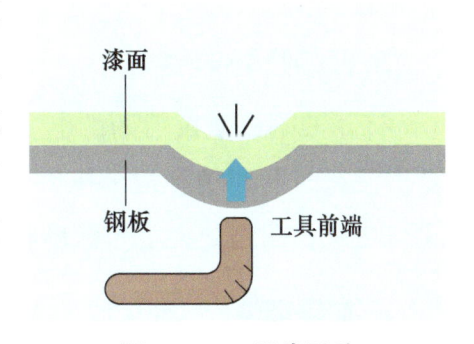

图 5-2-3　寻找凹陷

5. 凹陷修复
对撬杠施力，可采用三种不同的施力方式，如图 5-2-4 所示。施力过程中，需要在不同角度观察凹陷处的变化，直到将凹陷修平。

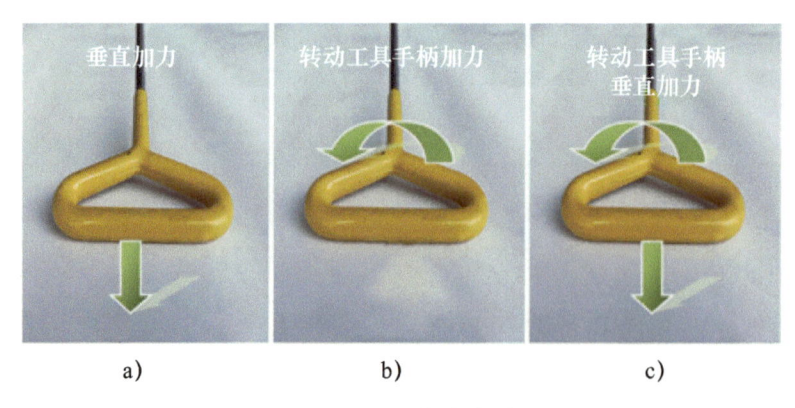

图 5-2-4　施力方式

6. 4S 管理

操作完毕后进行 4S 管理。

任务三　内应力法修复

内应力法的修复流程如下：

1. 整平灯的摆放

将整平灯摆放到合适的位置和角度。

2. 表面清洁

用干净的毛巾清洗凹陷表面，并用酒精清理一下垫片，去除油污和灰尘。

3. 凹陷修复仪调整

打开凹陷修复仪后面的电源开关，对时间和功率按钮进行调整（有的凹陷修复仪没有时间和功率两个按钮，采用一键式调整），如图 5-3-1 所示，调整的时间与功率和凹陷的大小与深度相关。

4. 加热板件

手持凹陷修复仪的修复头，将其垂直放在凹陷周围的板件上，按下修复头开关，对板件进行加热以产生内应力，如图 5-3-2 所示。

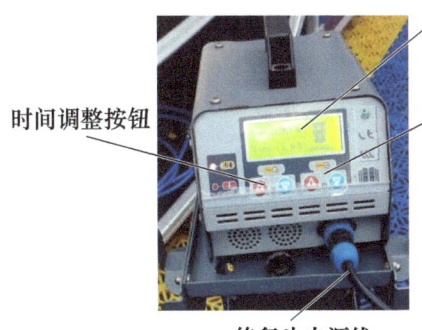

图 5-3-1　凹陷修复仪调整

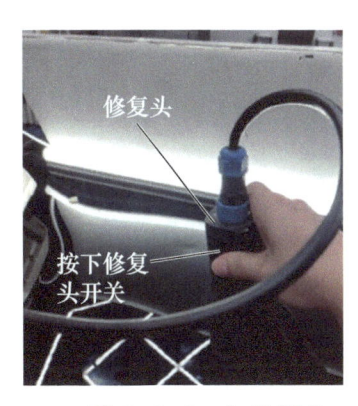

图 5-3-2　加热板件

5. 凹陷修复

从凹陷点周围由外向内逐点对车身钢板进行加热，最后加热凹陷中心，使车身钢板凹陷在内应力的作用下自然弹出。也可以围绕凹陷部位点，将修复头从外向内进行旋转修复或者从凹陷部位的一端划向另一端。对于特别小的凹坑、凹痕，修复头垂直在凹陷部位上方即可。

在操作中应注意：

1）在修复受损车身过程中，修复头和车身温度会迅速升高，在设备、车身、修复头没有冷却之前，不要用手触摸，以免烫伤。

2）在修复过程中，修复头和车身温度会迅速升高，单个受损部位不要长时间操作（可用湿毛巾擦拭受损部位，以此降温），以免温度过高伤及车漆。

3）在修复过程中，修复头和车身温度会迅速升高，车体会产生瞬间微弱软化，注意修复头不要有下压动作，以免在瞬间软化时造成凹陷部位加大。

6. 4S 管理

操作完毕后进行 4S 管理。

项目六 车身铝外板修复技术

项目描述

随着消费者对汽车性能的要求越来越高,汽车功能性部件会越来越多,导致汽车质量增加,为了减轻这种影响,汽车车身轻量化是必然的发展趋势。目前,在中高端汽车和新能源汽车的车身上,普遍采用了铝合金这种轻量化材料来取代传统的钢材料,有数据显示,铝合金的使用可以使汽车整车质量减轻30%,而且在车辆安全和材料回收利用等多方面也优势明显。铝合金的物理性能与钢铁有着显著的区别,在售后维修时,需要根据铝合金材料的特性,选用合适有效的维修方法,并掌握正确的维修方法。

知识链接

一、铝的物理性质

铝是银白色金属,熔点为660.4℃,沸点为2467℃,密度为2.70g/cm³,约为铁的1/3。

铝的硬度比较小,具有良好的延展性,可以拉成细丝,也可以辗压成铝箔包装纸烟、糖果。

铝有良好的导电性,仅次于银和铜(电导率为铜的64%,密度为铜的30%),因而铝广泛地代替铜制造电缆。

铝有良好的导热性,大量用于制作炊具,还可以作为太阳能的吸收装置。

铝暴露在空气中很快在表面形成一层致密的氧化物,这层氧化物是三氧化二铝,使金属铝和空气隔绝开来,防止其进一步被腐蚀,如图6-0-1所示。

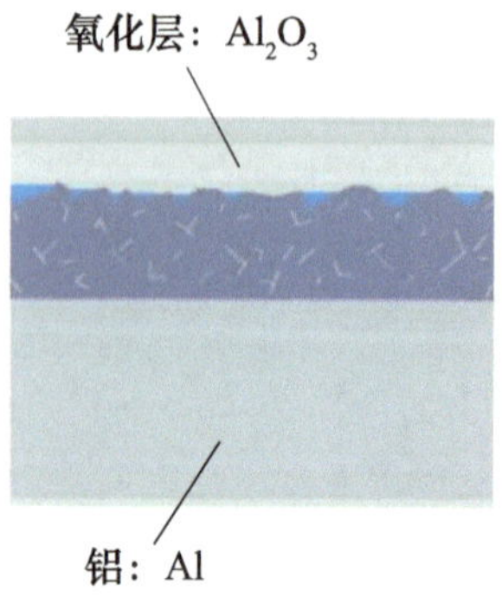

铝和钢铁的金属活性不同,当这两种金属都处于酸性或碱性的电解液中时,会发生电化学腐蚀(图6-0-2)。

图6-0-1 致密的氧化物

氧化层:Al_2O_3
铝:Al

电化学腐蚀指的是两种活性不同的金属和电解液接触时，会发生原电池反应，比较活泼的金属失去电子而被氧化腐蚀。对于钢铝这两种金属，比较活泼的金属是铝，失去电子成为阳极，而钢铁得到电子成为阴极，从而发生腐蚀，如图 6-0-3 所示。对于钢铝混合车身，应该杜绝电化学腐蚀。

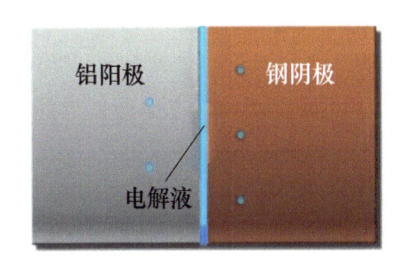

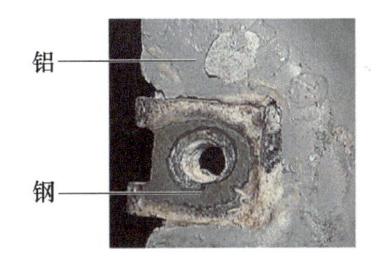

图 6-0-2　电化学腐蚀　　　图 6-0-3　发生电化学腐蚀的材料

铝可以和镁、铜、锌、锡、锰、铬、锆、硅等元素形成多种合金，广泛用作制造飞机、汽车、船舶、日常生活用品的材料，也可用于建筑业制造门窗。

二、铝合金在车身上的应用

纯铝在车身上应用比较少，在汽车车身上应用的主要是铝合金。铝合金在高端汽车品牌车身上得到了广泛的应用，车身上铝合金所占百分比高低甚至是衡量一辆车是否高端的一个重要指标。应用在车身上的铝合金主要包括铝硅合金、铝镁合金、铝镁硅合金、铝锌镁合金等，见表 6-0-1。

表 6-0-1　车身上应用的铝合金

铝合金	添加合金元素	特征	用途
4000 系列	铝硅合金 Al-Si	抗磨损性佳，低熔点	减振器支座和铝合金焊丝
5000 系列	铝镁合金 Al-Mg	在所有非热处理铝合金中，此种合金强度最高，且焊接性、耐蚀性都很好，易于加工成型	复杂的冲压件、铝合金焊丝
6000 系列	铝镁硅合金 Al-Mg-Si	此种合金强度高、耐蚀性佳且具有抗压性、良好的加工性	纵梁和外板件
7000 系列	铝锌镁合金 Al-Zn-Mg	此种热处理铝合金是强度最高的铝合金	汽车车架和保险杆加强梁

车身外板一般称为车身覆盖件，指的是覆盖发动机、底盘，构成驾驶室、车身的各种空间形状的表面或内部零件，主要包括前后车门、车顶盖、发动机舱盖、行李舱盖、翼子板、后侧围板等。车身覆盖件是车身重要而又相对独立的

部件，其设计目标是减少阻力和美观，一般刚度和强度等相比于车身结构件要小得多。

目前很多品牌的车身覆盖件应用的铝合金材料，主要是 6000 系列的铝镁硅合金，如图 6-0-4 所示，此种铝合金有很好的加工性，发生损伤可以进行维修。

图 6-0-4　车身覆盖件的铝合金材料

三、铝合金车身的优点

1）采用铝合金车身可以有效减轻车身重量，从而降低燃油消耗，改善车辆的操纵性。铝的密度大约是钢铁的三分之一，在车身制造中铝的应用可以使车辆减重 20%～30%，减少 10% 的燃油消耗，这意味着每百公里可节省 0.5L 燃油。

2）铝车身有良好的环保性能，由于燃油消耗量减少，在汽车运行过程中污染物的排放也相应减少。

3）铝合金循环利用率高，循环使用成本很低。99% 的铝可以被循环利用，在一定程度上补偿了用铝矿石冶炼铝产生的高能耗。

4）铝合金是一种优良的防腐蚀材料。

四、手工具修复

使用手工具对铝外板进行维修时，与钢外板的维修一样，可以采用虚敲（图 6-0-5）和实敲（图 6-0-6）的方法进行维修。

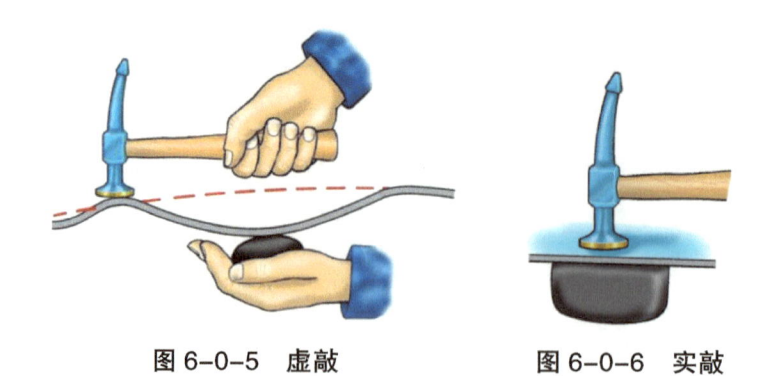

图 6-0-5　虚敲　　　　图 6-0-6　实敲

使用的手工具与钢外板维修所使用的手工具有所区别，见表 6-0-2。为了避免电化学腐蚀，两者绝不能混合和交换使用。

表 6-0-2　铝外板修复使用的手工具

工具名称	用途	图片
手锤	用于车身表面凹陷的敲击修复。包括铝锤、橡胶锤、木锤、不锈钢锤，但不能是铸铁锤	
垫铁	用于支撑车身板件内侧，配合手锤敲击。一般为铝制或木制	

五、介子机修复

1. 介子机修复与手工具修复适用的范围

不是所有的铝外板损伤都可以采用手工具进行修复，这时候就需要用介子机修复技术对车身损伤进行修复，具体情况见表 6-0-3。

表 6-0-3　介子机修复与手工具修复适用的范围

维修方式	手工具修复	介子机修复
适用范围	可以两侧进入的部位，即受损部位的正面和背面都可以接触到	仅可以一侧进入的部位，即受损部位的背面不能接触到
部位举例	前翼子板、前后车门的部分位置、后侧围的部分位置、发动机舱盖和行李舱盖的部分位置、车顶盖部分位置	前后车门、后侧围、门槛、车身立柱、发动机舱盖和行李舱盖

从表中可以看出，手工具修复是受到限制的，仅对于前翼子板可以进行完全修复，而对于其他位置，仅可以进行部分修复，而且在进行修复之前，维修技师需要拆除相应的内饰部件，保证手工具可以顺利进入背面，但在拆除后如发现不能两侧进入，还需要使用介子机修复。正是由于以上原因，车身上的小损伤，除了前翼子板损伤外，其他部位损伤一般都采用介子机进行修复。

2. 介子机修复工具

（1）铝介子机　铝介子机（图 6-0-7）是铝外板修复时使用的主要设备，也叫铝外形修复机。目前市场上有多种型号的铝介子机，其组成都大同小异，主要由主机、介子焊枪、负极搭铁、快修工具、滑锤、多点抓钩，以及装盛介子的介子盒组成。

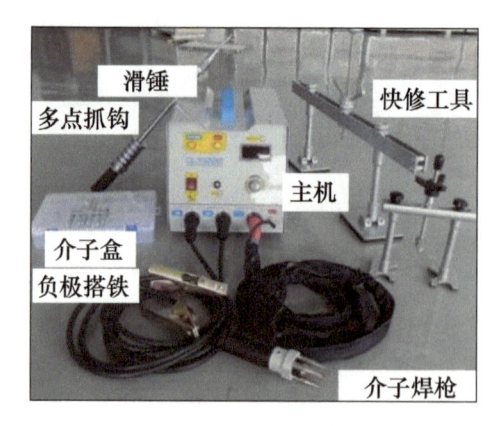

图 6-0-7 铝介子机

在主机面板上可以进行开关机、电流调整、时间调整等操作。介子焊枪前面一般有三根支腿，用于保证介子垂直于维修板件，如图 6-0-8 所示。三根支腿的中间部位，可以用于安装铝介子夹头（图 6-0-9）。介子机的负极搭铁通常有两个，其目的是增加导电性，有的铝介子机负极搭铁甚至直接连接大力钳，这样不仅使负极夹持更加牢靠，而且导电性更好。

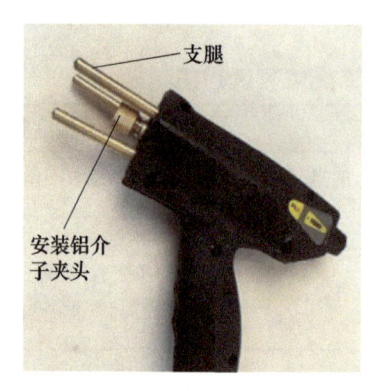

图 6-0-8 介子焊枪　　图 6-0-9 铝介子夹头

快修工具一般分为单脚支撑工具（图 6-0-10）和双脚支撑工具（图 6-0-11），其应用范围主要由损伤部位的空间决定。

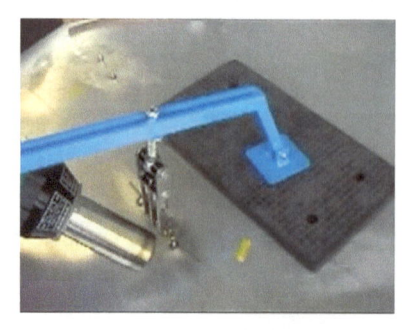

图 6-0-10 单脚支撑工具　　图 6-0-11 双脚支撑工具

铝合金介子（图6-0-12）直径为3～6mm不等，长度一般为16～20mm，为减少铝介子与铝板的接触面积，铝介子的头部有一个很小的尖端。在正式使用铝介子焊接之前，应使用钢丝刷刷一下铝介子头部的尖端，去除其表面的氧化层。将铝介子焊接到板件上后，需将介子拉环（图6-0-13）旋装到铝介子上，拉环上有与铝介子配合的螺纹。

图6-0-12　铝合金介子　　　　图6-0-13　介子拉环

（2）热风枪　热风枪主要是利用发热电阻丝的枪芯吹出的热风来对铝外板进行加热，使其软化。可使用热风枪直接对受损区加热，由于肉眼无法看到铝外板所发生的变化，因此必须监测温度，以确保达到正确的温度（正确温度的具体数值，应参照不同车辆的维修手册，一般为140～200℃）。铝板件维修使用的热风枪最好带有温度显示和调整功能，维修技师在操作过程中可以依照显示屏上显示的温度来手动调节，如图6-0-14所示。

图6-0-14　热风枪

铝板最佳整形温度为140～200℃，低于140℃，铝板较硬，比较难整形，并且容易产生蹦弹，甚至破裂；高于200℃，铝板内部组织改变，材料变软，容易延展，产生蹦弹。

（3）温度监测工具　即使使用带有温度显示功能的热风枪，也应该进一步对铝外板的实际温度进行监测。主要的监测工具有热蜡笔、热敏温度条、红外线测温仪。

①热蜡笔：热蜡笔（图 6-0-15）可测量 50～300℃之间的温度，为确定铝外板的温度，在加热的同时，在受损区域上涂划所需的热蜡笔，达到指定温度后，热蜡笔就会熔化并消失。

图 6-0-15　热蜡笔

②热敏温度条：热敏温度条（图 6-0-16）为一次性用品，加热前，应将热敏温度条置于距离受损区中心 90～120mm 处，如图 6-0-17 所示。热敏温度条测得的温度大大低于受损区中心的温度，这一点应计算在内，以确保不会过热（当受损区域中心处温度为 140℃时，温度条的读数约为 40℃）。

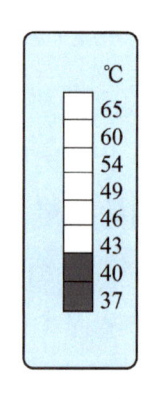

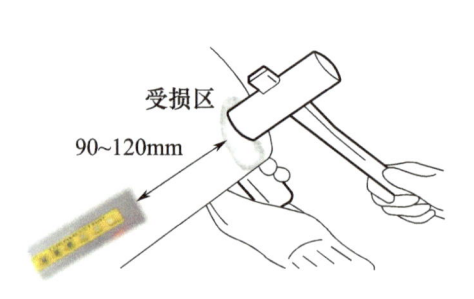

图 6-0-16　热敏温度条　　图 6-0-17　热敏温度条的使用

③红外线测温仪：红外线测温仪（图 6-0-18）可在 150～300mm 距离范围内测量铝板温度。与热蜡笔相似，其可在加热时对受损区测量温度。但应注意明亮金属表面能影响光线反射的路径，得出错误的温度值，所以应在铝板表面有油漆时进行测量，可确保排除辐射系数影响，获得正确的温度测量值。

图 6-0-18　红外线测温仪

铝散热非常快，且在温度变化时没有任何颜色变化，要确保维修区在整个维修过程中保持所需的温度，在加热后需快速进行维修。

任务一　手工具修复

1. 确定维修方法

穿戴劳动用品，按照表 6-1-1 对车身损伤程度进行评估，确定正确的维修方法。

表 6-1-1　确定维修方法

序号	损坏程度	维修方法
1	铝合金表面凹损，但无延展现象	免喷漆修复
2	表面凹陷，但不包括内架或加强板	手工具或介子机整平
3	内架或加强板折弯变形	加热整平
4	裂纹或穿孔	更换板件
5	凹陷处在车身棱线上，且应力集中	更换板件
6	铝合金板材扭曲严重	

2. 敲击修复

采用木锤和铝锤（或不锈钢锤）结合的方法对铝外板进行虚敲和实敲，如图 6-1-1 所示。

图 6-1-1　对铝外板进行虚敲和实敲

3. 加热修复

如感觉铝板在冷状态下修复困难，或存在开裂风险，应对铝板进行加热，如图 6-1-2 所示。因为铝有良好的导热性，加热后应快速对铝板进行维修。

4. 修复效果检测

使用测量卡尺或样板对维修效果进行检测，如图 6-1-3 所示。应修复到表面无高点，低点凹陷深度小于 2mm。如达不到以上效果，应继续维修，直至达到标准，之后进行 4S 管理。大多数情况下手工具维修应与铝介子机配合使用。

图 6-1-2　加热修复　　图 6-1-3　修复效果检测

由于铝的物理性能与钢铁有所不同，在进行修复操作过程中应注意以下事项。

1）铝材比钢材更容易发生材料拉伸。

2）避免使用棱角尖利和坚硬的工具，尽量用塑料锤、木锤或铝锤。

3）实敲方法应尽量少用，防止过度敲击使铝板开裂。

4）维修铝板与钢板最大的不同，是维修铝板应从凹坑中心开始。

5）为了防止铝板开裂，可通过控制加热的方法维修。

6）维修铝车身的手工具，应该与维修钢车身的手工具分开放置，防止电化学腐蚀。

7）铝合金粉尘具有可燃性，一定浓度的铝合金粉尘与空气混合后有可能造成爆炸，所以铝板件维修应有专用的密闭空间，并且配备专门的防爆插座和吸尘器，如图 6-1-4 所示。

图 6-1-4　铝板件维修专用空间

5. 4S 管理

操作完毕后进行 4S 管理。

任务二 介子机修复

由于铝合金板件价格昂贵,可以在模拟板件上进行任务操作,操作流程如下:

1. 板件打磨

在板件的受损部位和两侧进行打磨,受损区域的打磨面积应大于受损面积,如图 6-2-1 所示。打磨时应使用无纺布砂纸,防止磨削量过大使铝板变薄。另外应注意铝打磨工具与钢打磨工具要严格区分开,防止钢铝混合发生电化学腐蚀。

2. 负极搭铁

两侧的板件打磨后应将搭铁夹持上去,如图 6-2-2 所示。为了增加导电性,铝外板维修应有两处负极搭铁。

3. 介子机调整试焊

调整介子机参数,并在负极搭铁位置进行试焊,如图 6-2-3 所示。不应在实车上进行试焊,可以找一块与车身材料相同的板件进行试焊。

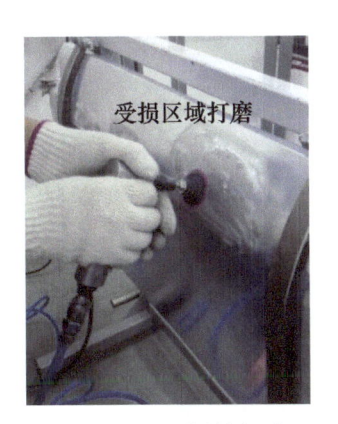

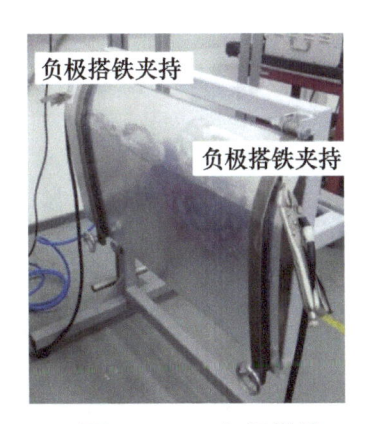

图 6-2-1 板件打磨　　图 6-2-2 负极搭铁　　图 6-2-3 试焊

4. 介子焊接

将铝介子安装到介子焊枪上,用钢丝刷去除介子头部尖端的氧化膜,将介子按压在需维修的板件上,注意观察焊枪三根支腿的位置,保证介子垂直于板面,按下开关进行焊接,如图 6-2-4 所示。

5. 凹陷维修

将介子拉环旋装到介子上（图 6-2-5），之后采用滑锤或快修工具勾住拉环进行单点拉拔或多点拉拔维修。

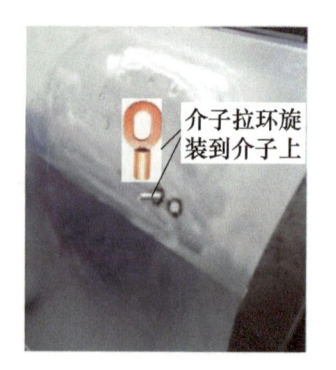

图 6-2-4　介子焊接　　　　图 6-2-5　介子拉环安装

6. 剪去介子

维修完成后，需用剪刀剪去铝介子，并用打磨机将介子残余打磨掉，如图 6-2-6 所示。铝介子是一次性用品，不像钢介子，可以反复使用。

7. 维修效果检测

使用测量卡尺或样板对维修效果进行检测，如图 6-2-7 所示。检测标准为：表面无高点，低点凹陷深度小于 2mm。

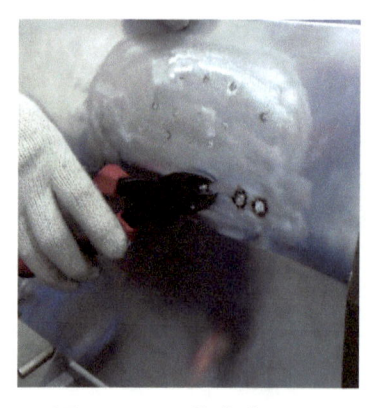

图 6-2-6　剪去介子　　　　图 6-2-7　维修效果检测

8. 4S 管理

操作完毕后进行 4S 管理。

项目七　钣金成形技术

项目描述

在汽车钣金的维修工作中，经常会遇到一些用金属薄板制成的机件受到损伤。有时为了降低维修成本、提高工作效率以及不用等待换件，维修人员经常会对一些简单的钣金件或者钣金件的某部分进行手工制作，这就需要掌握一定的钣金成形技术。这些机件在制造时需先在金属薄板上做出适用于它们轮廓的全部或部分展开图，然后下料弯制成形，再通过焊接、冲压或铆接等方法加工成机件。钣金成形技术不仅需要操作者具有精湛的技艺，还要求操作者有"铁杵磨成针"的毅力和耐心。

知识链接

制作金属板材制件的过程，一般是先依据展开图放样、切割下料，然后再通过弯曲、拱形、制筋、冲压、焊接等工艺制作出所需要的钣金件。

一、钣金件展开

在汽车钣金件制作中，将钣金构件的立体表面按实际形状和尺寸依次展开在一个平面的过程称为展开。展开在一个平面上所得到的平面图形称为展开图，如图 7-0-1 所示。

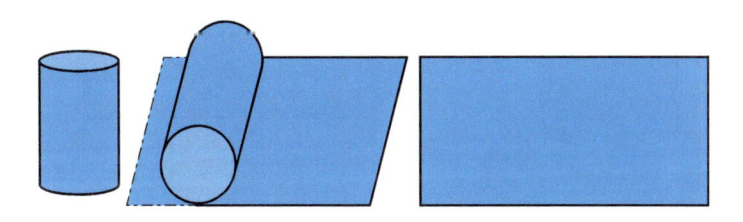

图 7-0-1　圆柱侧面展开图

二、绘制展开图的方法

绘制展开图就是将板料构成的零件表面，根据投影原理，通过几何作图展开成平面图形的操作过程，因此，不论板料零件形状如何，一般都可以按其形状的特点，采用不同的方法进行展开。钣金展开的方法有两种，即图解法和计算法。用图解法绘制表面展开图，精确度虽低于计算法，但已能满足生产要求，而且在多数情况下，展开过程较为简便，在生产中已得到广泛应用。计算法多用于不便使用图解法的大型钣金件的展开。另外，若能给出展开所得直线或曲线的方程式（或曲线上一系列点的坐标值），还可以利用计算机控制机床，进行自动划线与下料。

目前，我国一般都采用图解法。所谓图解法就是依据施工图通过一系列划线作图，从而得到展开图的方法。表面展开图绘制准确，不但可保证构件的质量，还可以节约材料、降低成本。

展开图的画法可以分为平行线展开法、放射线展开法、三角形展开法等。

1. 平行线展开法

（1）平行线展开法的原理　若形体表面是由无数条彼此平行的直线所构成的，那么其相邻的两条线及其上下端口曲线所围的微小面积，就可近似地看成长方形。当分成的面积较多，各小平面面积按照原来的分割顺序和上下位置不遗漏、不重叠地铺开时，则形体表面就被展开了。平行线展开法的原理是，在立体上相互平行的各个母线，展开以后还是相互平行的。作图时可充分利用这一原理，只要找出这些直线之间的距离，以及它们各自的实长，即可得到展开图。这种作图方法就是平行线展开法，如图7-0-2所示。

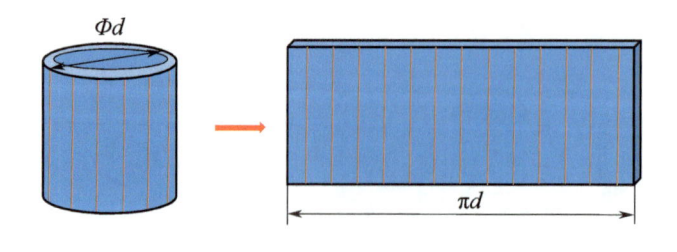

图7-0-2　平行线展开法

（2）平行线展开法的应用　与轴线平行的直母线旋转所形成的立体表面都可以用平行线展开法展开，比如圆柱体、棱柱体等。因为棱柱体表面的棱线或圆柱体表面的素线均为平行线，可以借助于立体表面的这些平行线来展开立体表面，如图7-0-3所示的圆柱体（圆管）表面展开图、图7-0-4所示的棱柱表面展开图。

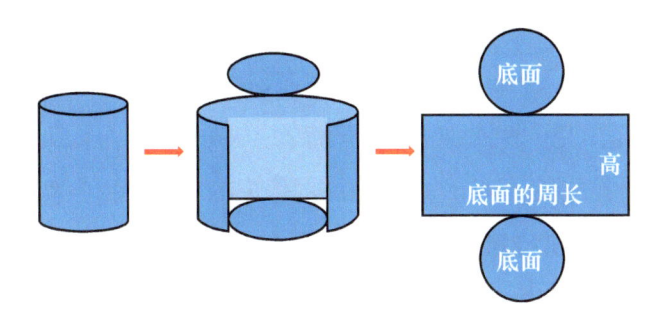

图 7-0-3　圆柱体表面展开图

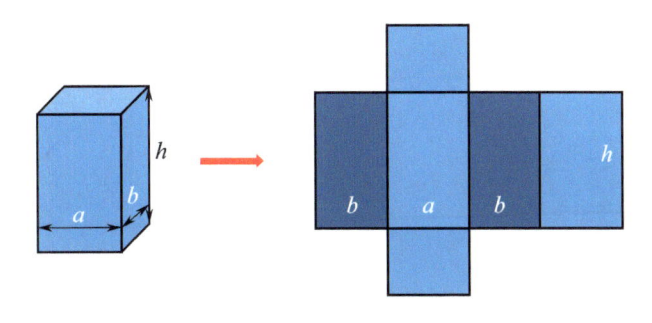

图 7-0-4　棱柱表面展开图

2. 放射线展开法

（1）放射线展开法的原理　锥体的表面，如圆锥体、棱锥体都是由汇交于顶点的直素线构成。锥体表面的棱线（素线）在展开前汇交于锥顶，展开后仍相交于一点，呈放射线状，这种展开方法称为放射线展开法。

放射线展开法的原理是可以把锥体表面上任意相邻的两条棱线及其所夹的底边线，看成一个近似的平面三角形。当各小三角形的底边足够短的时候，则各小三角形面积之和就等于原来形体表面积。若把所有的小三角形依次展开成一平面，原来的形体表面也就被展开了。

（2）放射线展开法的应用　放射线展开法主要应用于棱锥、圆锥等锥体。因为锥体的表面是由一组交汇于一点的直线构成的，展开后的直线仍交于一点，呈放射状。图7-0-5所示为圆锥面的展开图。

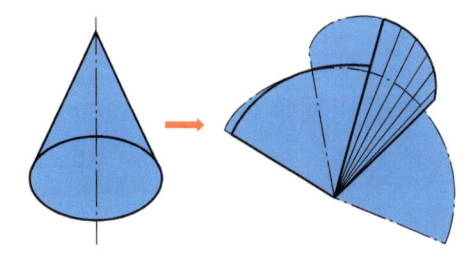

图 7-0-5　圆锥面的展开图

3. 三角形展开法

（1）三角形展开法的原理　若形体的表面是由若干个平面与曲面、曲面与曲面或平面与平面构成的，用平行线法或放射线法做展开图比较麻烦，而采用三角形法则简便易行。

三角形展开法是将零件的表面分成一组或很多组三角形，然后求出各组三角形每边的实长并把它的实形依次按原来的相互位置和顺序画在平面上，即可得到展开图。用三角形法展开时，必须根据零件的形状特征来划分三角形，这与放射线法中将锥体表面围绕锥顶分成若干个三角形来展开是有区别的。

（2）三角形展开法的应用　主要应用于由平面、柱面和锥面的全体或部分曲面组合而成的任意形状的表面。图 7-0-6 所示为四棱台侧面展开图。

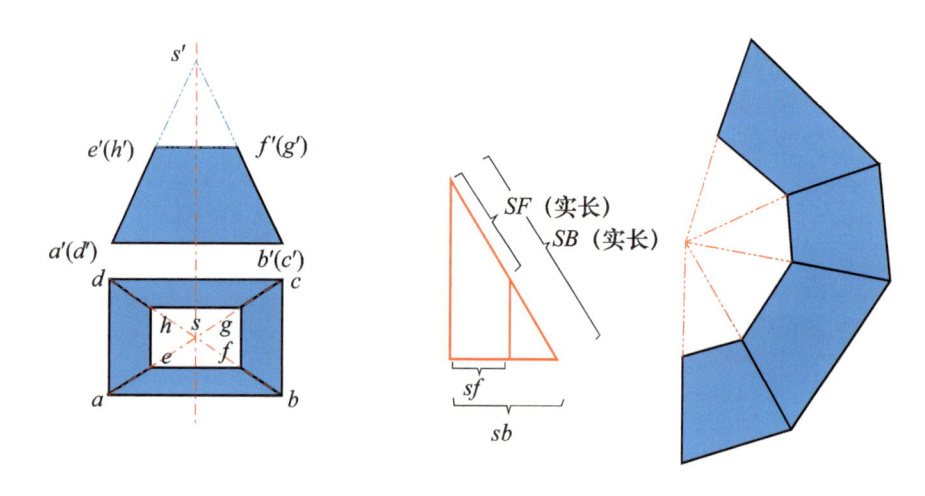

图 7-0-6　四棱台侧面展开图

三、一般位置线段实长的求法

表面展开图的实质就是求钣金构件各表面的真实形状，求钣金构件表面真实形状的关键是求出表面各条边的线段实长。而画展开图又主要是通过立体在投影面上投影的平面视图来进行的。根据正投影的原理，当立体表面的轮廓线（素线）与投影面平行时，它们的投影才能反映实际长度。但在很多情况下在投影图中不能反映钣金构件表面某些轮廓线的实际长度，我们把类似这种位置的直线段称为一般位置线段。求一般位置线段实长的常用方法有直角三角形法、旋转法等。

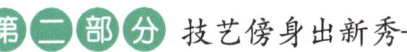

（1）直角三角形法　直角三角形法是通过空间的直线段做一个直角三角形，使这个直角三角形的两个直角边分别平行于两个投影面，那么这两个直角边在这两个投影面上的投影就是它们在空间上的实际长度。这样，如果知道以某个直线段为斜边的空间直角三角形的两个直角边在两个平行投影面上的投影长度，就可以求得斜边在空间的实际长度，如图7-0-7所示。

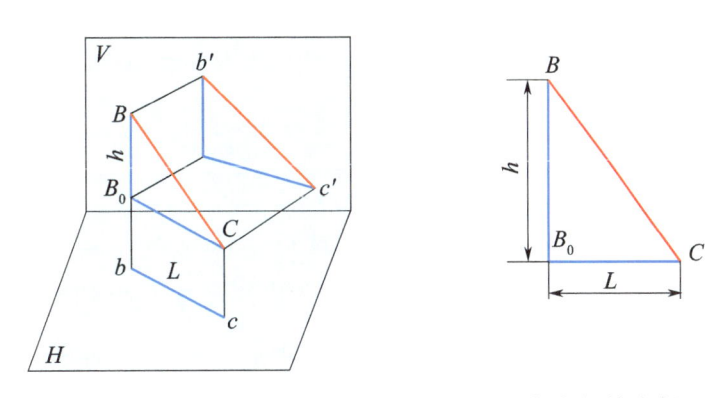

图7-0-7　用直角三角形法求一般位置直线段的实长

（2）旋转法　旋转法是保持投影面不变，使倾斜直线绕垂直于某一投影面的直线为轴，旋转成与投影相平行的直线，则直线在与其平行的投影面上的投影就反映它的实长。即将一般位置直线段旋转为投影面平行线，按照新的投影，直线在与其平行的投影面上的投影反映它的实长，即可求得直线段的实长，如图7-0-8所示。

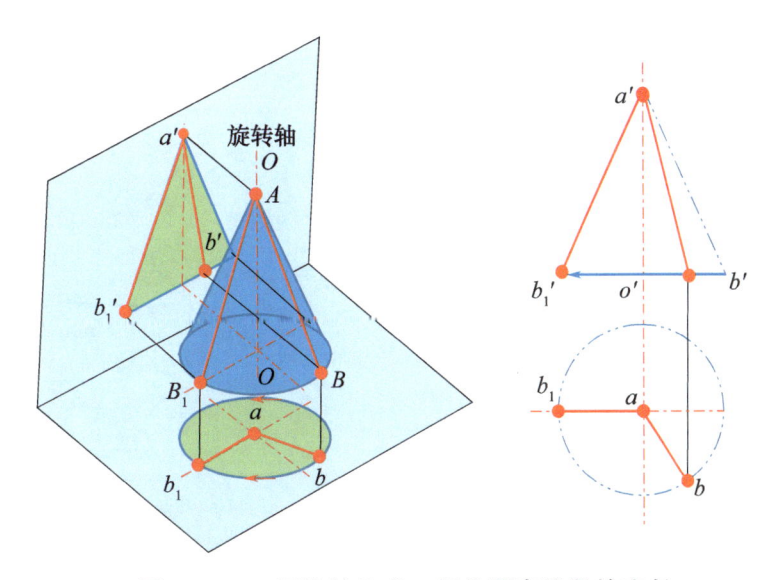

图7-0-8　用旋转法求一般位置直线段的实长

任务一　放样和认识放样工具

1. 放样

把展开图画到施工板料或纸板上的过程叫作放样，利用放样对材料进行切割下料，再进行成形加工才能制成成品。放样是汽车钣金件制造和汽车维修中的重要一环。一般钣金结构的形状和尺寸较大，其设计的图样是按一定比例缩小绘制，但在实际制造中必须确定每个零件或构件的形状和尺寸，以作为制造和装配的依据，这需要通过放样才能解决。

（1）读图　首先要读懂钣金构件的施工图和主要内容，并对构件的形状尺寸进行分析，整理出构件各部分在空间的相互位置、尺寸大小和形状。

（2）准备放样工具　了解施工图的各项要求后，根据放样的具体情况准备放样所需的工具、夹具、量具等。

（3）选择放样基准　放样基准实际上就是划线基准，即放样划线时作为起点的基准线、基准面、基准点。基准的确定，通常情况下应选择构件的对称面、底面、重要的端面以及回转体的轴线等。在板料放样划线中，基准一般只选择两个。基准选择原则为：

①以两个互相垂直的平面或直线作为基准，如图 7-1-1a 所示。

②以两条对称中心线作为基准，如图 7-1-1b 所示。

③以一个平面和一条对称中心线作为基准，如图 7-1-1c 所示。

（4）划线　根据展开图（或样板），利用划线工具在板料上划线。

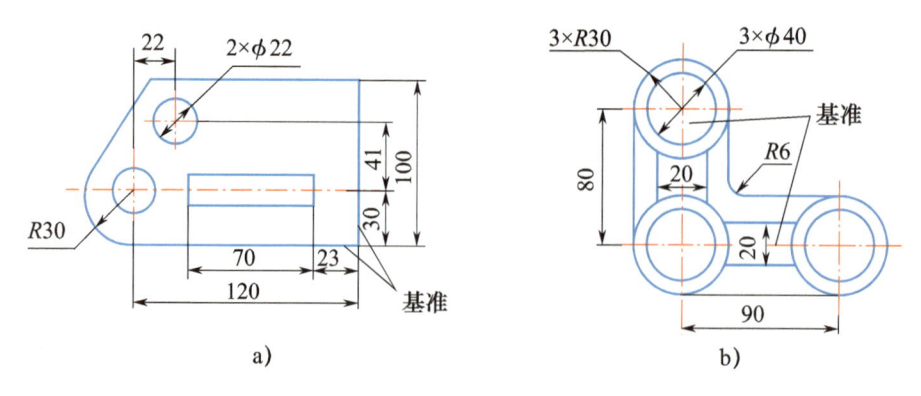

图 7-1-1　放样基准的选择

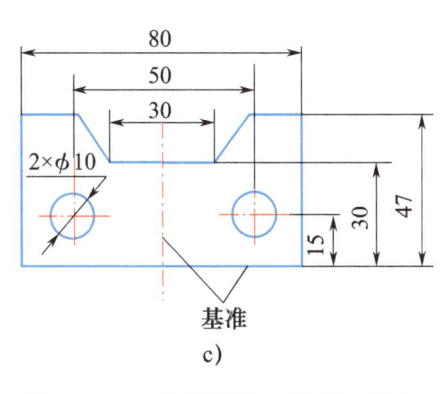

图 7-1-1　放样基准的选择（续）

2. 放样常用工具

（1）划针　划针是用来在板料上划线的基本工具，一般由中碳钢或高碳钢制成，如图 7-1-2 所示。划针长度约为 120mm，直径为 4~6mm。为了能使其在板料上划出清晰的标记线，划针尖端非常锐利，尖端角度一般在 15°~20° 之间，且具有耐磨性。

（2）铁圆规　铁圆规用来在金属板上划圆或圆弧，并可测量两点间的距离或直接将钢直尺上的尺寸引导到金属板上。铁圆规脚上焊有硬质合金。常用的铁圆规如图 7-1-3 所示。

图 7-1-2　划针 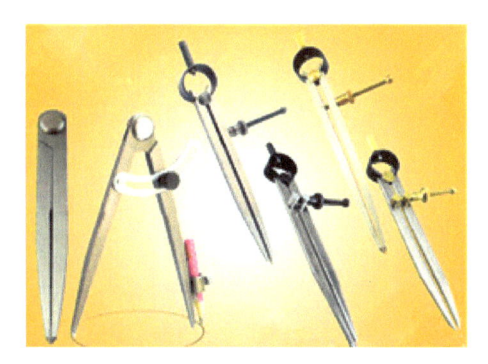　　　　　　图 7-1-3　铁圆规

（3）样冲　样冲（图 7-1-4）也叫心冲，由高碳钢制成，长 90~150mm，经淬火处理。样冲主要用来冲圆心或钻孔时冲中心孔。

（4）钢直尺　如图 7-1-5 所示，钢直尺是最简单的长度量具，在钣金件的下料、划线和放样中应用非常广泛，它的长度有 150mm、300mm、500mm 和 1000mm 等规格。钢直尺用于测量零件的长度尺寸，测量的结果不太准确。这是由于钢直尺的刻线间距为 1mm，而刻线本身的宽度就有 0.1~0.2mm，所以测量时读数误差较大，只能精确到毫米，即它的最小读数值为 1mm，比 1mm 小的数值只能估计而得。

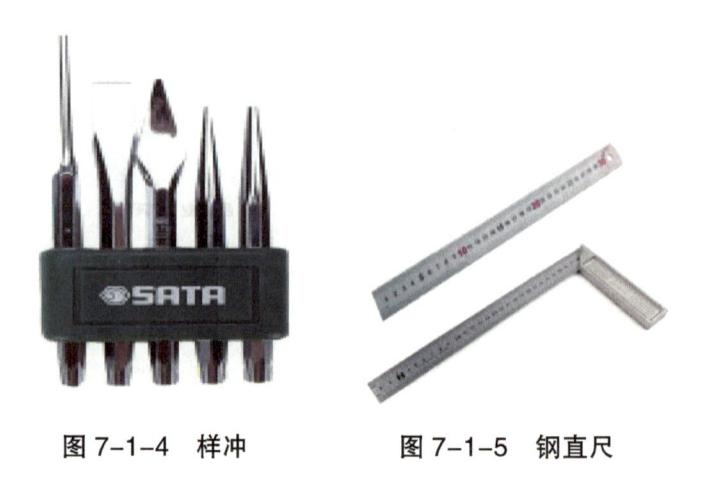

图 7-1-4　样冲　　　图 7-1-5　钢直尺

任务二　常用钣金成形工艺

汽车钣金工经常要对有缺陷的钣金件进行整修复原或者配制各种钣金件，因此钣金成形是钣金工最基本的技能。在现代工业生产中，绝大多数钣金成形是在机器上完成的，手工方法只作为补充加工或修整。但形状较复杂的钣金元件和单件生产的钣金件，仍然离不开手工操作。汽车钣金修理主要是手工操作，掌握最基本的手工成形工艺是汽车钣金工最基本的要求。

在一定载荷的作用下，金属材料会产生塑性变形而不被破坏，故合理的操作可将金属板材加工成所需的形状。在掌握平直圆三要素的基础上，以手工操作方式，将板料制成所需形状的过程，称为钣金成形技术。常见的钣金件加工成形工艺有制筋、放边、收边、弯曲、拱曲、卷边、咬缝及拔缘等。

一、制筋

车辆发生碰撞刮擦，引起车身表面的覆盖件变形，起加固和装饰的外表筋线受到破坏，如何恢复车身原有表面加强筋的形状，是对钣金工制筋成形技术的一个考验。

1. 筋的形状

金属薄板厚度较小，若仅以其平面形式作为钣金件使用，刚度太低，极易产生凹陷变形，影响整体的美观和承载能力。在钣金件表面上制出各种凸筋，可以提高其刚度和使用性能，增加美感。筋的横截面一般为圆弧形和角形，如图 7-2-1 所示。

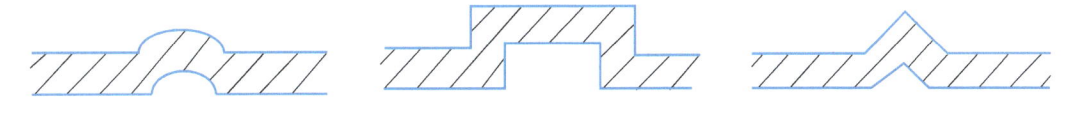

图 7-2-1　筋的横截面

2. 制筋的方法

大量生产时，制筋工艺一般由相应的机器完成。手工制筋适用于单件生产和修配。手工制筋方法有扁冲制筋法和简易模具制筋法两种。

（1）扁冲制筋　图 7-2-2a 所示为用扁冲制筋的示意图。在坯料上划出制筋棱线的标记线。在平台上铺一块较厚的橡胶垫（厚 5～10mm），将制件放在橡胶垫上，操作者手持扁冲对准标记线，锤击扁冲；每冲击一次，要沿标记线移动一次扁冲，移动距离不可超过扁冲的宽度，以便冲痕前后相衔接。沿整个标记线冲击一次后，再重复冲击若干次，直至达到所需的筋的深度为止。最后，去掉橡胶垫，直接在平台上轻轻冲击一次，使筋棱形成整齐的线条，用木锤将非制筋部分的表面整平即可。

（2）简易模具制筋　图 7-2-2b 所示为用简易模具制筋的示意图。窄且深的条形筋最好用模具压制，通过锤击模压而成形，模具可以自制。两块方钢平行地焊在底板上，留出一定的间隙，即阴模。当无阴模时，可以利用台虎钳来代替，台虎钳的开口应与筋截面的尺寸相符；锤击的模具即为阳模，阳模成形部分的形状和尺寸应与筋截面的形状和尺寸相符。

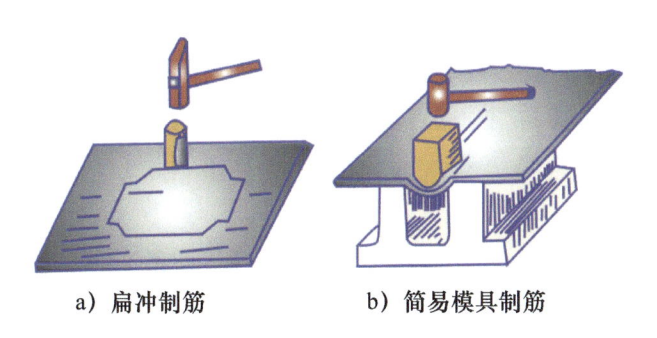

a）扁冲制筋　　　b）简易模具制筋

图 7-2-2　钣金制筋方法

制筋操作时，将金属板料放在阴、阳模之间，对准制筋标记线，一人手持阳模的手柄，另一人用大锤锤击阳模顶部。操作要点与前述用扁冲制筋相同，经几次冲击即可成形。

二、放边与收边

放边与收边主要应用于车身上风窗玻璃处拐角、车门框处拐角。这些地方的漆面磨损后容易被雨水等侵蚀而锈蚀，既不美观，又影响使用，需要进行加工替换。

1. 放边

通过板料变薄而导致角形零件弯曲成形的方法叫作放边，加工凹曲线弯边常采用放边的方法，如图 7-2-3 所示。

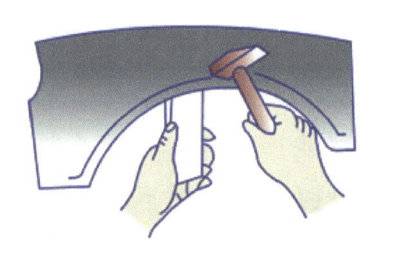

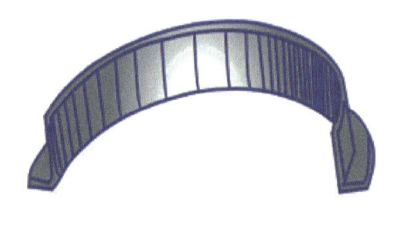

图 7-2-3　放边

2. 放边的方法

（1）打薄放边法　制造凹曲线弯边的零件，可用直角形材料在铁砧或平台上捶放直角料边缘，使边缘材料变薄、面积增大、弯边伸长。捶击时，注意握击力度，使靠近内缘的材料伸长较小，靠近直角料边缘的材料伸长较大，锤痕呈放射状均匀分布即可达到此目的。这样，直角料就逐渐被捶放成曲线弯边的零件，如图 7-2-4 所示。

用打薄放边法制作凹曲线弯边零件的方法是：

①计算出零件的展开尺寸，然后划线并剪切展开板料。

②在板料上划出弯曲线，并按线将其弯成角形件。

③将边缘毛刺去除。

④在平台上捶放弯曲平面的外缘。捶放时，所用锤子端面应光滑，防止击出坑痕；锤击点要外密内疏，锤痕要呈放射状，捶放边应与表面平行贴紧。

锤痕要呈放射状，并要均匀

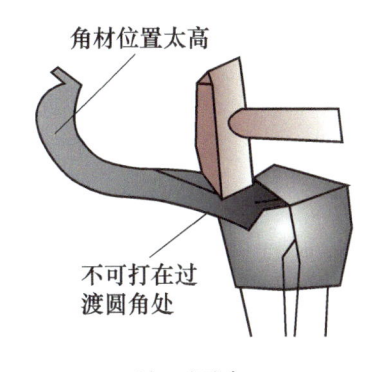

角材位置太高

零件底面要和铁砧面成水平

不可打在过渡圆角处

a）正确　　　　　　　b）不正确

图 7-2-4　打薄放边法

⑤捶放范围在捶放面宽度靠外边缘 3/4 的范围内，弯边根部的圆角处严禁锤击，否则会使工件产生扭曲变形。

⑥有直线段的角材工件，可在直线段内部敲打，如图 7-2-4a 所示。

⑦捶放中发现加工硬化现象，应及时进行退火处理，以防止工件出现裂纹。

⑧放边过程中，应随时用样板检查工件外形，尽量避免放边过量，否则不易修正，待工件达到要求后进行矫正和修整。

（2）拉薄放边法　拉薄放边是用木锤在厚橡皮或木墩上捶放，利用橡皮或木墩既软又有弹性的特点，使材料伸展拉长，如图 7-2-5 所示。拉薄放边表面光滑、厚薄均匀，但容易拉裂。为防止裂纹，可事先用此法放展毛料，后弯制弯边，这样交替进行完成制作。

（3）型胎放边法　按工件要求做出型胎，将角材放入型胎，用顶木顶住工件，用锤子锤击顶木，使工件边缘伸展。一般先打薄或拉薄到一定程度后再放入型胎矫形，如图 7-2-6 所示。

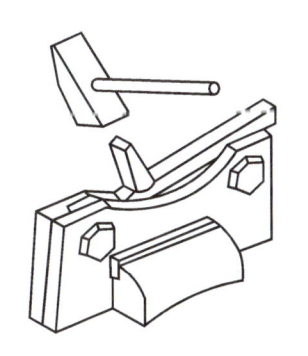

图 7-2-5　拉薄放边法　　图 7-2-6　型胎放边法

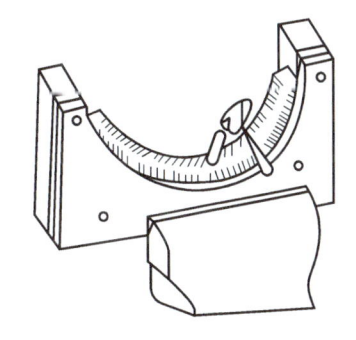

3. 收边

收边是使钣金零件的边缘或周沿增厚或收缩内弯成形的工艺方法。收边的原理就是使毛坯的纤维收缩变短，首先在毛坯的边缘起皱，使纤维沿纵向长度变短，然后在防止皱纹向两侧伸展恢复的情况下将皱消平。即通过使工件起皱，再把起皱处在防止材料伸展复原的情况下敲平，使工件皱褶消除、长度缩短、厚度增大而内弯成形，如图7-2-7所示。

图 7-2-7 收边

4. 收边的方法

收边有折皱钳收边、搂弯收边和錾口收边等方法。

（1）折皱钳收边 根据零件弯曲程度的大小，用折皱钳在收边部位折起若干个皱，再贴在铁砧或轨铁上逐个收平皱纹，如图7-2-8所示。

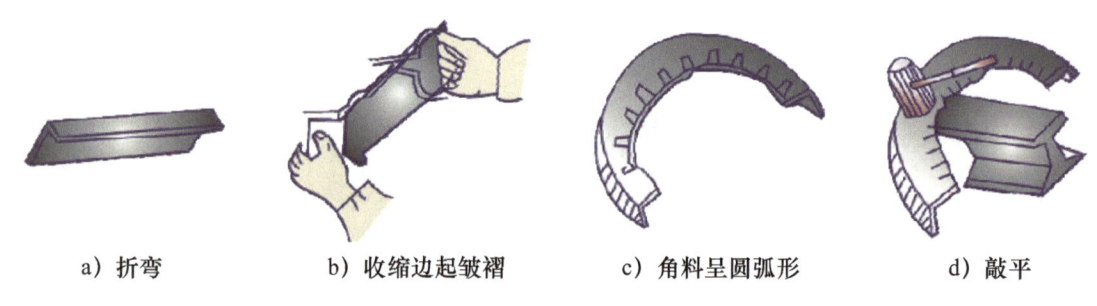

a) 折弯　　b) 收缩边起皱褶　　c) 角料呈圆弧形　　d) 敲平

图 7-2-8 折皱钳收边

折皱钳收边的操作方法如下：
①将零件折弯，如图7-2-8a所示。
②校直直角料，使之平直。
③用折皱钳使收缩边起皱褶，如图7-2-8b所示。
④收缩边的边缘长度减小，使角料呈圆弧形，如图7-2-8c所示。
⑤放在铁砧上用铁锤敲平，如图7-2-8d所示。
⑥锉削毛边。

（2）搂弯收边 将坯料夹在型胎上，用铝棒顶住毛坯，用木锤敲打顶住部分，使板料弯曲逐渐收缩靠胎，如图7-2-9所示。

（3）錾口收边 此法与折皱钳起皱大同小异，只是在工作台上借助錾口锤敲击出褶皱，使得板料弯曲成形，如图7-2-10所示。

图 7-2-9　搂弯收边　　　　图 7-2-10　錾口收边

三、弯曲与拱曲

车身覆盖件多为曲面形状，板料弯曲与拱曲都是钣金成形基本技术，在汽车钣金维修中占有较大的比重，如发动机舱盖、翼子板、保险杠等零部件的加工过程中都要用到弯曲、拱曲技术。

1. 弯曲

用手工操作将金属材料沿直线或曲线弯成一定角度或弧度的工艺过程叫作弯曲。常见的弯曲类构件，如图 7-2-11 所示。

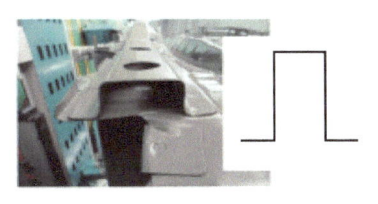

图 7-2-11　常见的弯曲类构件

2. 弯曲变形的特点

1）变形区域是圆角部分，平直区域基本不变形。变形区域的内层受压缩，外层受拉伸，而中性层长度基本不变，如图 7-2-12 所示。

2）最小弯曲半径。最小弯曲半径指弯曲零部件的内弯曲半径所允许的最小值，与材料、热处理、弯曲线与纤维方向的夹角有关系。影响最小弯曲半径的因素：材料的塑性、材料的热处理方式、弯曲变形的程度和弯曲线方向。

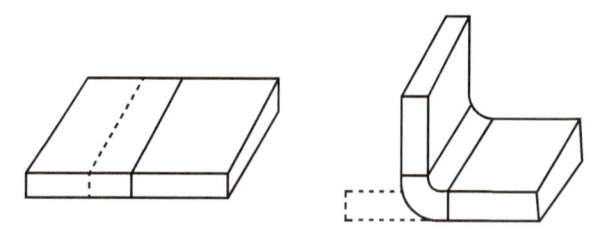

图 7-2-12　工件弯曲变形示意图

3）弯曲件的回弹。弯曲件的回弹是指弯曲零部件从模具中取出后，由于弹性变形使工件产生角度和弯曲半径变化的现象。

3. 弯曲的形式

弯曲形式一般有两种，即角形弯折和弧形弯曲。

（1）角形弯折　板料角形弯折后出现平直的棱角。弯折前，板料根据零件形状划线下料，并在弯折处划出折弯线，一般折弯线划在折角内侧，如图 7-2-13a 所示。如果零件尺寸不大，折弯工作可在台虎钳上进行。将板料夹持在台虎钳上，使折弯线恰好与钳口衬铁对齐，夹紧度以敲击板料不会晃动为准，如图 7-2-13b 所示，但不要过紧，防止在板料上留下夹痕。

a）划折弯线 　　　　　　b）台虎钳夹持

图 7-2-13　角形弯折

弯成各种形状工件时，可借助木垫或金属垫等作为辅助工具。弯"S"形件的操作顺序如图 7-2-14 所示：依划线夹持板料，弯成 α 角，然后将方衬垫垫入 α 角，再弯折 β 角。

弯"几"形件，如图 7-2-15 所示：先弯成 α 角，再用衬垫弯成 β 角，最后完成 θ 角。弯曲封闭的盒子时，其方法与弯形件大致相同，最后夹在台虎钳上，使缺口朝上，再向内弯折成形。

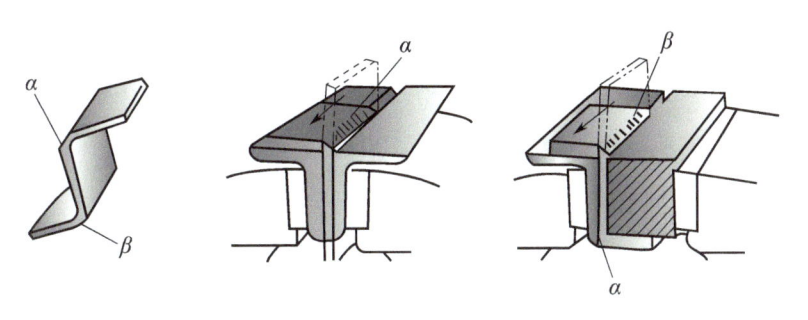

图 7-2-14 弯"S"形件

工序1：弯成α角　　工序2：用衬垫弯成β角　　工序3：用衬垫弯成θ角

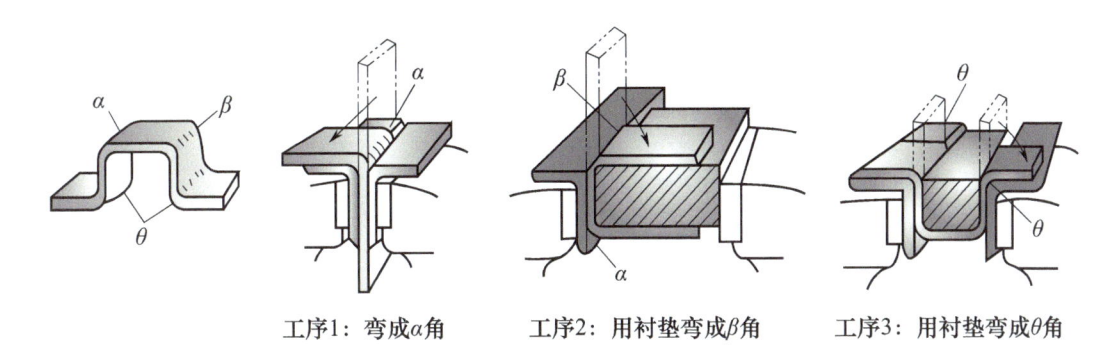

图 7-2-15 弯"几"形件

（2）弧形弯曲　以圆柱面弯曲为例，首先在板料上划出若干与弯曲轴线平行的等分线，作为弯曲时的基准线。然后用槽钢作为胎具，将板料从外端向内弯折。当钢板边缘接触时，将对接缝焊接几点。将零件在圆钢管上敲打成形，再将接缝焊牢。锤击时，应尽量使用木锤，以防板料变形，如图 7-2-16 所示。

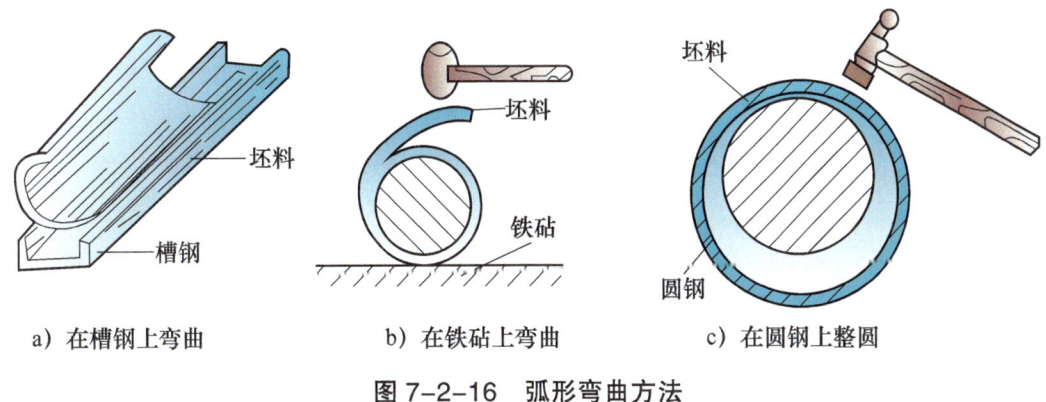

a）在槽钢上弯曲　　b）在铁砧上弯曲　　c）在圆钢上整圆

图 7-2-16 弧形弯曲方法

4. 拱曲

把较薄的金属板料锤击成凹面形状的零件，称为拱曲。拱曲时板料周边材料起皱向里收，中间材料被打薄向外拉，这样反复进行使板料逐渐变形成所需的形状，拱曲件一般底部变薄。车身覆盖件多为曲面形状，车身维修作业（如挖补、修复）同样需要形成拱形构件。常见的手工拱曲方法如下：

（1）顶杆手工拱曲　主要用于制作拱曲深度较大的零件，采用顶杆和锤子敲击，零件材料应具有较好的塑性，如图 7-2-17 所示。

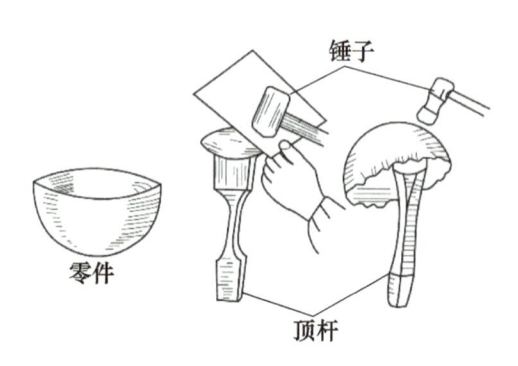

图 7-2-17　顶杆手工拱曲操作

（2）胎模手工拱曲　操作时需用带凹坑的座，如图 7-2-18 所示，将板料对准座凹坑放置，左手持板料，右手锤击。

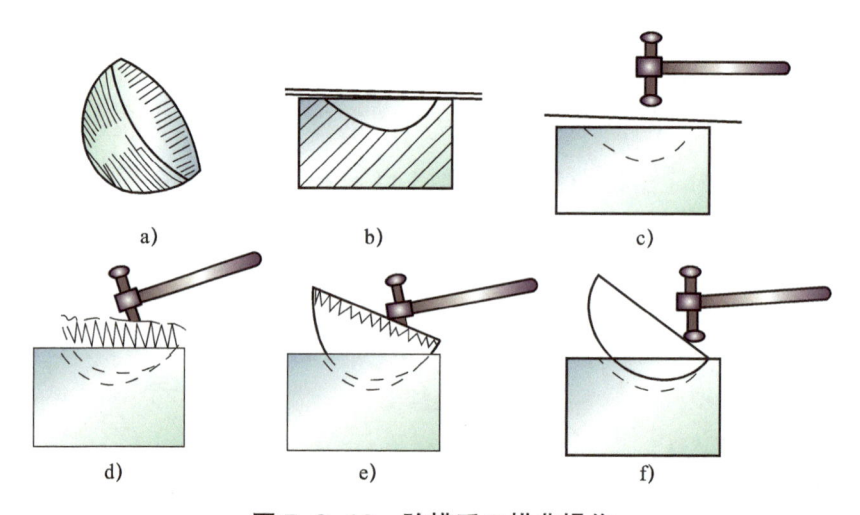

图 7-2-18　胎模手工拱曲操作

四、卷边与咬缝

1. 卷边

（1）卷边概述　卷边是为了增加零件边缘的刚度和强度，将零件边缘卷曲的手工制作工艺。卷边除了能起到增强钣金的刚度、强度作用外，还可以起到美观的装饰作用，卷边有时还用于铰链连接。卷边分为夹丝卷边和空心卷边两种，如图 7-2-19 所示。夹丝卷边是将零件的边缘内嵌入一根铁丝，以增强零件边缘的刚度。铁丝的粗细应根据零件的受力情况及零件的尺寸大小来决定,一般铁丝的直径是板料厚度的 3 倍以上。包卷铁丝的边缘,应不大于铁丝直径的 2.5 倍。

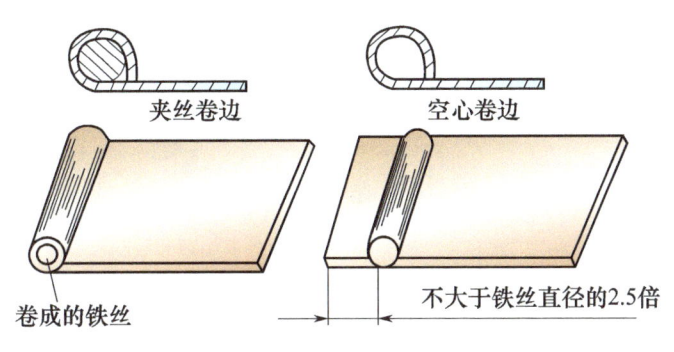

图 7-2-19 卷边

(2)夹丝卷边的操作方法

①将板料剪切成所需尺寸,如图 7-2-20a 所示。
②沿边量出 2.5 倍铁丝直径距离并划线,如图 7-2-20b 所示。
③将板料按划线弯折成直角,如图 7-2-20c 所示。
④用钢丝钳剪一段适当长度的铁丝,用木锤在光滑平板上打直铁丝。
⑤将铁丝放入已折妥的直角边内,并用手钳固定铁丝位置。
⑥用木锤或铆钉锤捶打板缘包住铁丝,如图 7-2-20d 所示。
⑦用铆钉锤逐段扣紧成型,如图 7-2-20e 所示。

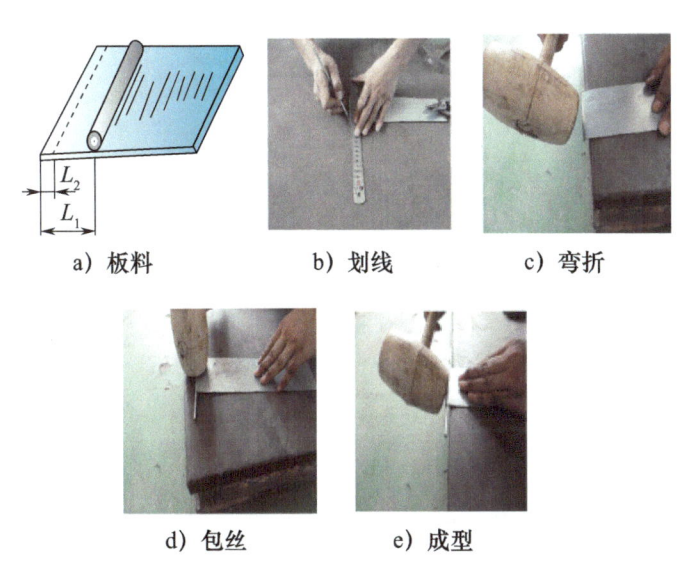

a)板料　　b)划线　　c)弯折

d)包丝　　e)成型

图 7-2-20 夹丝卷边操作方法

2. 咬缝

（1）咬缝　将两块板料的边或一板料的两边折弯扣合，并彼此压紧的连接方式称为咬缝（也称咬接）。咬缝连接比较牢固，在许多地方用来代替焊接。车身许多地方都是采取咬缝并附加点焊的方式连接，如图 7-2-21 所示。

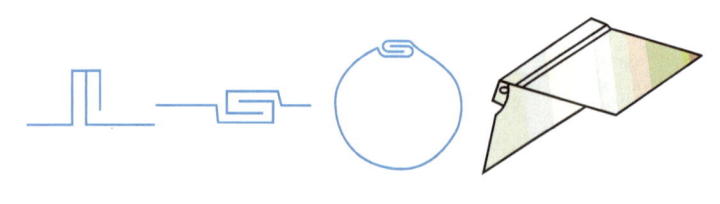

图 7-2-21　咬缝

（2）咬缝的分类　根据咬缝的结构不同可分为挂扣、单扣、双扣三种类型，根据咬缝的形式不同可分为站扣和卧扣两种，如图 7-2-22 所示。

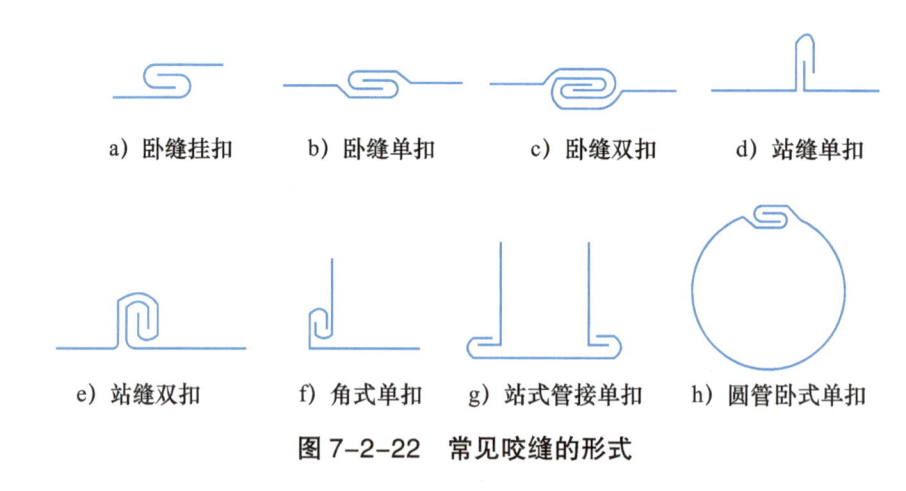

a）卧缝挂扣　b）卧缝单扣　c）卧缝双扣　d）站缝单扣

e）站缝双扣　f）角式单扣　g）站式管接单扣　h）圆管卧式单扣

图 7-2-22　常见咬缝的形式

（3）咬缝制作方法和注意事项

①咬缝下料时，应留出咬缝余量。咬缝余量是根据咬缝宽度和扣合层数计算的。

②咬缝宽度与板厚有关。一般厚度在 0.5mm 以下的板料，其咬缝宽度为 3~4mm；厚度为 0.5~1mm 的板料，咬缝宽度为 5~7mm。

③扣合层数取决于咬缝结构。站式单缝、角式咬缝的扣合层数为 3 层；卧式单咬缝，扣合层数看似 4 层，但中一层为有效尺寸，所以实际扣合层数为 3 层；站式咬缝、卧式咬缝层数均为 5 层。

④由于 1mm 以下的板厚通常忽略不计，所以站式单咬缝、角式咬缝、卧式单咬缝的余量一边为 1 个咬缝宽度，另一边为 2 个咬缝宽度。卧式双咬缝的咬缝

余量一边是 2 个咬缝宽度，一边是 3 个咬缝宽度。

（4）咬缝的应用　咬缝在汽车上的运用很多，车身的结构决定了大部分的车身表面板件（蒙皮）以咬缝的方式安装在车上，可以在很多车身板件接缝处看到表面板件（蒙皮）的咬缝处，如图 7-2-23 所示。车身构件上常见的咬扣形式多以站缝单扣为主。

a) 车门蒙皮接缝处　　　b) 行李舱盖蒙皮接缝处

图 7-2-23　汽车的接缝

（5）咬缝的成形

①站缝单扣：这种咬缝含有一个弯成直角的双折缝（图 7-2-24a）和一个单折边（图 7-2-24b）。弯制步骤：先在一块板上制作站缝单扣，另一块板料的边缘弯成 90° 角，而后扣合并压紧，如图 7-2-24c 所示。如果将站缝敲平，就可制成卧缝单扣，如图 7-2-24d 所示。

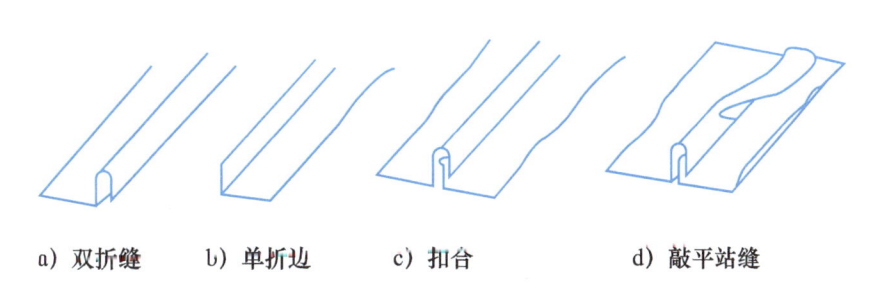

a) 双折缝　　b) 单折边　　c) 扣合　　d) 敲平站缝

图 7-2-24　站缝单扣制作

②卧缝双扣：与卧缝单扣相比，卧缝双扣是在卧缝单扣的基础上再次弯折一圈。其具体操作步骤可参考站缝双扣，将站缝双扣的站缝敲平，即为卧缝双扣。

③站缝双扣：将件 1 单边折成直角，如图 7-2-25a 所示；将件 2 双折边做成弯角，如图 7-2-25b 所示；然后将两件套扣在一起，如图 7-2-25c 所示；在砧

铁上按图 7-2-25d 弯折，最后咬紧压实成图 7-2-25e 所示的站缝双扣。

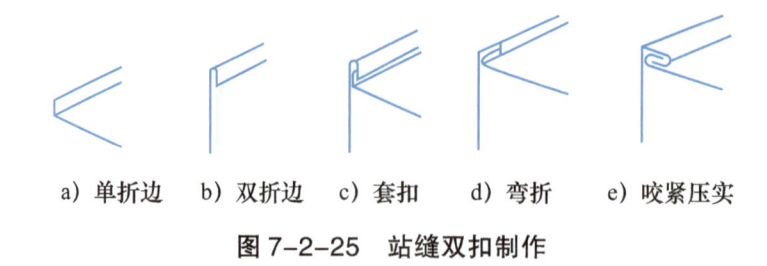

a) 单折边　b) 双折边　c) 套扣　d) 弯折　e) 咬紧压实

图 7-2-25　站缝双扣制作

五、拔缘

1. 拔缘的应用

在板料边缘，利用放边和收边的方法，把工件边缘翻出成凸缘，称为拔缘。拔缘主要针对环形板料边缘的弯曲，分为外拔缘和内拔缘（孔拔缘）两种形式，如图 7-2-26 所示。

图 7-2-26　拔缘的形式

内拔缘可在不增加质量的同时增加刚度，通过性好，美观大方，常见于汽车车身的孔或环形部位，图 7-2-27 所示加油口位置。外拔缘主要起增加刚性的作用，对于没有和其他金属构件有配合的外边缘部位，常采用外拔缘。图 7-2-28 所示前照灯位置，常采用外拔缘。车身的这些区域发生变形后，要利用拔缘的相关技能对其进行整形修复。

图 7-2-27　加油口位置　　图 7-2-28　前照灯位置

2. 拔缘的方法

拔缘可分为自由拔缘和型胎拔缘两种。

（1）自由拔缘　自由拔缘是利用一般的拔缘工具进行的手工拔缘。

（2）型胎拔缘　板料在型胎上定位，按型胎的拔缘孔进行拔缘，适合制作口径较小的零件拔缘，可一次成形，如图7-2-29所示。

图 7-2-29　拔缘的型胎

型胎外拔缘步骤如下：

①将拔缘零件固定在胎具上。固定方法：在坯料的中心焊装一个钢套，以便在型胎上固定坯料拔缘的位置，然后用压板压住零件，如图7-2-30所示。

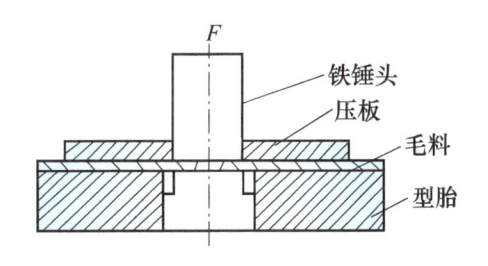

图 7-2-30　固定拔缘件

②用氧乙炔火焰对拔缘零件边缘加热。

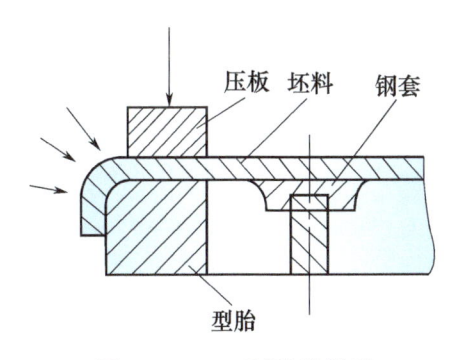

③进行拔缘，如图7-2-31所示。

图 7-2-31　型胎外拔缘

型胎内拔缘步骤如下：

①下料，并去除毛刺。

②将零件放在胎模上，用压板压住。

③内孔直径不超过 80mm 的薄板内拔缘，可采用一个圆形木锤一次冲出弯边，如图 7-2-32 所示。对于较大的圆孔和椭圆孔的厚板内拔缘，可制作相应的钢凸模一次冲出弯边。

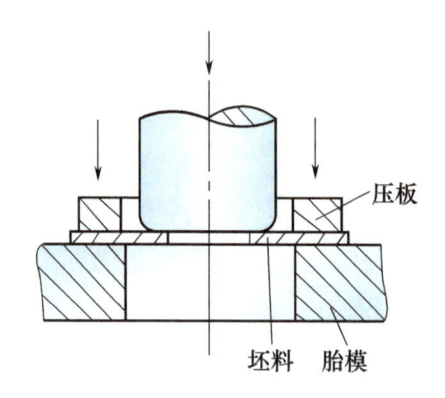

图 7-2-32 型胎内拔缘

第三部分

技能提升成新锐——
车身中损伤修理篇

PART 03

项目八 车身热接合技术

项目描述

消费者对汽车动力性、安全性、舒适性、燃油经济性等方面的要求越来越高，因此需要增加汽车的功能性部件以满足以上要求，而功能性部件的增加不可避免地增加了汽车的质量，使动力性和燃油经济性趋于下降。解决这一矛盾的关键是采用轻量化车身的结构设计。各大汽车制造商纷纷研制新材料，使车身的材料日益丰富多彩。例如，奥迪 A8 车身（图 8-0-1）分别采用铝合金、钢、碳纤维复合材料、镁合金，如果细分共有 29 种，其中包括 11 种钢材、16 种铝材、1 种镁材和 1 种碳纤维复合材质。按质量划分，其中铝合金占比 58%，钢占比 40.5%，碳纤维占比 1%，镁合金占比 0.5%。

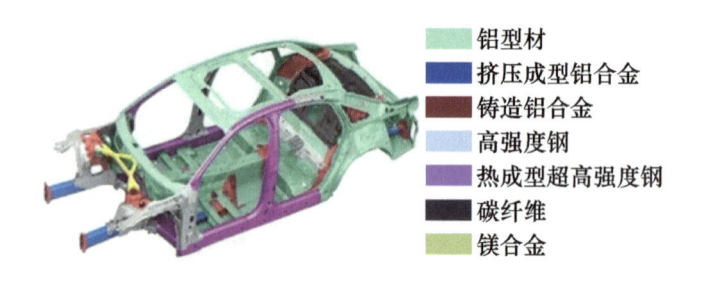

图 8-0-1 奥迪 A8 车身材料

车身板件的连接分为可拆卸连接和不可拆卸连接，可拆卸连接包括螺栓螺母连接（图 8-0-2）、卡扣连接（图 8-0-3）、铰链连接（图 8-0-4）等。

图 8-0-2 螺栓螺母连接　　图 8-0-3 卡扣连接　　图 8-0-4 铰链连接

不可拆卸连接就是车身接合，车身接合技术分为热接合技术和冷接合技术。每一种接合技术的选用要根据零件的材料、强度和性能参数等特性，以及生产工艺和生产线的匹配来确定，兼顾制造、质量、成本等因素最终按不同的比例分布在车身上。当前车身上常用的接合工艺高达14种，包括8种热接合工艺和6种冷接合工艺，见表8-0-1。

表 8-0-1　车身接合工艺

热接合技术									冷接合技术					
MAG焊接	电阻点焊	MIG焊接	MIG钎焊	激光钎焊	激光焊接	连续成型旋接	摩擦焊接	折边连接	粘接连接	盲铆接	冲压铆接	连续成型铆接	无铆钉连接

由于热接合技术中的MAG焊接和电阻点焊在第一部分已介绍过，本项目只介绍其他热接合技术。

知识链接

一、MIG焊接简介

MIG焊接属于电弧焊中熔化极惰性气体保护焊的一种，指的是采用惰性气体（氦气、氖气、氩气等）隔绝空气对母材进行保护，以防止高温使母材氧化的焊接方式。在汽车车身上的MIG焊接通常指的是铝合金的焊接，所以也可以称为MIG铝焊。

在汽车行业中，铝材应用已有多年历史。其主要优势有低密度、变形时较强的冲击能量吸收能力、高强度、良好的耐腐性和可回收性。铝材主要应用于发动机舱盖（图8-0-5）、车门、翼子板、立柱外板等，但也越来越多地应用于车身结构部件中，甚至出现了全铝车身（图8-0-6）。

图 8-0-5　铝合金发动机舱盖　　　　图 8-0-6　全铝车身

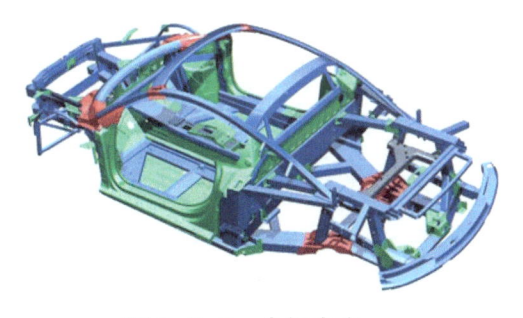

从表 8-0-2 可以看出，铝合金的密度为钢铁的 1/3，导热性是钢铁的 4~5 倍，导电性是钢铁的 5~6 倍，熔点比钢铁低 800℃。正是由于铝合金的物理性能与钢铁有如此大的差异，在焊接时就不能采用与钢铁相同的熔化极活性气体保护焊（MAG 焊），适合采用熔化极惰性气体保护焊（MIG 焊），用这种方法更容易进行高质量的焊接。

表 8-0-2　铝合金与钢铁的物理性能对比

材料	钢铁	铝合金
密度 /（kg/dm³）	7.9	2.7
导热性 /[W/(m²·K)]	50~60	238
熔点 /℃	1460	660
电阻率 /（Ω·mm²/m）	0.14~0.18	0.029

另外铝合金在空气中极易与氧气发生反应生成氧化铝，氧化铝形成的时间非常短，大约在 30min 之内，在处理后的铝板表面就形成了一层致密的氧化铝薄膜，这层氧化铝好似盔甲阻止了铝板进一步被氧化，同时会使焊接产生缺陷，因此在焊接过程中要注意清洁氧化层和焊接的时效性。

二、钎焊

钎焊是指低于焊件熔点的钎料和焊件同时加热到钎料熔化温度后，利用液态钎料填充固态工件的缝隙使金属连接的焊接方法。

文化熏陶

中国在公元前 5 世纪的战国初期已经开始使用锡铅合金钎料，在秦始皇兵马俑青铜器马车（图 8-0-7）中也大量采用了钎焊技术。中国最早有文献记载的钎焊是汉代班固所撰《汉书》："胡桐泪状似眼泪也，可以焊金银也，今工匠皆用之。"1637 年出版的明代宋应星科技巨著《天工开物》（图 8-0-8）中有"中华小钎用白铜沫，大钎则竭力挥锤而强合之，若以胡桐汁合银，坚如石。今玉石刀柄之类焊药，加银一分其中，则永不脱。试以圆盆口点焊药于其一隅，其药自走，周而环之，亦一奇也"。这一记述指出了铜钎焊应以硼砂为钎剂，银钎焊则可以胡桐树脂为钎剂，并且对钎焊焊接做了精彩的描述。

图 8-0-7　青铜器马车　　　　图 8-0-8　《天工开物》

1. 按照钎料熔点分类

根据钎料熔点的不同，钎焊又分为软钎焊和硬钎焊。

①软钎焊：软钎焊的钎料熔点低于450℃，接头强度较低（小于70MPa）。软钎焊多用于电子和食品工业中导电、气密和水密器件的焊接。以锡铅合金作为钎料的锡焊最为常用。

锡焊在车身维修上也有应用，被称为补锡。在对板件损伤修复时，通常会用到介子机、手工具，但对一些变形的状况很难用上述方法修复时，如加工硬化凹陷区域，就可以采用铅锡合金把凹陷的部位直接填补起来。补锡大致上就是将锡条加热到熔融状态并将其涂抹在车身凹陷处，如图8-0-9所示，然后继续加热并用压平板抹平，最后打磨平整，如图8-0-10所示。

图 8-0-9　加热锡条涂抹在车身凹陷处　　　　图 8-0-10　压平板抹平

这种补锡工艺因环保问题现在已经淘汰，产生污染的原因是所用锡条主要成分是有毒的重金属铅。

②硬钎焊：硬钎焊的钎料熔点高于450°C，接头强度较高（大于200MPa）。硬钎焊接头强度高，有的可在高温下工作。硬钎焊的钎料种类繁多，以铝、银、铜、锰和镍为基料的钎料应用最广。铝基钎料常用于铝制品钎焊，银基、铜基

钎料常用于铜、铁零件的钎焊。车身维修中用到的是采用铜基钎料焊接钢铁车身的硬钎焊，在任务二中将详细介绍。

2. 按照钎焊加热热源分类

按照钎焊加热热源的不同，可以将钎焊分为烙铁钎焊、火焰钎焊、浸沾钎焊、感应钎焊、真空钎焊等。车身维修或制造中用到的主要是电弧钎焊和激光钎焊，以前在车身维修中用可燃气体与氧气或压缩空气混合燃烧的火焰作为热源进行焊接的火焰钎焊，由于会降低焊接部位强度已经被禁止使用。

钎焊以其防腐性好、热影响少、不易使板件变质变形、容易焊接成型等优点，在汽车车身修复上得到了广泛的应用，比如汽车外覆盖件维修时的补锡、分体式侧围后顶侧板维修时的火焰钎焊（图 8-0-11）等。以上两种钎焊技术，随着环保要求的提高和车身冲压技术的发展，已经退出了历史舞台。技术更先进的两种钎焊随之取而代之，在车身制造和维修中得到了广泛应用，它们分别是激光钎焊和 MIG 电弧钎焊，如图 8-0-12 所示。

图 8-0-11　火焰钎焊　　　　图 8-0-12　激光钎焊和 MIG 电弧钎焊

3. MIG 电弧钎焊

MIG 电弧钎焊是使用惰性气体（一般为纯氩气）保护的电弧铜钎焊，也叫电弧铜焊、MIG 硬钎焊、MIG 钎焊，是使用铜焊丝（钎料）对钢板进行焊接的工艺。在焊接过程中，它的焊接温度远低于传统 MAG 焊接（活性气体保护焊），母材本身不熔化，铜焊丝熔化。熔融的焊丝位于钢板外侧，母材板件通过液体的毛细管作用接合。由于液体无须外力辅助即可流动，且流动方向与外力方向相反，所以采用前进法及推焊（图 8-0-13）的焊接方法，可增强焊接强度。MIG 电弧钎焊的焊接温度低，减小了对热成型超高强度钢晶体结构的破坏，使焊接后的钢板最大程度保持原有强度。

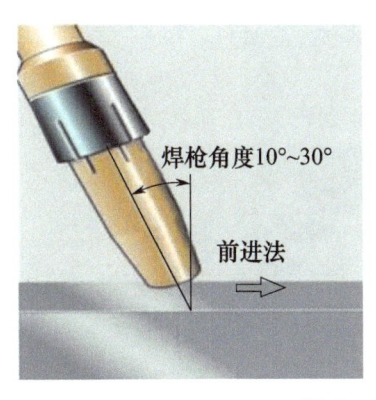

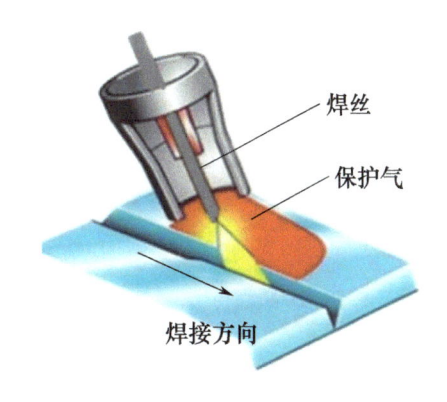

图 8-0-13 焊接方法

科学探究：毛细管作用

当含有细微缝隙的物体与液体接触时，在浸润情况下液体沿缝隙上升或渗入，在不浸润情况下液体沿缝隙下降的现象称为毛细管作用。在浸润情况下，缝隙越细，液体上升越高。

三、保护气体

对材料进行上述两种焊接方法，采用的保护气体不能是活性气体或混合气体，必须是惰性气体，可以采用的惰性气体见表 8-0-3。

表 8-0-3 可以采用的惰性气体

保护气体（体积分数）	化学元素符号	性能
氩气 100%	Ar	熔滴过渡稳定，熔深呈拇指形
氩氦混合气 70%、30% 或 50%、50%	Ar-He	有效预防氢气孔，焊缝宽度增加，氦气越多，焊缝越扁平
氩、氦混合气中加入氧气和氮气	Ar-He,O_2,N_2	焊接前除掉氧化层，电弧稳定性更好

任务一　MIG 焊接

一、MIG 焊接在车身上的应用

1）在更换立柱外板时，为增加接口处的强度，需安装衬板，并以 MIG 塞焊方式焊接衬板，如图 8-1-1 所示。

2）在更换立柱外板时，需将新板和旧板以MIG对接焊方式焊接，如图8-1-2所示。

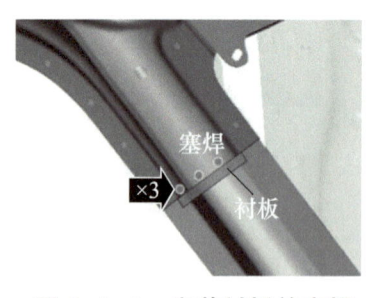

图8-1-1 安装衬板并塞焊　　图8-1-2 对接焊

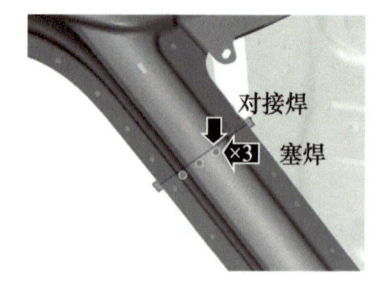

3）在更换门槛外板时，需用折边钳将旧板折下一个板厚厚度，将新板放在上面进行MIG对接焊。

二、MIG焊接前的注意事项

1）使用适当的落地式真空吸尘器（图8-1-3），并需要独立的铝维修空间。

2）铝合金粉屑具有可燃性，且具有产生多重化合反应的特性。

3）当铝合金粉屑与空气混合后遇到火花有可能发生爆炸。

4）研磨铝合金时，其方圆3m范围为爆炸危险区，再延伸出的5m范围为起火危险区。

5）铝合金粉屑与空气混合后，会像镁合金一样产生化学反应，所以应使用专用抛磨工具，并配有内部防护及通风与抽风管。

图8-1-3 落地式真空吸尘器

6）在开始焊接之前，务必执行以下安全措施。

①断开车辆蓄电池、发电机电气接头。

②拆下焊接区域500mm以内的汽车发动机控制模块（ECM）。

③在蓄电池附近进行焊接作业之前先拆下蓄电池。

④在燃油箱或其他含有燃油的部件附近进行焊接作业时务必小心，如果必须断开油箱加注颈口或燃油管路以便进行焊接作业，则必须清空或拆下油箱。

⑤焊接附近的车辆部件和其他车辆必须采取保护措施，以防飞溅的火花和热量。

三、焊接前的清洁

在焊接之前，必须清洁铝的表面。

1）清洁表面：要清除蜡和其他污染物，使用化学品表面清洁剂。

2）清除氧化物：在钢制车辆上使用用于清除氧化物的物品不能与铝合金车辆混用，采用不锈钢刷、80号砂纸清除氧化物。

3）清除氧化物灰尘：氧化物灰尘聚集得很快，所以在执行步骤2）和步骤3）后应马上进行焊接；如果停留了一段时间，应重复步骤2）和步骤3）。需用无纺布清除灰尘。

四、焊机的调整

并不是MAG焊机更换铝焊丝就可以进行铝焊接，MIG铝焊接必须采用带有铝焊功能的多用途焊机，并对焊机进行必要调整。

1. 送丝管更换

钢焊丝的送丝管为钢制的，铝焊丝的送丝管为泰氟隆（图8-1-4）或石墨（图8-1-5）送丝管，采用这两种送丝管可以防止铝焊丝在送丝中受损，在石墨导管焊枪一段接有铜弹簧管，可以防止石墨导管变形。

图 8-1-4　泰氟隆送丝管　　　　图 8-1-5　石墨送丝管

2. 导电嘴更换

应将导电嘴更换为1.0mm或1.2mm的，保护气更换为最常用的100%氩气。

3. 送丝轮更换

应使用四轮驱动的送丝轮（图8-1-6），这种送丝轮有两个主动轮和两个从动轮，可保证更稳定的送丝；将MAG焊接的V形槽轮更换成U形槽轮，如图8-1-7所示。铝丝直径一般为1mm，使用1mm宽度的导丝槽，以防止铝合金丝变形。

图 8-1-6　四轮驱动的送丝轮　　图 8-1-7　V形槽轮和U形槽轮

五、进行焊接

1. 搭接焊

搭接焊（图 8-1-8）时两块铝板重叠不少于 5mm，一次焊接的长度不小于 20mm，焊接时应使用推焊进行焊接。在焊接开始和结束时，应使用引焊板，引焊板由废料制成，置于有效焊接长度的起始端和末端。

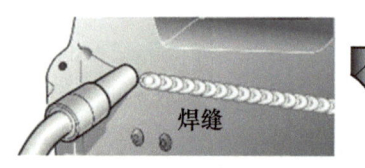

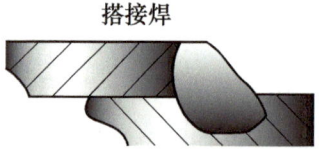

图 8-1-8　搭接焊

2. 塞焊

塞焊（图 8-1-9）之前需要钻孔，孔的尺寸为 10mm，焊接时焊枪垂直于板件。

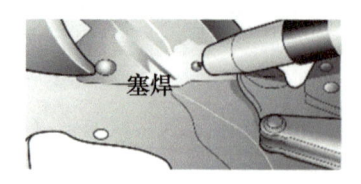

图 8-1-9　塞焊

3. 对接焊

对接焊（图 8-1-10）时同样需使用推焊进行焊接。所有对接接头均需要衬板，衬板由废料制成，宽度为 50mm。可通过搭焊、塞焊或自攻螺钉固定衬板。根据工件厚度来确定衬板厚度，衬板与工件厚度应相等。衬板用于支持熔融焊池，避免热量过大造成工件穿透。

图 8-1-10 对接焊

六、焊接质量检测

在车辆正式焊接之前，应使用与试件相同的废弃面板进行焊接测试。焊接时，应将焊机调整到 4T 模式，使起弧时的电流是调整电流的 150%（增加热量），收弧时的电流是调整电流的 50%（减少热量），如图 8-1-11 所示。

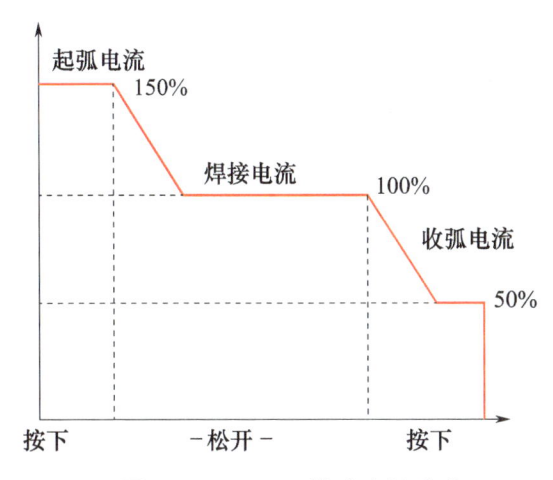

图 8-1-11 4T 模式电流变化

然后目视检查测试件，并执行破坏性测试，确保所有设置正确，焊件质量良好。

焊件质量应达到：

1）所有可见的焊接表面清洁明亮，且有统一的外形。
2）焊缝在其整个长度具有一致的高度和宽度。
3）工件表面和焊接金属聚集物之间完全熔化。
4）在板件的背面应隐约可见一条细小连续线。

焊接检查有目视检查、无损测试和破坏性测试三种形式。

1. 目视检查

目视检查的焊接缺陷、缺陷表象和限制程度见表 8-1-1。

表 8-1-1　目视检查

焊接缺陷	缺陷表象	限制程度
烧穿	孔洞	不允许
焊偏	焊缝偏斜	有效焊接长度内不允许
焊接飞溅	飞溅物	不允许影响功能部件的可见表面，要清除飞溅
端部缺口	焊缝横截面减小	不允许
跳焊	焊缝非连续性	不允许（沿着焊缝的任何位置）

2. 无损测试

使用着色渗透测试液检测焊缝是否连续，是否存在裂缝、重叠、折叠、气孔和未熔合等缺陷。无损测试流程为：

1）使用清洁剂（图 8-1-12），清洁测试区域，然后用无纺布擦拭。

2）当表面完全干燥时，涂抹渗透剂覆盖测试区域，保持至少 10min。

3）用清洁剂弄湿无纺布，清除表面过多的渗透剂（图 8-1-13）。

4）涂抹一层薄薄的显影剂（图 8-1-14），保持至少 10min。

图 8-1-12　清洁剂　　图 8-1-13　渗透剂　　图 8-1-14　显影剂

5）在自然光或电灯光下检查可疑区域是否有裂痕或裂缝的迹象（裂缝呈线形显示）。

3. 破坏性测试

裂开每个测试焊接，检查焊接的质量和渗透力，如图 8-1-15 所示。

图 8-1-15　破坏性测试

任务二 MIG 钎焊

一、焊接功能的调整

1. 焊机调整

一台具有多种焊接功能的焊机，要想实现 MIG 电弧钎焊，需要将焊机的焊丝、焊丝衬垫导管、导丝轮、保护气体等进行更换。焊机上 MIG 电弧钎焊和 MAG 焊的转换，见表 8-2-1。

表 8-2-1 MIG 电弧钎焊和 MAG 焊的转换

焊接种类	焊丝	焊丝衬垫导管	导丝轮	保护气体
MIG 电弧钎焊	铜焊丝	特氟纶或塑料石墨内衬	U 形槽导丝轮	纯氩气
MAG 焊	钢焊丝	钢弹簧内衬	V 形槽导丝轮	氩气与二氧化碳的混合气

车身上 MIG 电弧钎焊的钎料主要是铜焊丝，所以钎料的选择即为铜焊丝的选择，主要有硅青铜焊丝和铝青铜焊丝两种铜焊丝可供选择。

1）硅青铜焊丝（$CuSi_3$）。材料熔点为 1027℃，焊丝直径为 0.8mm 和 1.0mm。该焊丝熔敷金属的表面张力小、流动性好、湿润性强；焊缝无气孔、裂缝等焊接缺陷，焊缝外观呈现凹形，熔合区圆滑过渡，焊缝平整美观，易于打磨抛光，适用于普通低碳钢板、高强度钢、超高强度钢的焊接。

2）铝青铜焊丝（$CuAl_8$）。材料熔点为 1046℃，焊丝直径为 1.0mm，在直流反接熔化极电源下，可清除铝的表面氧化膜。该焊丝熔敷金属流动性好，焊缝内外质量高，外形美观，适用于钢板表面镀锌、涂铝、渗铝的车身薄板及非镀层薄板的焊接。

由于铜焊丝的硬度小于钢焊丝，所以焊丝的衬垫导管不能用钢弹簧内衬，而应该更换为特氟纶（聚四氟乙烯纤维）或塑料石墨内衬。V 形槽的导丝轮会对铜焊丝产生挤压，致使其发生变形，所以应使用 U 形槽的导丝轮。多功能焊机都配备了不同的焊丝衬垫导管和不同的导丝轮。

2. 控制面板调整

在对控制面板的电流、送丝速度、板件厚度、电压等进行调整之前，应先通过控制面板进一步实现功能转换。转换项目包括保护气体、焊丝材料和焊丝直径等，一般将保护气体调整为 Ar100%，焊丝材料调整为 $CuSi_3$，焊丝直径调整为 0.8mm 或 1.0mm，如图 8-2-1 所示。

图 8-2-1 控制面板调整

二、焊接板件的调整

传统 MAG 焊采用圆孔（5~10mm），焊接时间过短，无法提供足以将焊丝熔合至金属板材的热量，产生所需的连接强度。MIG 电弧钎焊通常采用槽孔代替原来的圆孔，以延长焊接时间，为焊丝熔化成液体产生良好的毛细管作用提供充足的热量，从而产生适当的连接强度，这种焊接方法一般称为槽焊。槽孔的制作方式如图 8-2-2 所示。

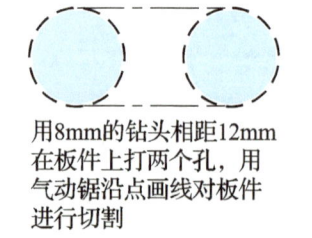

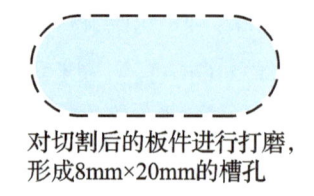

用8mm的钻头相距12mm在板件上打两个孔，用气动锯沿点画线对板件进行切割

对切割后的板件进行打磨，形成8mm×20mm的槽孔

图 8-2-2 槽孔的制作方式

槽焊时，焊枪的运动一般为锯齿式和周边式两种，如图 8-2-3 所示。

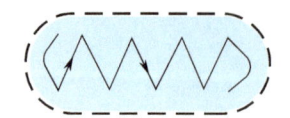

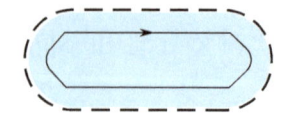

图 8-2-3 焊枪的运动

对接焊时，板件之间的缝隙应比 MAG 焊时的 0.5~1 倍板厚大，应为板厚的 1~2 倍，正式进行连续点焊前，也应该进行临时点焊，焊点间距为 15~30 倍的板

厚，如图 8-2-4 所示。

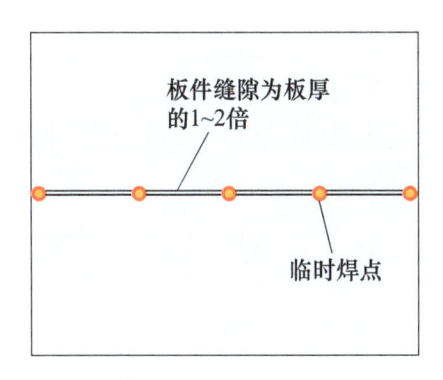

图 8-2-4　对接焊时的板件缝隙和临时焊点间距

焊接时，根据车身上板件的位置有四种焊接方式，分别是平焊（图 8-2-5）、立焊（图 8-2-6）、仰焊（图 8-2-7）、横焊（图 8-2-8）。

图 8-2-5　平焊

图 8-2-6　立焊

图 8-2-7　仰焊

图 8-2-8　横焊

三、车身上的应用实例与操作流程

在对车身的 A 柱外板、A 柱加强件、B 柱外板、B 柱加强件、踏脚板内部加强件、踏脚板等部件进行更换的时候，可以采用 MIG 电弧钎焊的槽焊替代原厂的电阻点焊。下面以 B 柱加强件的更换为例进行简要说明。

1）使用气动钻清除 B 柱加强件上的电阻点焊点（61 个），应避免破坏下层板件，如图 8-2-9 所示。

2）小心地分开加强件上卡扣接头，同时松开减振降噪部件。用錾刀分开焊点接头，并从 B 柱内板上拆除 B 柱加强件。

3）在新的 B 柱加强件上标记要 MIG 电弧钎焊槽孔的位置并开槽 17 个，如图 8-2-10 所示。

图 8-2-9　焊点清除　　图 8-2-10　新板件开槽　　图 8-2-11　槽焊焊接

4）在 B 柱内板上标记 MIG 电弧钎焊槽孔的位置并开槽 24 个。

5）在新的 B 柱加强件上进行 MIG 电弧钎焊的槽焊焊接，如图 8-2-11 所示。

6）在 B 柱内板上进行 MIG 电弧钎焊的槽焊焊接。

四、钎焊的分离

对于钎焊的分离，一般可采用两种方法：火焰加热法和切割打磨法。

1. 火焰加热法

首先将钎焊周围的油漆打磨掉，漏出钎焊焊缝（黄铜色）。然后将氧乙炔气焊调整至碳化焰，对钎焊焊缝加热至钎料呈熔融状态，使用钢丝刷刷掉钎料。最后用大力钳夹住板件施加剪切力，板件就分开了，如图 8-2-12 所示。

> 注意：火焰加热法应谨慎使用，使用时应控制好加热温度，防止热量过多，降低板件的强度。实际上，有些汽车品牌是禁止用氧乙炔对车身进行加热的，其实就是禁止使用该方法。

图 8-2-12 火焰加热法分离

2. 切割打磨法

下面以车顶盖的 MIG 电弧钎焊或激光钎焊为例讲解切割打磨法。首先用气动锯和铁皮剪刀等剪切工具将车顶盖钎焊焊缝周围的板件切割成若干方形板件，并用大力钳夹住来回摇动折断所有方形板件，如图 8-2-13 所示。然后对折断后露出的部位进行打磨直至露出黄铜色的钎焊焊缝，如图 8-2-14 所示。继续将黄铜色打磨掉呈现钢铁的光泽即可，如图 8-2-15 所示。

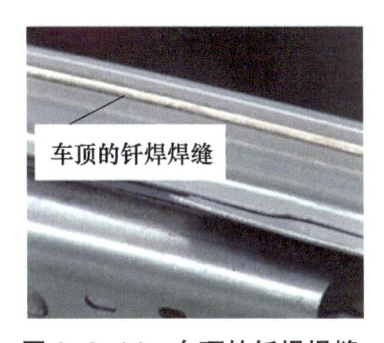

图 8-2-13 大力钳折断板件　　图 8-2-14 车顶的钎焊焊缝　　图 8-2-15 打磨完毕的焊缝

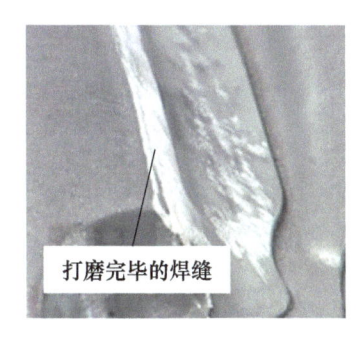

五、焊接质量检测

1. 槽焊的焊接质量检测

槽焊正面的焊疤应覆盖槽孔，高度应在 0.5~2mm 之间，板件背面无背透，但在两层板件之间的缝隙中应有钎料渗透，如图 8-2-16 所示。

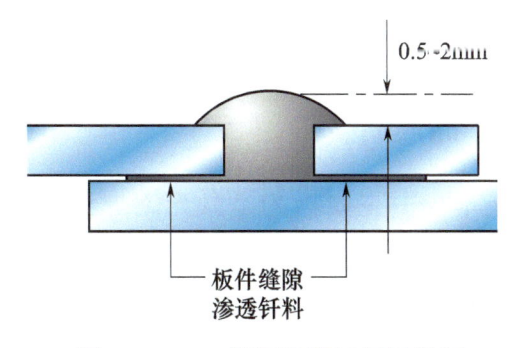

图 8-2-16 槽焊的焊接质量检测

2. 对接焊焊缝的焊接质量检测

对接焊焊缝应覆盖两块板件之间的缝隙，正面高度应大于 0.5mm，宽度应一致并且无偏斜，背面背透的高度为 1~3mm，如图 8-2-17 所示。焊缝两侧的热影响区宽度应小于 30mm，如图 8-2-18 所示。

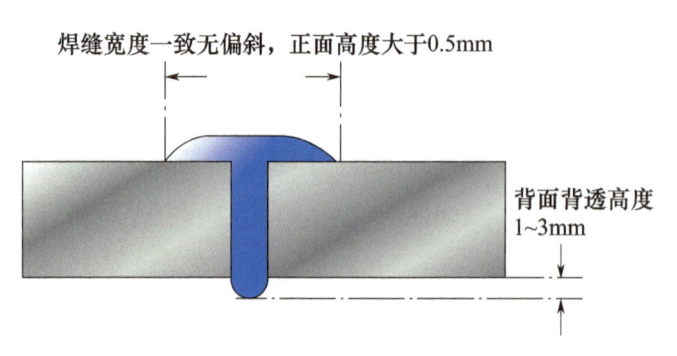

图 8-2-17　对接焊焊缝质量检测

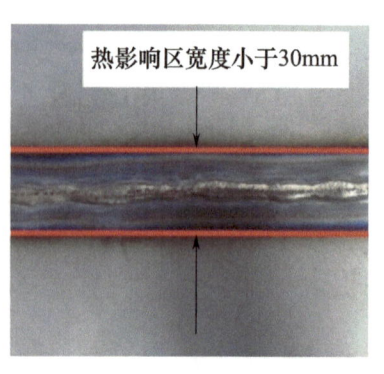

图 8-2-18　焊缝热影响检测

任务三　激光焊接

安全性、舒适性、节能和环保一直是汽车工业发展的主题，激光焊接作为现代汽车生产中的主要加工方法之一，其发展也主要是围绕着这一主题进行的。由于激光焊接具有工艺优越、效率高、柔性好等优势，随着汽车轻量化、安全性的发展，激光焊接在汽车工业领域将得到更多重视和广泛应用。

激光焊接技术起源于 20 世纪 80 年代，某些高端汽车品牌开始使用该技术。激光焊接设备投资成本很高，且对冲压产品本身的质量要求很高，但是由于激光焊接具有有别于传统焊接工艺较多的优点，在当前能源和环境问题日趋严重的大背景下，越来越多的汽车品牌于近年逐步开始大规模应用。

一、激光焊接的基本原理

广义上的激光焊接在车身中主要指的是激光熔焊和激光钎焊两种方式，这里所说的激光焊接指的是狭义上的激光焊接——激光熔焊。激光熔焊指的是不需要填充物质，激光直接作用在工件上使母材快速熔化，再重新凝固结晶形成焊缝的一种焊接方式。

当高强度激光照射在材料表面上时，部分光能将被材料吸收而转变成热能，使材料熔化、蒸发并沿着工件的厚度方向穿透形成狭长空洞，小孔随着激光光束移动形成焊缝，从而达到焊接的目的。激光焊接方式主要包括脉冲激光焊和连续激光焊，前者主要用于薄件材料和单点固定连续的焊接，后者主要用于厚板材料的焊接和切割，在车身制造中主要应用脉冲激光焊。

当激光光斑照射到工件表面上的功率密度达到 $10^6W/cm^2$ 以上时，工件在激光的照射下被迅速加热，其表面温度在极短的时间内升高到沸点，使金属熔化和汽化。在液态金属中形成一个充满金属蒸气的细长孔洞。当金属蒸气的反冲压力与液态金属的表面张力和重力平衡后，小孔不再继续加深，形成一个深度稳定的小孔。小孔周围就是焊接熔池，小孔随着激光而移动，闭合后便形成焊缝，实现激光深熔焊接。激光焊接的基本原理如图 8-3-1 所示。

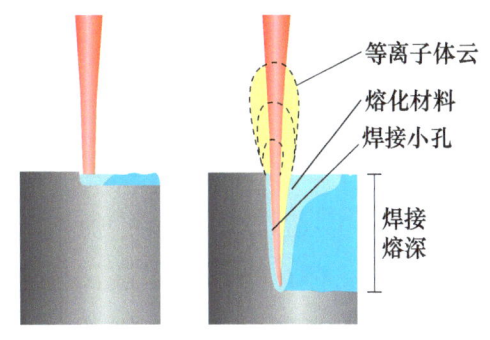

图 8-3-1 激光焊接的基本原理

二、激光焊接装置结构与优点

1. 激光焊接装置的结构

激光焊接装置结构与激光钎焊装置结构大体相同，只是激光钎焊装置取消了送丝系统模块（或停止该机构运行），如图 8-3-2 所示。

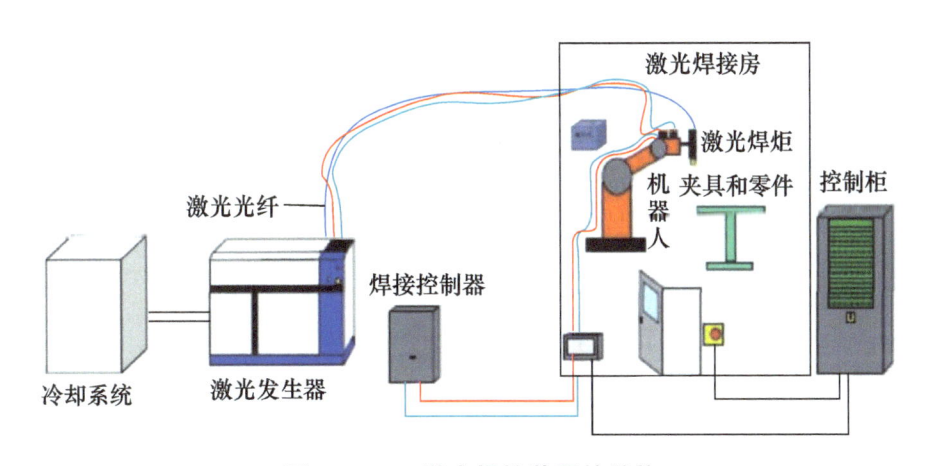

图 8-3-2 激光焊接装置的结构

2. 激光焊接技术的优点

激光焊接技术有如下优点：

1）非接触加工，不需要对工件加压和表面处理，无电极、工具等的磨损消耗。

2）功率密度大，功率密度可达 $10^5 \sim 10^7 W/cm^2$，适合加工大厚度钢板，加工速率高。

3）加热范围小，残余应力和变形小。

4）不需要真空环境，不产生 X 射线，无加工噪声，对环境没有污染。

5）容易实现远距离、多路同时或分时焊接。

6）对厚度与性能相差较大的异种金属也可焊接。

在车身制造过程中，激光焊接拥有减少材料用量、优化零件和模具数量、降低成本、减轻车身以及提高尺寸精度等优点。与其他焊接工艺相比，采用激光焊接技术的车身，可提高其 50% 的动静态刚度，从而显著降低车辆行驶过程中的噪声和振动，改善乘员乘坐舒适性。大量采用激光焊接工艺的途安、速腾、迈腾在 NCAP 碰撞试验中均获得了 5 颗星的最高安全性能标志。

三、激光焊接的种类及应用

应用在汽车白车身上的激光焊接通常有组焊、拼焊、穿透焊三种方式，如图 8-3-3 所示。

图 8-3-3 激光焊接的种类

1. 激光组焊

组焊主要用于顶盖和侧围的连接、侧围组焊以及车门焊接，如福特、通用、沃尔沃和欧宝，均使用组焊进行顶盖与侧围的连接。但随着技术的发展，激光钎焊越来越广泛地应用于这一部位的焊接，目前只有沃尔沃仍在坚持使用激光组焊；侧围方面福特 SUV 和轿车有使用激光组焊的车型，大众的很多车型也在使用。激光组焊的应用车型如图 8-3-4 所示。

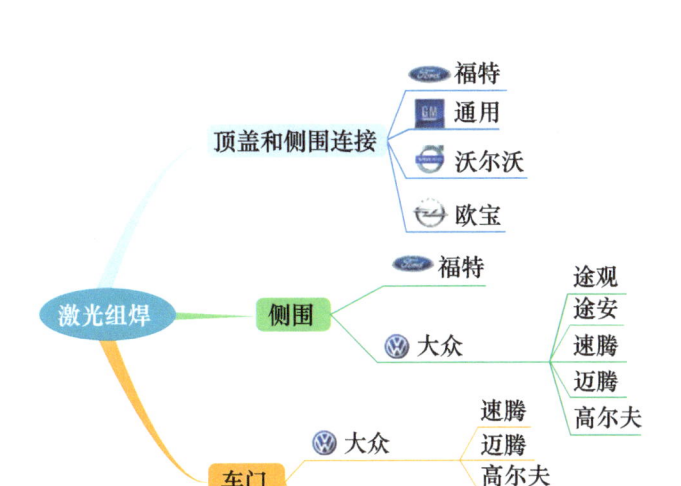

图 8-3-4　激光组焊的应用车型

2. 激光拼焊

拼焊板（Tailor-welded blank，TWB）由不同强度、不同厚度或不同涂层的钢材焊接而成，由于激光焊接具有高效、焊缝成型好等优势，目前的汽车拼焊板都采用激光焊接而成。与普通钢板相比，拼焊板的优点主要有以下三个方面。

①减轻车身重量。应用焊接的方法优化板料的厚度，使车身重量降低，实现轻量化。

②提高车身服役时间和碰撞性能。使用激光拼焊，可以提高安全性能、驾驶性能、疲劳和耐蚀性能及车身刚性等。

③降低成本。使用激光拼焊，可以减少材料、减少加工程序和减少模具数量，使车身制造成本降低。

激光拼焊板应用于车身制造，可以减少零件、模具及焊接工装数量，降低车身自重和成本，并提高产品的市场竞争力，主要应用在覆盖件，也可用在结构件上。图 8-3-5 为拼焊板在汽车白车身中的主要应用。

汽车拼焊板按焊缝类型分类可以分为三种，即单条直线焊缝、复数直线焊缝、非直线焊缝，如图 8-3-6 所示。其中以单条直线焊缝类型应用最多，生产工艺也相对简单。非直线焊缝最复杂，一般根据冲压件成型后的形状设计焊缝，从而提高产品的强度和冲压性能。

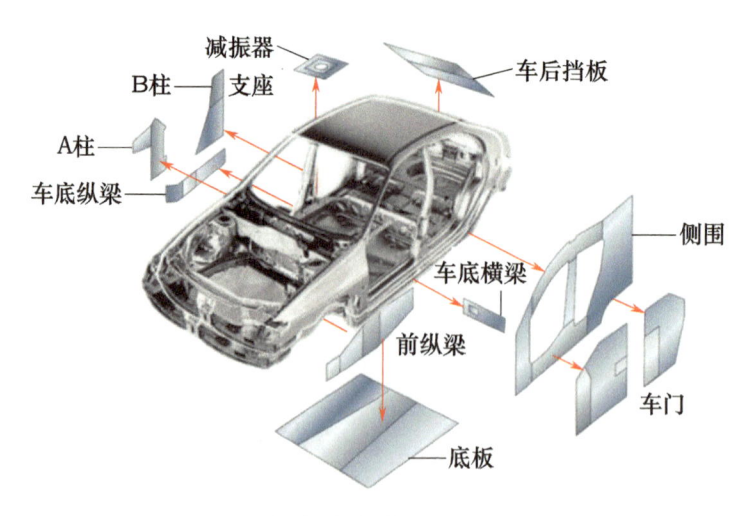

图 8-3-5　拼焊板在汽车白车身中的主要应用

a) 单条直线焊缝　　b) 复数直线焊缝　　c) 非直线焊缝

图 8-3-6　激光拼焊板的分类

3. 穿透焊

由于现代汽车车身多采用镀锌钢板或优质高强钢，如果采用传统的点焊技术，由于是三层板和镀锌板，必须采用较大的焊接电流和焊接压力，其结果必然导致焊点质量下降和焊点变形严重，从而导致装配质量下降。就点焊本身而言，焊点的强度可以很高，但没有焊点的部分还是断续分离的，且焊点容易变形，尤其是在进行三层板连接、镀锌板连接和高强钢连接时，焊接变形较大，导致焊点处的平整度降低及产生缝隙，而且点焊会造成焊接点周围的母材热影响区强度下降，车辆遭严重撞击时的断裂部位往往是在该处。

车身 B 柱采用穿透焊，焊接厚度可以达到 4mm，如图 8-3-7 所示。在焊接时，表面的锌会首先汽化。如果两层钢板贴得非常紧密，汽化后的锌蒸气无法排出，冷却后将存留在焊缝中，这样会大大降低焊缝的强度，影响焊接质量。由于飞溅大，穿透焊的焊缝相对于激光拼焊和组焊更粗糙，但是强度比普通点焊要高得多。

图 8-3-7 车身 B 柱的穿透焊

四、激光焊接质量检测

激光焊接质量主要包括外观质量、焊缝成形（焊缝宽度、焊瘤凸出、焊缝有效深度、背面断差和焊缝错边等）和力学性能等（对焊缝进行拉伸、杯突、硬度和弯曲等测试）方面的要求。外观质量检测见表 8-3-1。

表 8-3-1　外观质量检测

序号	缺陷形式	缺陷特征	检测方式	缺陷评价及返修方式
1	烧穿	单层母材焊穿	目视	不能接受有母材烧穿，否则必须报废
2	飞溅	母材表面有可见飞溅	目视	有条件接受不影响功能的飞溅，否则需要打磨返修
3	咬边	母材有可见缺口	目视	不接受有母材咬边，否则需要补焊返修
4	气孔	表面有可见气孔	目视	不接受有肉眼可见的气孔，否则需要补焊返修
5	裂纹	表面有可见裂纹	目视/塞尺	有条件接受不影响功能的裂纹，否则需要补焊返修
6	缺肉	表面有可见缺肉	目视/直尺	不接受有可见的缺肉，否则需要补焊返修

任务四　激光钎焊

一、激光钎焊焊接系统

目前，在汽车车身制造企业，激光钎焊技术得到了广泛的应用和发展。激光钎焊技术不仅提高了车身防腐性能，而且使车身强度提高，极大地提高了生产效率，确保车身制造的精度，又保证了汽车车体的美观，同时减轻了车身质量。

车身制造企业的激光钎焊焊接系统组成如图 8-4-1 所示。

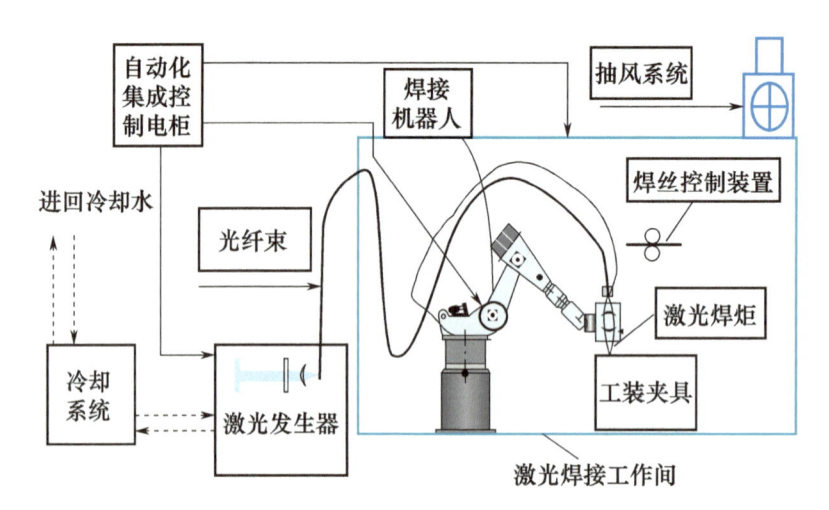

图 8-4-1 激光钎焊焊接系统组成

1. 激光发生器

用于产生激光后耦合并输出一定功率及波长的激光光束。

2. 光纤束

用于传输激光器发出的激光束到激光焊接头。

3. 激光焊炬

传输激光经过校准处理后变为激光焊炬发出激光光束，具备一定加工性能。

4. 焊接机器人

根据零件外形调用焊接参数，进行焊接。其带有焊丝控制装置，启动该装置即可进行激光钎焊，不启动该装置可以进行激光焊接。

5. 激光焊接工作间

大功率激光发生器输出的激光光束能量巨大，可伤人，所以焊接须在独立的封闭空间内进行。

6. 自动化集成控制电柜

用于控制机器人、激光焊接头、激光发生器和自动化工装夹具。

7. 工装夹具

保证零件装配尺寸、焊缝位置重复精度。

8. 抽风系统

用于排除产生的烟雾及有害气体。

9. 冷却系统

用于对激光发生器进行冷却。

二、激光钎焊的特点

1. 激光钎焊的优点

1）局部加热，零件不易产生热损伤，热影响区小，可在不伤及母材的情况下施焊。

2）负离焦加热，熔化带宽，无飞溅，填充剂熔化后自然浸润，焊缝外观质量良好，可用于外观区域的钢板拼焊。

3）激光束易于实现分光，可用半透镜、反射镜、棱镜、扫描镜等光学元件进行时间与空间分割，能实现多点同时对称焊。

4）光束容易传输和控制，不需要经常更换焊炬、喷嘴，显著减少停机辅助时间，生产效率较高。

5）容易实现自动化，能有效控制光束强度和精细定位。

2. 激光钎焊的缺点

1）要求焊件装配精度高，且要求光束在工件上的位置不能有显著偏移。这是因为激光聚焦后光斑尺寸小，焊缝窄，动态填充金属钎料。若工件装配精度或光束定位精度达不到要求，很容易造成焊接缺陷。

2）激光钎焊焊接系统的成本较高，一次性投资相对较大。

3）激光焊接技术复杂，涉及光学、焊接学、自动化系统工程，技术难度大，焊接系统调试复杂。

4）激光危险，防护等级高。系统设备需要专业维护，核心设备故障停机或损坏后，修复难度大，且激光焊接系统占地面积较大。

三、激光钎焊在车身上的应用

车顶外板与侧围外板激光钎焊钣金贴合为线接触，在车身制造企业，一般采用激光钎焊将车顶外板和侧围外板接合起来，由于所使用的钎料（焊丝）为铜，也称为激光铜焊,如图 8-4-2 所示。车顶外板面积很大且与侧围外板接合处有一定弧度,很容易受到温度的影响产生热变形。激光钎焊焊接系统利用激光焊炬光束发出的能量,照射在焊丝表面使其熔化成高温液体,液体金属通过毛细管作用浸润到侧围外板和车顶外板连接处,在良好的外部环境中,使板件接合在一起。由于激光焊炬光束热量集中,焊缝窄,车顶外板受温度影响很小而没有发生热变形。

采用激光钎焊技术,可以减少工件连接之间的接合面宽度,降低了板材使用量,铜焊具有良好的密封性能,因此采用激光连续钎焊技术可以保证车顶的良好密封,省去了两侧橡胶密封条,车盖接缝处的美观性增强。

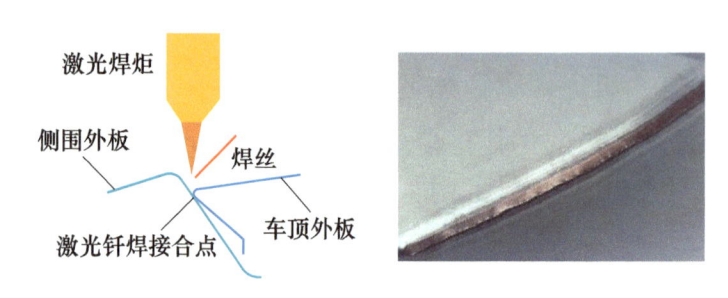

图 8-4-2 激光钎焊焊接车顶外板

对于原厂采用激光钎焊的车盖,汽车维修企业以前采用的电阻点焊和气体保护焊连接技术已无法适用,原因为:

1)因车顶与侧围搭接宽度很小,修理时无法实施电阻点焊或气体保护焊的塞焊。

2)电阻点焊或气体保护焊的塞焊产生热量过多,会使车顶盖变形。

3)激光钎焊焊接设备昂贵,汽车维修企业在维修时,通常采用粘接与铆接配合的接合工艺代替激光钎焊。

四、激光钎焊车顶外板更换

如果采用激光钎焊焊接的车身顶盖损坏,需对车顶盖进行更换,更换步骤如下:

1. 确定切割位置

激光钎焊焊缝位置如图 8-4-3 所示,切割位置相距焊缝位置 40~60mm。

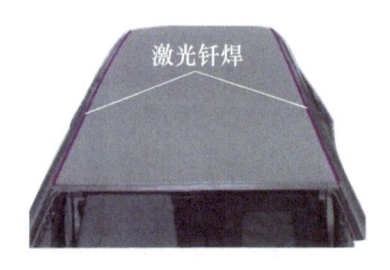

图 8-4-3 激光钎焊焊缝位置

2. 车顶板切割

用气动锯对车顶外板左右两侧进行切割，切割时注意不要切割到下层板件，如图8-4-4所示。

3. 焊点钻除

车顶前后横梁与车顶外板采用电阻点焊连接，用气动钻（最好是带钻除厚度调整的气动钻）将焊点去除，如图8-4-5所示。

图8-4-4　车顶板切割　　　图8-4-5　焊点钻除

4. 分离焊点连接点

将切割后的车顶外板从车身上拿下。由于顶板面板很重，需要另一技师协助完成该步骤。

5. 残余车顶外板去除

先用铁皮剪刀将残余在车身上的车顶外板剪成若干段，然后依次用平口夹钳夹住残余外板的根部来回摆动，将所有外板从车身上除下，如图8-4-6所示。

图8-4-6　残余车顶外板去除

6. 焊缝打磨

用打磨机对车身上的激光钎焊焊缝进行打磨，直至将钎料完全打磨干净，漏出钢铁的银色光泽，打磨后效果如图 8-4-7 所示。

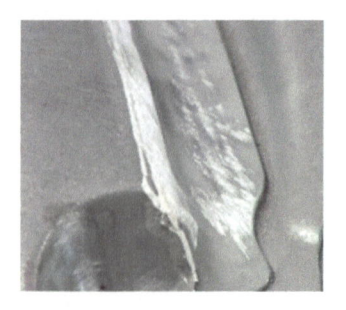

图 8-4-7　焊缝打磨后效果

7. 新板件定位

将新顶盖面板安装到车身上夹紧就位。检查是否对齐，如没有对齐，则调整并再次检查。在车身上钻定位孔并安装定位销，后用记号笔进行铆接标记。

8. 新板件安装前处理

抬下车顶板，对车顶板与车身连接部位进行打磨和清洁，然后再在附近相邻位置贴保护胶带纸。

9. 打胶

用气动打胶枪对车顶板和车身连接部位进行打胶，需采用获得车企品牌认可的胶，如图 8-4-8 所示。正式打胶前，应在擦拭纸上将胶嘴中失效的双组分胶挤出废弃，如图 8-4-9 所示。

图 8-4-8　打胶　　图 8-4-9　废弃失效的双组分胶

10. 新板件安装

将车顶板再次安装到车身上，调整位置并在定位孔上安装定位销，用大力钳夹紧车身，清除所有多余的双组分胶。

11. 新板件接合

用绷带固定车顶板并施加一定压力保持，先对车顶前横梁用电阻点焊焊接，再对车顶外板两侧进行打孔铆接，如图8-4-10所示。

图8-4-10 电阻点焊和铆接

12. 密封防腐

对所有敞开或暴露的面板接头进行正确的密封，并对所有受维修影响的区域进行防腐蚀处理。

任务五 连续成型旋接

连续成型旋接又叫热熔式自攻螺钉连接，也称为热钻孔、流式钻孔、成形钻孔或摩擦搅拌钻孔，简称为FDS连接，是采用摩擦热将板件连接在一起的技术。使用合适的压力将旋转的自攻螺钉应用到部件上，由于产生的摩擦热较多，材料将变软而有延展性。在流钻过程中，部分材料首先会向上逸出。但是，最大的零件会向前移动并形成一个套筒，其总长度可达初始材料厚度的3倍。连接工艺如图8-5-1所示。

图8-5-1 热熔式自攻螺钉连接工艺

采用这种连接方法时，通过自攻螺钉（图 8-5-2）的高速旋转加热软化待连接板材，之后再对螺钉施加一定压力将螺钉旋入工件，最终在板材与螺钉之间形成螺纹连接，而中心孔处的母材则被挤出并在下层板的底部形成一个环状套管达到连接的目的。因为不需要开孔，变形较小，可取代焊接，可以单面连接不同材质的板材，所以该技术目前被大量应用于全铝车身和钢铝混合车身。

图 8-5-2　自攻螺钉

自攻螺钉有两种尺寸，用于生产的尺寸为 M5×24mm，用于维修的尺寸为 M6×20mm。在维修中拆下 M5 自攻螺钉，必须将其更换为较大的新 M6 自攻螺钉。此连接方法可以使钢制和铝制薄板材高质量地组装在一起。

FDS 连接的主要优点是仅需要单侧进入即可操作，螺钉接头能够承受高拉拔力和高剪切力。

拆卸时使用电动工具或手动工具拧出 M5 自攻螺钉，使用工业真空清洁器，清洁该区域并去除碎屑。

安装时将新的 M6 自攻螺钉放置到原来的位置中，拧入螺钉，直至达到要求的力矩为止。

任务六　摩擦焊接

摩擦焊接是用于将两种材料连接在一起的工序。摩擦焊接会产生热量，这是在压缩过程中将一个部件抵靠在另一个不同部件转动产生的，如图 8-6-1 所示。

图 8-6-1　摩擦焊接

车身上的摩擦焊接主要分为两种类型：摩擦搅拌焊和摩擦元件焊。

摩擦搅拌焊（图 8-6-2）是一种用于将多块金属连接在一起的技术。焊接时将两层需要焊接的板件叠加在一起，上下用凸模和平台压紧，通过凸模的快速旋转产生摩擦热，将叠加的板件熔化冷却后连接在一起。摩擦搅拌焊的一个优点是质量不会增加，这对于重量是一个重要考虑因素的汽车行业，该技术是理想之选。

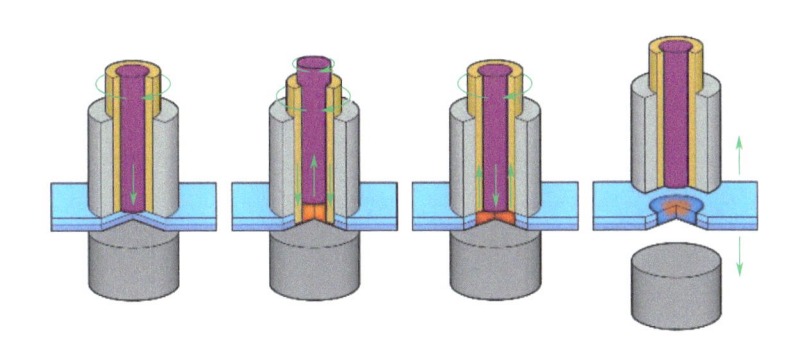

图 8-6-2　摩擦搅拌焊

摩擦元件焊（图 8-6-3）是一种用于将叠加的异种金属板材连接在一起的技术。在焊接过程中，将一个摩擦元件穿过顶部的非铁板材，并将其摩擦焊接到底部板材上。当两层板材由于异种而无法通过摩擦搅拌焊连接在一起时，这种方法很有用，但其缺点是会增加质量。

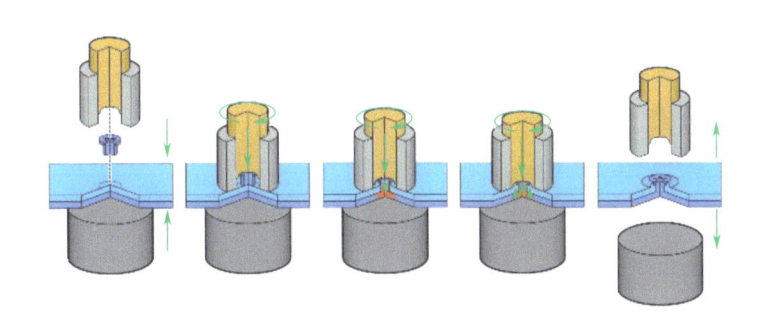

图 8-6-3　摩擦元件焊

对于摩擦搅拌焊焊点拆卸，需要用钻头去除完整直径的搅拌焊焊点，类似于汽车点焊焊点去除。对于摩擦元件焊焊点去除，需使用带式砂光机或钻机去除摩擦元件头，并确保底层没有受到损坏。

目前摩擦焊接仅在汽车车身的制造过程中使用，不能应用于车身维修。

项目九 车身冷接合技术

项目描述

由于在接合过程中不产生热量，车身冷接合技术在现代汽车车身上得到了广泛的应用，主要应用在铝合金车身、非金属车身、钢铁车身的热敏感部件、不同材质板件的连接上，主要包括折边连接、胶粘连接、盲铆接、冲压铆接、连续成型铆接、无铆钉连接。

知识链接

一、折边连接简介

将外板延伸至内板边缘之外的部分向后折回到内板的下方产生重叠接合，并且将所述边缘相互挤压，该连接方式被称为折边或卷边连接，如图 9-0-1 所示。为了将水分阻隔在板件空隙之外并且防止腐蚀，在外板的边缘和内板的相邻表面之间需要密封，折边连接通常与胶粘连接配合使用，内板和外板的间隙中需涂抹密封胶，如图 9-0-2 所示。

图 9-0-1 折边连接　　图 9-0-2 折边连接与胶粘连接配合使用

在车身中，折边连接存在于两个板彼此接合的多个位置处，如发动机舱盖（图 9-0-3）、车门（图 9-0-4）和行李舱盖。

在某些高端品牌的复合材料车身上，甚至车身立柱上也采用折边连接，将铝合金外板、热成型超高强度钢加强板和超高强度钢内板通过折边连接方式接合在一起，如图 9-0-5 所示。为了防止三种材料因热胀冷缩系数不同而不能紧密地接合，在外板铝合金等间隔上设计了凹坑结构，如图 9-0-6 所示。

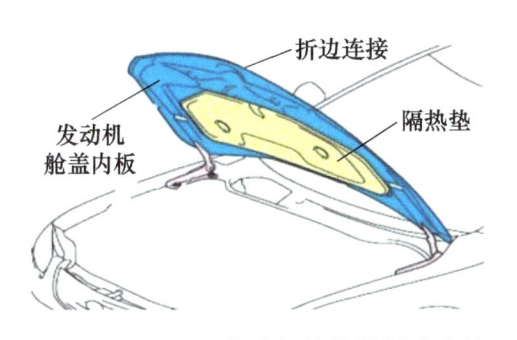

图 9-0-3 发动机舱盖的折边连接

图 9-0-4 车门的折边连接

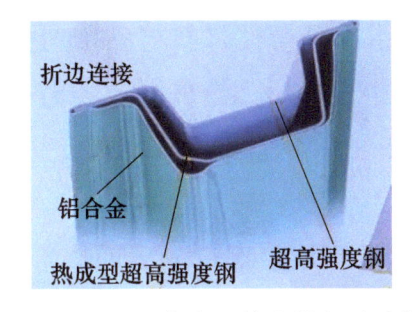

图 9-0-5 车身立柱上的折边连接

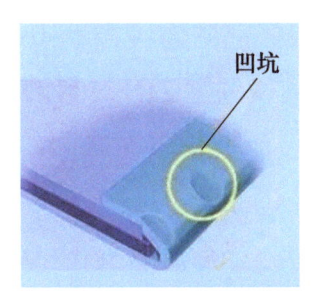

图 9-0-6 凹坑结构

二、胶粘连接简介

在采用新材料和应用新技术制成的新型汽车车身上，胶粘连接在车身上所占比例逐步提高。胶粘连接可以代替某些钣件的点焊、电弧焊等传统工艺，实现无法焊接的金属与非金属或不同金属板件连接，从而优化了生产工艺。

史海探幽

人类使用胶粘连接，可以追溯到远古时代。从考古发掘中发现，远在 6000 年前，人类就用水和土调和起来，作为胶黏剂，把石头等固体粘结成生活用具。我国是发现和使用胶粘技术最早的国家。远古时代就有黄帝煮胶的故事，一些古代书籍就有关于胶黏剂制造和使用的踪迹，北魏贾思勰的著作《齐民要术·煮胶》记载："煮胶要用二月、三月、十月，馀月则不成"，足以证明我国使用胶黏剂的历史之悠久。

1. 胶粘连接的原理

两块不同材料的板件或相同材料的板件都可以采用胶粘连接进行接合。粘接力的大小取决于黏附力和黏合力，其数值不是等于黏附力和黏合力的和，而是黏附力和黏合力的最小者，如图9-0-7所示。

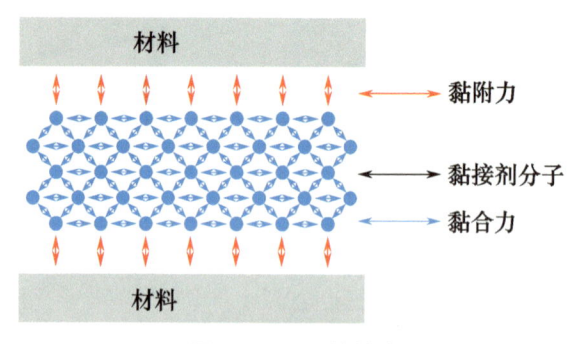

图9-0-7　粘接力

（1）黏附力　黏附力（图9-0-8）指的是板件材料与黏接剂分子之间的力，包括附着力（黏接剂渗透在材料的空隙中固化后因镶嵌形成的力）、分子间的作用力（黏接剂与被粘接表面之间的吸引力）和化学键力（黏接剂与粘接表面之间的化学键产生的力）。

（2）黏合力　黏合力（图9-0-9）指的是胶黏剂分子间内部相互吸引接合的力。

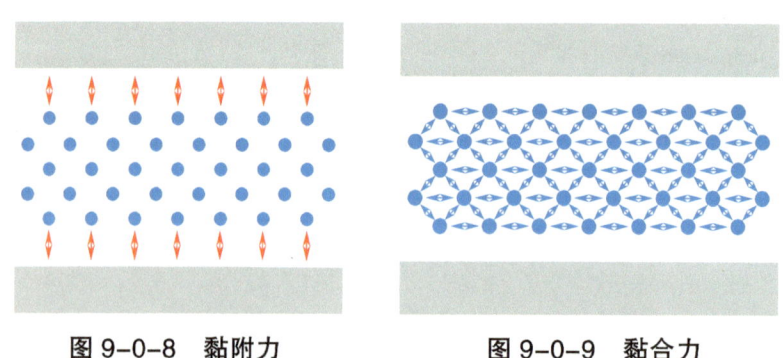

图9-0-8　黏附力　　　　图9-0-9　黏合力

胶粘和铆接在车身上一般情况下都是互相配合使用。结构黏合胶能抵抗拉伸负荷（图9-0-10）和剪切负荷（图9-0-11），不能有效承受剥离负荷（图9-0-12），而铆钉却可以有效承受剥离负荷，合用两种不同的接合技术，则可使板件承受负荷的能力大幅提升。

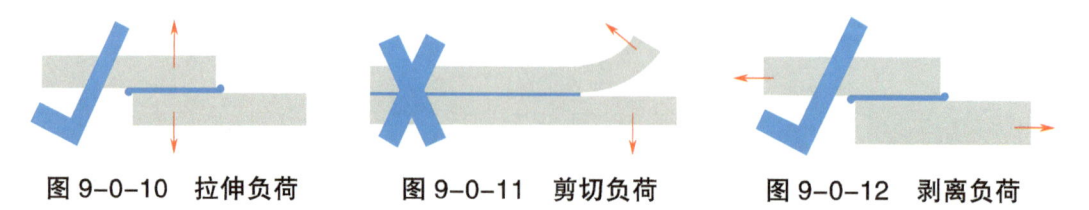

图9-0-10　拉伸负荷　　　图9-0-11　剪切负荷　　　图9-0-12　剥离负荷

2. 胶粘连接注意事项

（1）板面粗糙度　粘接表面应具有适当的板面粗糙度（图 9-0-13），同时固体表面应具有一定吸附性。应采用适当型号的砂纸进行板件表面打磨，一般采用 150~180 号砂纸。

另一种有效增加板件表面附着力的方法是采用火焰喷枪和液体耦合剂对板件表面进行处理，使其产生火焰涂层，所需使用的工具和耗材如图 9-0-14 所示。处理前不得使用砂轮或砂纸打磨粘接面，磨削会过多地消耗材料，严重削弱接合的强度，导致安全问题。

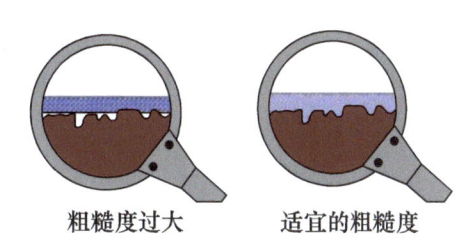

粗糙度过大　　适宜的粗糙度

图 9-0-13　板面粗糙度

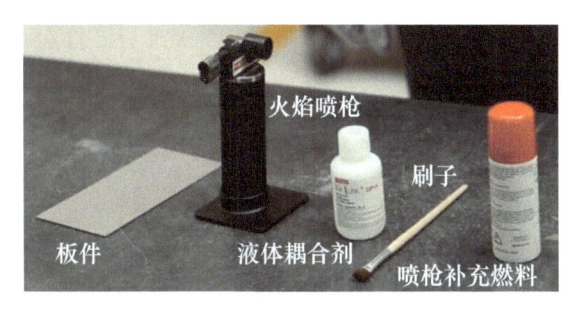

图 9-0-14　火焰涂层使用的工具和耗材

利用火焰喷枪喷射的氧化焰明火，在两个粘接接触面上前后移动，每平方厘米至少停留 2~3s，如图 9-0-15 所示。这样可以使接触表面形成 20~40nm 厚的不可见火焰涂层，此流程使铝变成"非晶质"，可以形成更好更大的表面附着力。在氧化焰对所有接触粘接面进行处理后铝片仍然热时，用刷子涂抹液体耦合剂，这也可以极大地改善粘接面的附着力，如图 9-0-16 所示。

图 9-0-15　氧化焰明火加热　　图 9-0-16　涂抹液体耦合剂

（2）板件上的污染　板件上的污染分为液体污染和固体污染，如图 9-0-17 所示。油脂、指纹、污水等液体会阻碍胶和板件接合；板件上的灰尘、粉尘、纤维的固体会减少胶粘的接触面积，影响胶的黏性。

图 9-0-17　板件上的污染

（3）对板件施加压力　对板件施加压力应适中，使结构黏合胶更容易充满被粘接表面上的坑洞中，从而迅速进入深孔和毛细孔，减小粘接缺陷，同时也会促进粘接表面上的空气溢出，减小粘接区的气孔；压力过小结构胶不能进入毛细孔和排出空气，造成粘接缺陷；压力过大则会把结构胶从板件之间挤出，同样产生粘接缺陷，如图 9-0-18 所示。

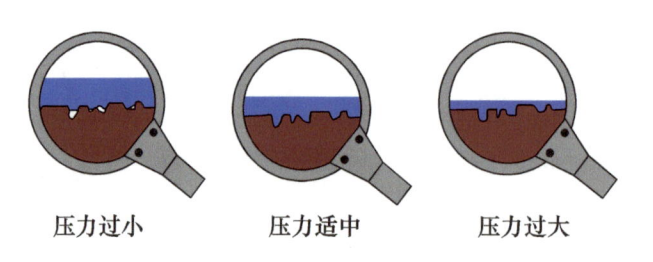

图 9-0-18　对板件施加压力

3. 密封胶

汽车上用的胶除了胶粘连接的结构胶外，还有在汽车的降噪减振、密封防锈和隔声隔热等方面起重要作用的密封胶，如图 9-0-19 所示。

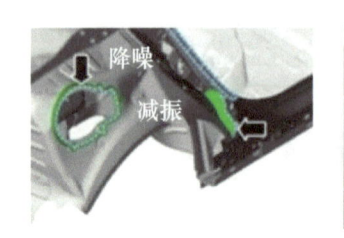

图 9-0-19　密封胶

三、盲铆接简介

最早的铆钉是木制或骨制的小栓钉，毫无疑问，它们是人类已知金属连接最古老的方法，可以追溯到最初使用可锻金属。

当板件可以两侧进入时，接合紧固件的选择众多，但如果板件只有一侧可以进入，则接合紧固件的选择余地大为缩小。尤其是接合不同金属或金属与非金属材料时，采用盲铆钉进行板件接合的盲铆接（BSF）就是非常好的选择之一。

说文解字：铆

铆 mǎo，繁体为鉚（卯为铆的本字）。①敲打或冲压（如金属销、棒或螺栓的）端部或尖端使镦粗成头。②集中全力（例句：我得铆点劲儿干，把耽误人家的工夫给补上）。

组词：铆工、铆接、铆钉、铆钉枪、铆劲、铁钉铁铆。

1. 盲铆钉

盲铆钉（图9-0-20）也被称为抽芯铆钉或拉铆钉，英文叫"blind rivet"，直译就是"盲铆钉"。盲铆钉出现之前的铆钉（即实心铆钉），需要用锤头之类的工具，从板件的两侧同时操作。而抽芯铆钉发明以后，从板件的一侧就可以进行"盲"操作，因此，发明人怀特就将其命名为"blind rivet"，即盲铆接。

1916年，当英国飞机制造公司的怀特第一次取得可以单面铆接的盲铆钉专利时，人们几乎没有料到这种铆钉会应用得这样广泛。现在从航天航空到汽车轮船、从办公机器到日常用品、从电子产品到运动场设备，各种尺寸的盲铆钉都得到了非常广泛的应用。

盲铆钉的结构（图9-0-21）包括钉杆、套管和铆钉头。钉杆包括钉杆头部、钉杆尾部两部分。钉杆上预设断裂处，当受到预设拉力时，此处最先断裂。

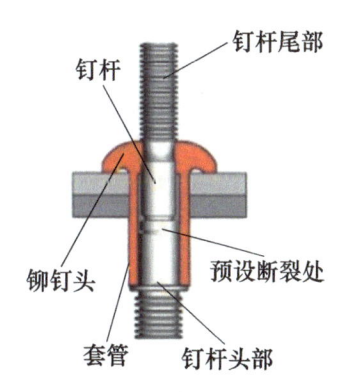

图 9-0-20　盲铆钉　　图 9-0-21　盲铆钉的结构

盲铆钉按照铆钉头的形式分为突头铆钉（图9-0-22）和沉头铆钉（图9-0-23）两种。突头铆钉广泛用于建筑、汽车、船舶、飞机、机器、电器、家具等产品上。沉头抽芯拉钉适用于表面要求平滑的铆接场合。

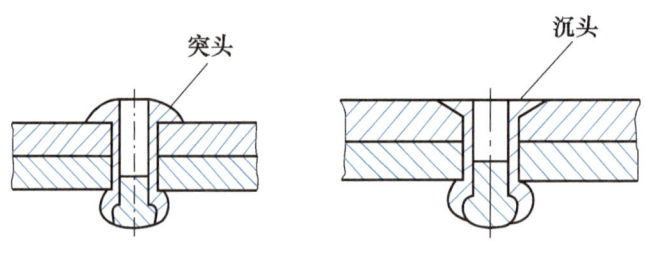

图 9-0-22　突头铆钉　　　图 9-0-23　沉头铆钉

盲铆接使用的铆枪包括气动铆钉枪（图 9-0-24）和手动铆钉枪（图 9-0-25），在车身维修中，通常采用气动铆钉枪进行盲铆接。

图 9-0-24　气动铆钉枪　　　图 9-0-25　手动铆钉枪

车身维修中使用的盲铆钉通常直径为 6.5mm 和 4.2mm，铆接结构件通常采用直径为 6.5mm 的铆钉，铆接覆盖件通常采用直径为 4.2mm 的铆钉，如图 9-0-26 所示。

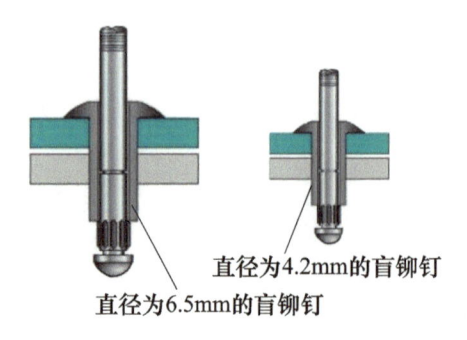

图 9-0-26　直径为 6.5mm 和 4.2mm 的盲铆钉

2. 盲铆接接合原理

盲铆钉的剪切强度由钉杆和套管的剪切强度相加而得，剪切强度沿着连接件间的剪切线产生。盲铆钉的拉伸强度与锁紧螺栓不同，盲铆钉会通过尾部变形或套管扩张在盲端一侧形成一个夹紧的锁扣，套管和锁扣会防止铆钉沿中线失效。

（1）变形　铆钉枪铆接过程中套管受到挤压，引起它向外变形鼓起。这个鼓起的部分紧紧压在被连接的材料上。一旦钉杆永久地锁到位，钉杆尾部就会被拉断，完成整个过程，如图9-0-27所示。

（2）扩张　拉动钉杆尾部，将钉杆头部拉入套管中，这样套管的扩张会形成一个紧压住被连接材料的贴合面，如图9-0-28所示。

注意：在实际使用中，盲铆钉的预紧力会根据铆钉枪拉力应用状况的不同而变化。

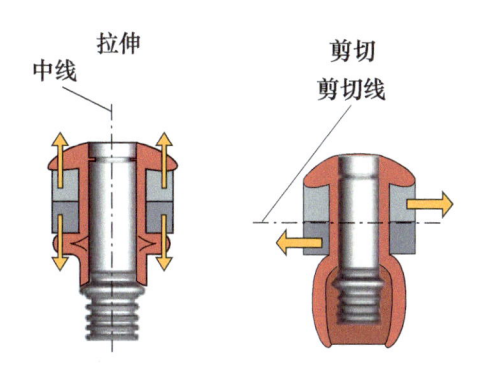

图9-0-27　变形　　图9-0-28　扩张

盲铆钉接合的过程如图9-0-29所示。

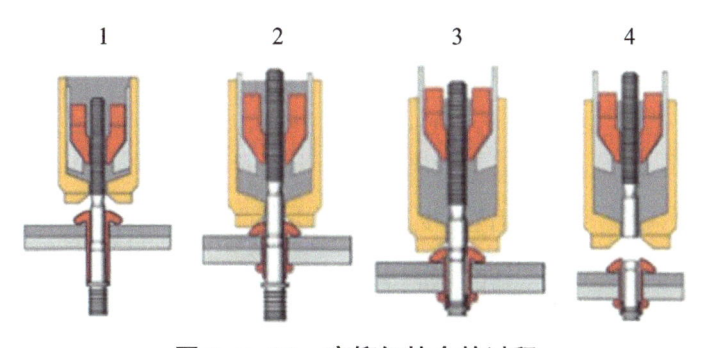

图9-0-29　盲铆钉接合的过程

1）盲铆钉安装进钻好的孔（孔的直径稍大于铆钉直径1~2mm）中，铆钉枪头部妥当套在并顶住铆钉钉杆尾部。

2）启动铆钉枪，盲铆钉盲端一侧（即板件背面）开始变形。

3）连接处锁紧，板件背面（盲端）锁环形成。

4）钉杆尾部断开，连接完成。

3. 盲铆接在汽车车身上的应用

铆接广泛应用在全铝车身或钢铝混合材料车身上，有些汽车品牌的全铝车身，全身上下都找不到焊点和焊缝。

由于铝合金材料对热较敏感，如果使用传统焊接工艺连接车身部件，会存在材料强度下降的问题，而且由于受热非常容易变形，车身安装尺寸精度也不易控制。因此，铝合金车身不使用焊接工艺，以铆接来代替点焊，并且以胶粘工艺来提高各部件的连接强度，同时胶粘工艺还提升了车身的密封性。

但是在原厂车身上应用最多的是冲压铆接，盲铆接应用非常少，仅应用在不能进行冲压铆接的部位（不能接触到板件背面的部位），图 9-0-30 和图 9-0-31 为盲铆接在原厂车身立柱和车身前纵梁上的应用。

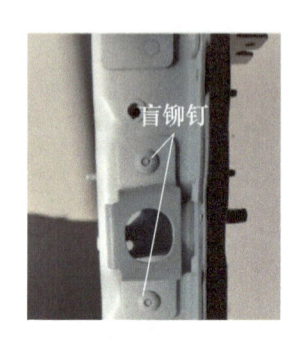

图 9-0-30　车身立柱上的盲铆钉　　图 9-0-31　车身前纵梁上的盲铆钉

在维修企业，盲铆接得到了广泛的应用，很多原厂的冲压铆接在维修企业都用盲铆接代替，究其原因是原厂与维修企业冲压铆接设备在功能和尺寸上的差异造成的。

（1）盲铆接在更换车身顶盖的应用　如图 9-0-32 所示，原厂车身顶盖上由 49 个冲压铆钉接合。在对车身顶盖进行更换时，维修企业的冲压铆接设备不能同时进入板件两侧，故采用盲铆钉代替接合。顶盖两侧各采用 14 个盲铆钉接合，后窗框凸缘采用 2 个盲铆钉接合，如图 9-0-33 所示。

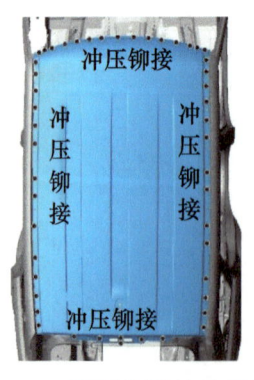

图 9-0-32　原厂车顶的冲压铆接　　图 9-0-33　维修企业车顶的盲铆接

（2）盲铆接在更换 B 柱外板的应用　如图 9-0-34 所示，原厂 B 柱外板上共有 63 个冲压铆钉，其中立柱前凸缘 29 个，后凸缘 28 个，门槛板位置 6 个。立柱前后凸缘的铆钉，冲压铆枪可以两侧进入，维修时用冲压铆钉接合。而门槛板上的 6 个铆钉，需在合适位置钻孔，用盲铆钉代替，如图 9-0-35 所示。

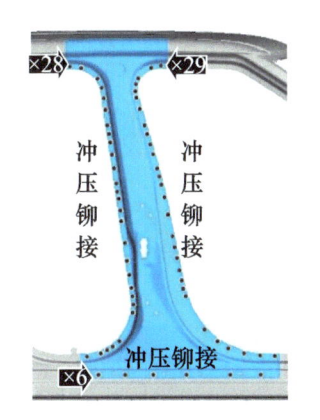

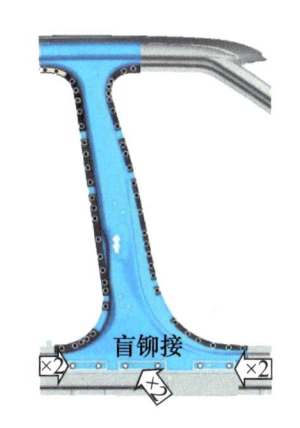

图 9-0-34　原厂立柱的冲压铆接　　图 9-0-35　原厂立柱上的盲铆接

四、冲压铆接简介

冲压铆接（Self Piercing Riveting，SPR）是铆钉在一定的压力作用下以一定速度穿入 2 层或多层板材形成铆钉与板材互锁的一种冷接合技术，也称作自攻铆接、自冲铆接、自刺穿铆接、锁铆。SPR 不仅适于同种材料之间的连接，而且能够实现铝-镁、铝-钢、镁-钢、铝合金/镁合金/高强度钢等金属材料或金属材料与非金属材料的双层和多层连接，如图 9-0-36 所示。

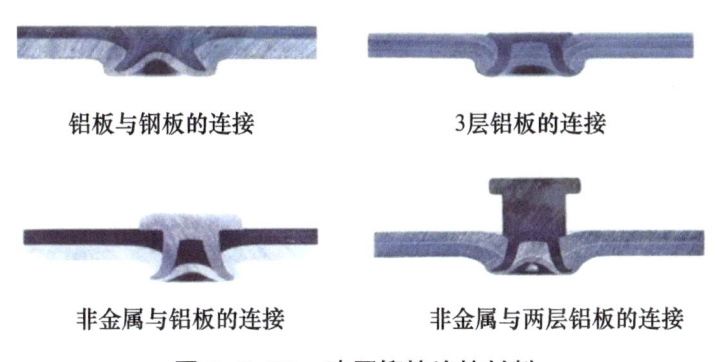

图 9-0-36　冲压铆接连接材料

车身上冲压铆接可以实现快速冷加工接合，铆接过程低能耗，无热效应，不会破坏涂层，安装之前不需要钻孔，并且可以实现 100% 自动化生产，如

图 9-0-37 所示。相比电阻点焊工艺，冲压铆接能增加 30% 的强度，所以在铝合金车身或钢铝混合车身上得到了广泛应用，如图 9-0-38 所示。

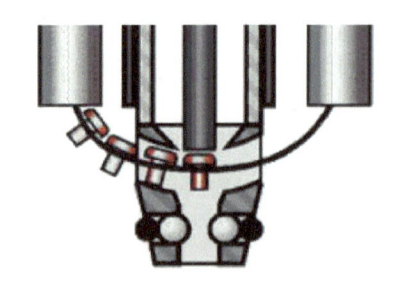

图 9-0-37　冲压铆接自动化生产　　图 9-0-38　车身上的冲压铆接

1. 冲压铆接的特点

（1）冲压铆接的优点

1）应用范围广，材料属性不同的、有镀层的及很难用焊接方法连接的材料都可以进行铆接。

2）连接强度高，用冲压铆接方法对铝及高强度钢材进行铆接，铆接牢靠性要比点焊好。

3）铆接质量稳定，比较容易达到牢固、一致的铆接质量。

4）铆接过程环保，无烟雾。

5）能耗少，比焊接消耗能量少得多。

6）生产效率高，铆接过程比较容易实现自动化。由于它无须钻孔，无须人工装配铆钉，机器仅需要 2s 即可自动完成装钉→压入→铆接的全过程。

（2）冲压铆接的缺点

1）铆接时，在板件背面出现突出的"铆扣"，不够平齐。

2）在进行冲压铆接时，必须可以同时接触到板件的两侧（一侧是冲头，一侧是模具），而不能进行单面铆接。

3）与电阻点焊相比，冲压铆接使用铆钉，会使质量增加。

2. 冲压铆接的过程

在冲压铆接过程中，铆枪的压紧模具、底部模具、冲头紧密配合，将冲压铆钉压入板件实现铆接，不会产生热变形，无飞溅，无须循环水冷却，整个过程无任何污染物产生，如图 9-0-39 所示。

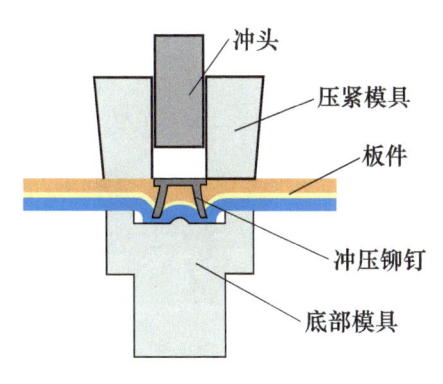

图 9-0-39　冲压铆接过程

冲压铆接过程包括定位、夹紧、送钉、刺穿、变形、成型六个步骤，如图 9-0-40 所示。

定位 → 夹紧 → 送钉 → 刺穿 → 变形 → 成型

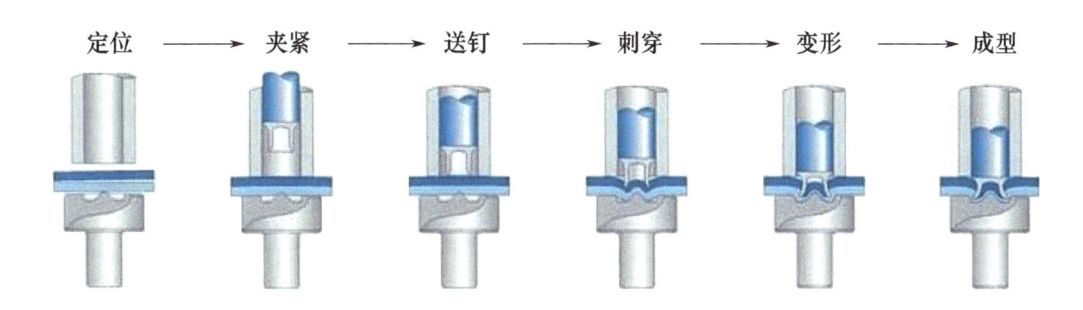

图 9-0-40　冲压铆接的六个步骤

在铆接过程中，影响铆接质量的因素包括铆钉的质量与尺寸、底部模具的定位、冲头压力与位移、预压紧力等，如图 9-0-41 所示。

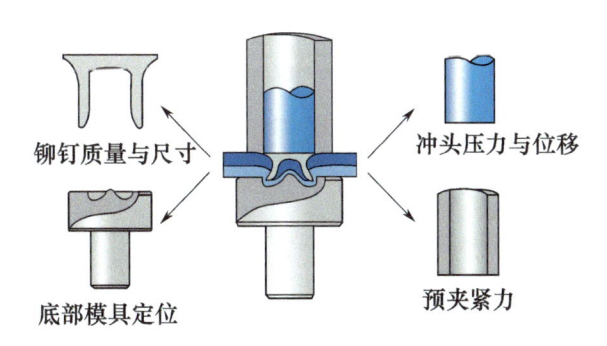

图 9-0-41　影响铆接质量的因素

敢想敢说

如图 9-0-42 所示，这是一种在原厂有一定应用但尚未在维修企业应用的接合工艺——实心冲压铆接，想一想在车身上如何区分实心冲压铆接与冲压铆接，并与你的同学讨论。

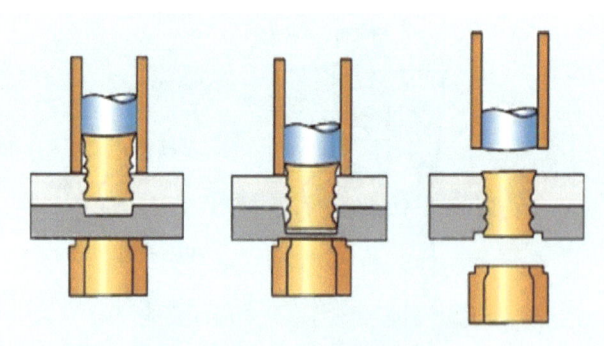

图 9-0-42　实心冲压铆接

3. 冲压铆接在汽车上的应用

冲压铆接已广泛应用于奥迪、奔驰、宝马、捷豹等公司铝合金车身的制造和维修。通常铆接同结构胶一起运用，以增大静态剪切力和剥离力，铆接 + 结构胶的剪切力远大于点焊。

汽车轻量化的关键是减重，减重可从选材和结构设计入手。从材料的角度而言，铝、镁、钛合金及碳纤维复合材料无疑比碳钢具有更大优势。而当先进的钢铝混合材料运用于车身时，无论对减重还是提升车身整体弯扭刚度都具有重要意义。

然而钢和铝的物理特性相差甚远，用电阻点焊技术无法解决。铝合金熔点低，但其表面氧化物熔点高且极易形成，铝合金导热性比碳钢高，铝合金的电阻率是碳钢的三分之一，所以在铝制车身或钢铝混合车身中，主要采用了冲压铆接工艺。

（1）冲压铆接在汽车制造企业（原厂）的应用　冲压铆接在铝制车身或钢铝混合车身上的应用非常广泛，其地位类似于电阻点焊工艺在钢制车身上的应用，被广泛应用于前纵梁、减振器支座、门槛板、车身底板、前立柱、中柱、后侧围、车顶、发动机罩、行李舱盖等几乎任何车身部位。图 9-0-43 所示为冲压铆接在减振器支座和门槛板的应用，图 9-0-44 所示为冲压铆接在前立柱和中柱的应用。

图 9-0-43　冲压铆接在减振器支座和门槛板的应用

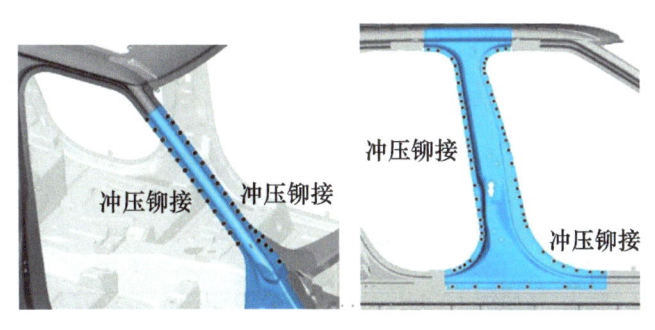

图 9-0-44　冲压铆接在前立柱和中柱的应用

（2）冲压铆接在售后维修企业的应用　在原厂使用冲压铆接的位置，维修时应采用冲压铆接，除非当工具的检修受限、无法使用工具或板件上的空间不足时，才可将冲压铆接更换为盲铆接（BSF），如图 9-0-45 所示。

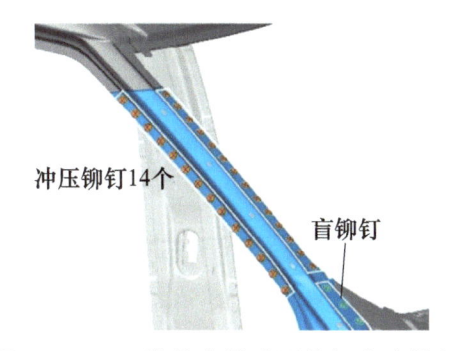

图 9-0-45　维修中的冲压铆钉和盲铆钉

新铆钉应安装在原铆钉位置附近但不在中心位置，以便为以后的维修保留位置。对于任何后续更换，应遵循相同的流程进行操作。

①售后维修冲压铆钉的位置。为确保结构的完整性，在结构件维修中更换原厂铆钉时，一定要遵循车间维修手册。

售后维修的冲压铆钉应尽可能靠近原厂铆钉。在固定更换板件的第一个位置时，应确保尽可能靠近原厂冲压铆钉的固定位置，并与原厂冲压铆钉保持一定距离，该距离应确保售后维修的冲压铆钉不会受到原厂冲压铆钉的影响，如图 9-0-46 所示。其他的售后冲压铆钉也按照相同的流程处理。

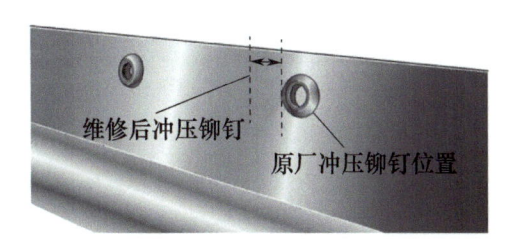

图 9-0-46　维修后冲压铆钉的位置

②售后维修使用的冲压铆钉。售后维修与原厂生产中在安装铆钉前都不需要在铝面板上钻孔。合适的冲压铆钉的类型取决于板件的组合厚度和所需的安装力，冲压铆钉涵盖各种厚度尺寸。铆钉的宽度为 4.8mm，长度介于 5~11mm 之间，如图 9-0-47 所示。

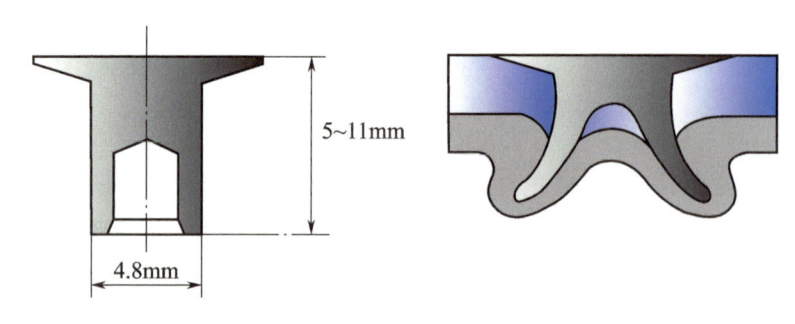

图 9-0-47　售后维修使用的冲压铆钉

为便于安装，售后维修冲压铆钉应与车身原厂装配的铆钉具有相同的倒角刺，可以复制原厂接头。冲压铆接过程中铆钉与工件表面之间会形成一个空腔，封闭在空腔内的空气会被压出，从而形成一个至接合部位的通道，水可能进入其内。为避免这一点，所有铆接部位都用防腐蚀保护剂（聚氯乙烯）进行密封。一旦将铆钉安装到面板组件中，即应将腐蚀保护剂涂抹在铆钉的两边，防止水与空气进入，发生电化学腐蚀。冲压铆钉上的倒角刺与保护剂如图 9-0-48 所示。

所有的冲压铆钉必须有一层锡/锌（30∶70）合金涂层，隔绝钢制冲压铆钉和铝合金板件，防止电化学腐蚀（图 9-0-49）发生，并在冲孔和铆接操作时充当润滑剂。

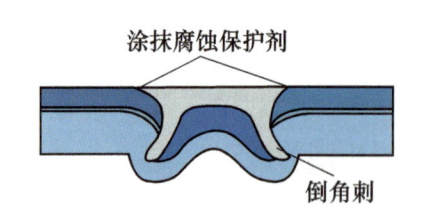

图 9-0-48　冲压铆钉上的倒角刺与保护剂　　图 9-0-49　电化学腐蚀

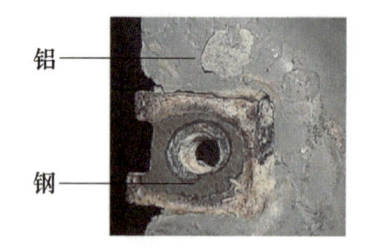

科学探索：电化学腐蚀

探索一下，电化学腐蚀的原理是什么？在生活中你看到过电化学腐蚀吗？

任务一　折边连接

当车门外板因撞击严重变形，或车门有较大面积锈蚀时，则应采取更换外板的方法（如无车门外板配件，则更换车门总成）。其更换步骤如下：

1）在拆卸车门之前，检查车门变形情况，之后将车门从门框上拆卸下来。

2）用砂轮机打磨外板边缘的转角处，但不能打磨到内板上，仅需磨掉外缘使其断开即可，如图 9-1-1 所示。

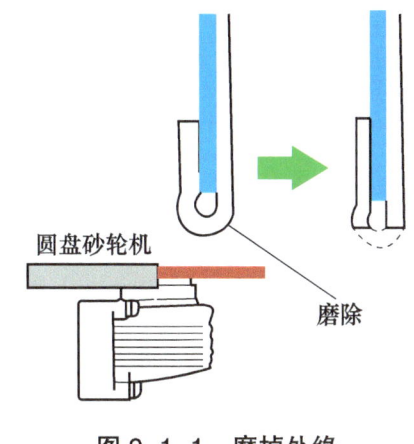

图 9-1-1　磨掉外缘

3）用手锤和錾子将外板与内门板分离，如不能顺利分开，需用热风枪加热密封胶使其软化再分离，如图 9-1-2 所示。

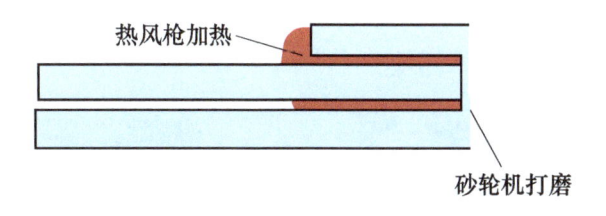

图 9-1-2　热风枪加热密封胶

4）检查内板损伤情况，并用手锤、垫铁配合整平内板折边的凹凸部位。

5）在折边前先涂抹车身密封胶到折边处的内侧，再将外钢板的边缘向内弯折，平贴至内钢板上，以提升其防水性和强度，将外板用大力钳按要求位置固定到内门板上。

6）对外门板边缘处进行折边。用手锤和垫铁、折边钳进行折边，操作中应注意避免划伤外板，折边连接过程如图 9-1-3 所示。

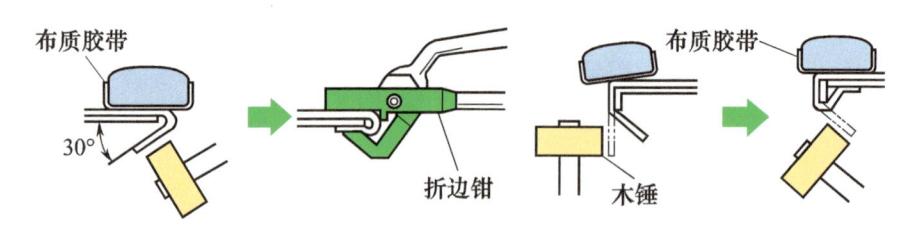

图 9-1-3　折边连接过程

7）操作结束后进行 4S 管理。

任务二　胶粘连接

旧板件的胶粘分离与新板件的胶粘连接操作步骤如下：

1）对胶粘连接的旧板件，可以采用扁铲和手锤对胶粘连接处进行分离，如果分离困难，可以采用热风枪对连接处加热使胶软化再进行分离，如图 9-2-1 所示。

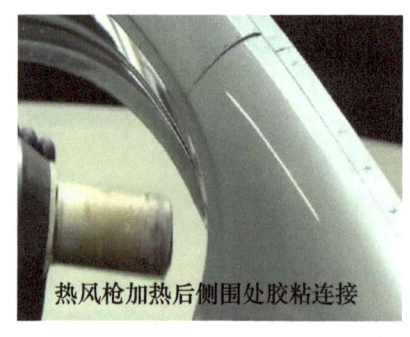

2）清除旧板件粘接区域原有黏合剂和底漆，如图 9-2-2 所示。清除新板件涂层底漆和油漆，清除时使用无纺布 150~180 粒度的砂纸打磨粘合面露出板件金属面，如图 9-2-3 所示。采用无纺布砂纸的原因是防止纤维固体污染。

图 9-2-1　热风枪加热

图 9-2-2　清除旧板件上的黏合剂和底漆 　　图 9-2-3　露出金属面的新板件

3）用浸有异丙醇或丙酮的无纺布对板件表面进行清洁，干燥时间为 15min。对于结构性板件的胶粘清洁度要求非常高，需要在清洁后进行清洁度检查，使

用粉红色的清洁检测液喷射到粘接接触面。如图9-2-4所示，检测液呈水膜状，则清洁完成；检测液呈水滴状，则再次清洁。

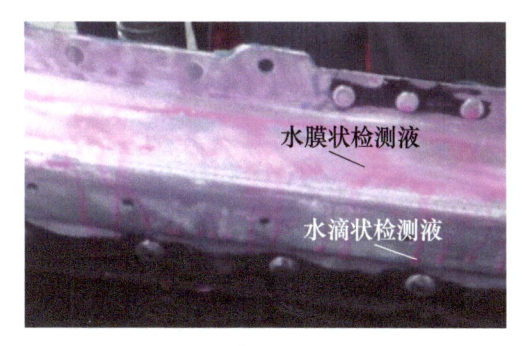

图 9-2-4　水膜状和水滴状检测液

4）打胶工具和耗材是汽车品牌认可的打胶枪（打胶枪分为手动式和气动式）、双组分胶及一次性胶嘴，如图9-2-5所示。在胶嘴中混合双组分胶，将最初挤出的10~20cm胶废弃，如图9-2-6所示。

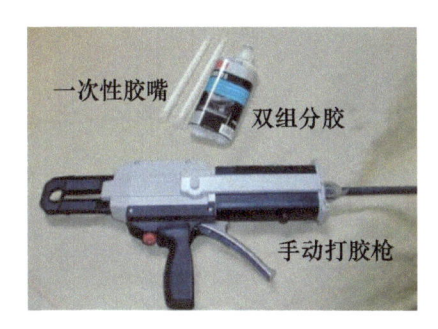

图 9-2-5　打胶工具和耗材　　图 9-2-6　胶的废弃

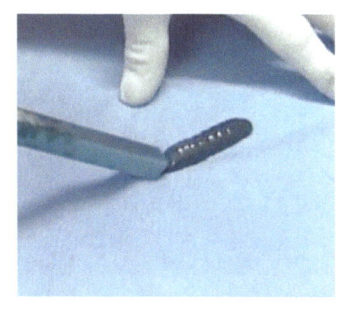

5）在两个需粘接的板件内表面上涂抹双组分胶，将胶涂在所有裸露的表面上。胶枪可以走直线（图9-2-7）和Z字形（图9-2-8），胶枪速度不宜太快和太慢，应保证涂胶厚度为5 mm左右。整个涂胶处理在23℃时应在1h内完成（不同的胶处理时间有所不同）。

图 9-2-7　直线打胶　　图 9-2-8　Z字形打胶

6）用绷带将胶粘的板件固定并夹紧，可用木块调整胶粘压力的大小，夹紧时间不小于 4h（不同的胶夹紧时间有所不同），如图 9-2-9 所示。黏合胶层最大厚度为 1mm，擦除多余的胶，并清洁可见表面。

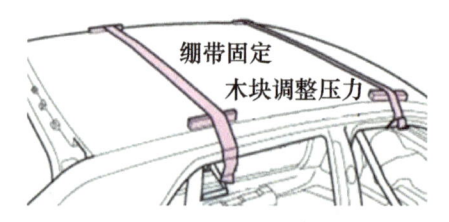

图 9-2-9　胶粘板件的固定压力调整

7）采用电阻点焊（图 9-2-10）和盲铆接（图 9-2-11）对接合面进行进一步处理。将汽车放在平坦地方并保持胶粘压力 24~48h，待胶固化（固化时间的长短与胶的种类和固化温度有关）。

图 9-2-10　电阻点焊　　图 9-2-11　盲铆接

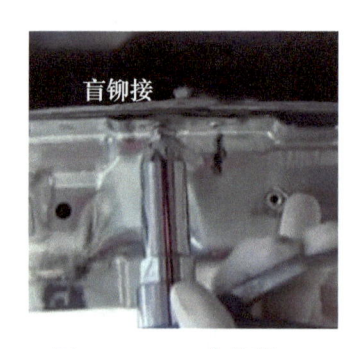

8）操作完毕后进行 4S 管理。

任务三　盲铆接

一、盲铆钉的安装与拆除

1. 安装

1）调整新板件的安装位置，使边缘、两端、筋线处于正确位置，将新板件装配到位并夹持。用样冲在需要铆接的地方制造一个小凹陷，如图 9-3-1 所示。使用气动钻在凹陷处钻出比所安装铆钉直径大 0.1~0.3mm 的固定孔，钻一个孔应放入一个铆钉以防止跑偏，如图 9-3-2 所示。

第三部分 技能提升成新锐——车身中损伤修理篇 | 153

图 9-3-1 样冲制造小凹陷　　图 9-3-2 气动钻钻孔

2）钻完后取下新板件，使用砂带打磨机清除所有板件上的毛刺，如图 9-3-3 所示。为了防止纤维固体污染，需更换无纺布砂带（图 9-3-4）。对板件接合面进行打磨，如图 9-3-5 所示。

图 9-3-3 打磨毛刺　　图 9-3-4 更换无纺布砂带　　图 9-3-5 打磨接合面

3）因铆接一般与胶粘连接配合使用，所以需要使用清洁剂和擦拭纸对板件接合面进行清洁，如图 9-3-6 所示。随后使用粉红色的清洁检测剂检测板面清洁度，直到表面清洁剂呈现水膜状，如图 9-3-7 所示。

图 9-3-6 接合面清洁　　图 9-3-7 清洁度检测

4）使用气动打胶枪呈 Z 字形在板件接合面打双组分蓝胶（图 9-3-8），用刮胶板将蓝胶刮平（图 9-3-9）。需要注意的是，在板件的两端边缘 10mm 范围内不要打胶和刮胶，因该处要进行对接缝的焊接，会烧蚀蓝胶。

图 9-3-8　打双组分蓝胶　　　图 9-3-9　刮平的蓝胶

5）将板件安装到位，将所有盲铆钉套筒插入事先钻的孔内（图 9-3-10）。随后逐一将铆钉钉杆尾部插入气动铆钉枪枪管，保证铆钉枪垂直于板件并轻轻施加压力，按下触发器开关则会拉紧孔中的铆钉，达到预定拉力后，铆钉钉杆预设断裂处断开，废弃的钉杆尾部将被弹入铆钉枪中，铆接完成，如图 9-3-11 所示。

图 9-3-10　安装铆钉到孔内　　　图 9-3-11　盲铆钉铆接

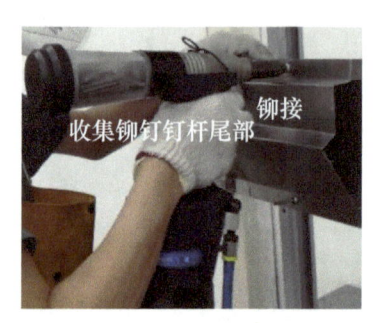

2. 拆卸分离

盲铆钉在车身上通常和结构胶配合使用，常见于铝车身或钢铝混合车身曾经维修过的部位。在分离盲铆钉时需首先查阅维修手册，根据维修手册指示进行规范作业。

最常见的分离方法是以合适的冲头或废弃的铆钉钉杆冲掉铆钉中间的钉杆部分，然后以钻头或砂带打磨机去除铆钉突头部分，并清除所有碎屑，如图 9-3-12 所示。

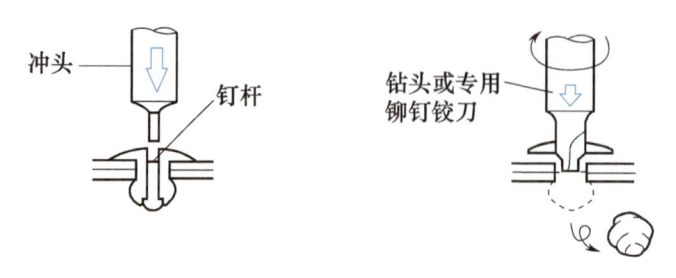

图 9-3-12　盲铆钉分离

需要特别注意的是，由于盲铆钉的单面可接触性，在拆卸完成后一定要取出所有被拆卸下的铆钉部分，如果遗漏在车身空腔内部，可能会造成严重的异响问题。

二、盲铆接缺陷分析

盲铆接技术操作简单，不必像 MIG 和 MAG 焊接一样需要经长期的训练才能掌握，只要按照要求的工艺流程就可以得到较好的铆接质量。但这并不意味着在铆接时不会存在质量问题，没有一丝不苟、精益求精的精神，同样会产生铆接缺陷。盲铆接主要缺陷包括板件之间存在缝隙、铆钉与板件之间存在缝隙、拉铆不到位、板件产生裂纹等。

1. 板件之间存在缝隙

该缺陷使铆接不能有效地抵抗剪切力，在剪切力作用下板件错位，铆钉失效，如图 9-3-13 所示。产生的主要原因是：

1）铆接时两层板件没有夹紧。
2）铆接时铆钉枪对板件施加压力过小。
3）选择铆钉过长。

2. 铆钉与板件之间存在缝隙

该缺陷使铆钉倾斜于板件，套管和锁扣不能防止铆钉沿中线的失效，铆接强度降低，如图 9-3-14 所示。产生的主要原因是铆接铆钉枪不垂直于板件、板件上毛刺未打磨干净等。

图 9-3-13 板件之间存在缝隙　　图 9-3-14 铆钉与板件之间存在缝隙

3. 拉铆不到位

该缺陷同样使铆接强度降低，产生的主要原因是选择铆钉过短、铆钉预设断裂拉力过小，如图 9-3-15 所示。

4. 板件产生裂纹

该缺陷是铆钉的锁扣对板件挤压过大，使板件产生裂纹，如图 9-3-16 所示。产生的主要原因是板件安装方向不正确或选择铆钉过短。

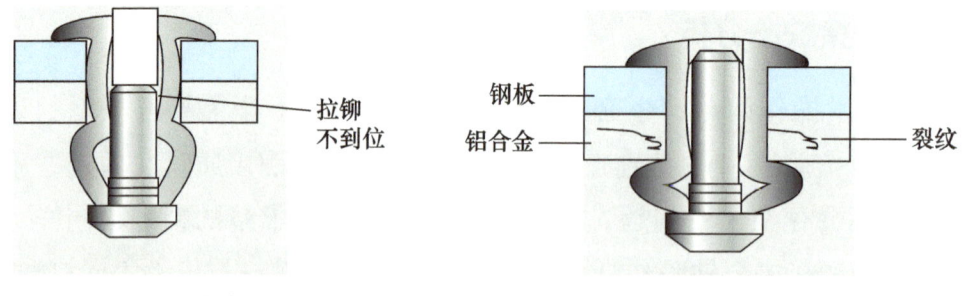

图 9-3-15　拉铆不到位

图 9-3-16　板件产生裂纹

任务四　冲压铆接

一、冲压铆钉的安装

需要使用冲压铆钉枪安装冲压铆钉，常用的冲压铆钉枪为电动冲压铆钉枪和气动冲压铆钉枪，下面以电动冲压铆钉枪 ESN50 为例（图 9-4-1），介绍铆钉的安装。

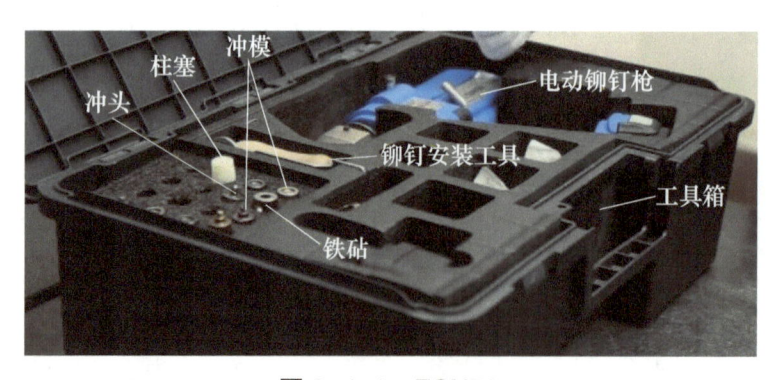

图 9-4-1　ESN50

1. 电源检查

需要对 ESN50 的电源进行检查，其采用 12V 直流电池，可安装约 300 个 SPR，如电池电量不足，应更换新电池，并将旧电池充电备用。安装过程大约需要 3~5s。达到设定的力后，活塞将缩回到其停止位置。

2. C 形架选择安装

ESN50 配有两种类型的 C 形架，深度分别为 35mm 和 200mm。应根据板件的空间选择合适的 C 形架，使用最多的是 35mm C 形架，如图 9-4-2 所示。

3. 铆接参数调节

1）铆钉信息查询。铆钉的长度与板件的厚度是相关联的，铆钉越长，可以接合的板件厚度越大。在车身维修手册上，会标明维修处的铆钉的型号，如图 9-4-3 所示。

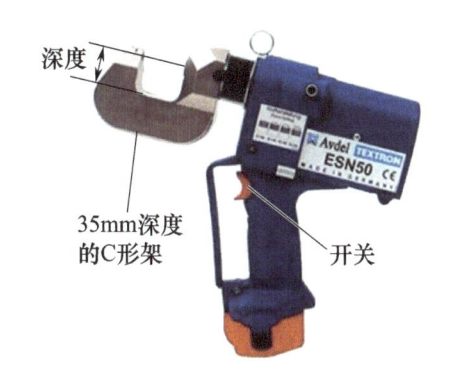

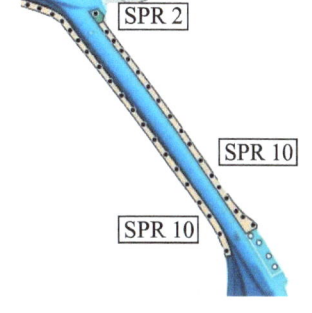

图 9-4-2　35mm C 形架　　图 9-4-3　车身维修手册上的铆钉型号

然后应查阅铆钉型号表（表 9-4-1），查出该型号铆钉的长度、压力和选择的冲模。不能想当然地认为铆钉有 5mm 长，就一定适合 5mm 或以下厚度的板间连接。

表 9-4-1　铆钉型号表

铆钉型号	铆钉长度 /mm	压力 /kN	冲模
1a	5	25	平底
1b	5	30	平底
2	5	45	尖底
3a	6	25	平底
3b	6	30	平底
4a	6.5	35	尖底
4b	6.5	30	平底
4c	6.5	30	尖底
5a	7	30	平底

（续）

铆钉型号	铆钉长度/mm	压力/kN	冲模
5b	7	40	尖底
5c	7	35	平底
5d	7	50	平底
5e	7	40	平底
6	7	50	平底
7a	8	50	平底
7b	8	45	尖底
7c	8	35	平底
7d	8	45	平底
7e	8	50	尖底
8a	8	40	平底
8b	8	50	平底
9	9	50	平底
10	9	50	平底

2）铆接压力调节。根据查询的铆接压力进行压力调节。ESN50电动液压系统将冲压铆钉（SPR）安装到铝板上，压力范围为20~50kN，活塞行程长度为29mm，如图9-4-4所示。铆接压力的设定非常重要，它是该类型铆钉的认可压力。

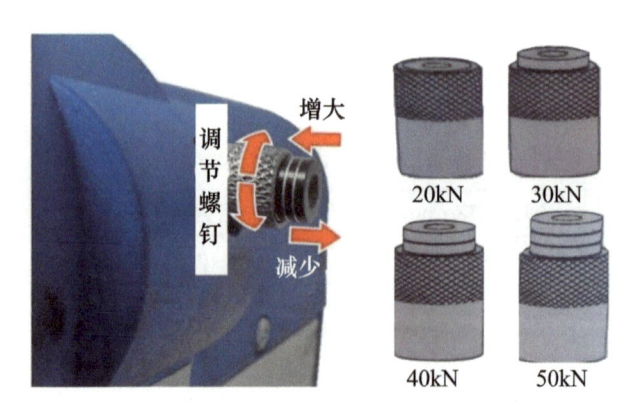

图9-4-4 铆接压力调节

4. 冲模选用与安装

ESN50配备平底（图9-4-5）和尖底（图9-4-6）两个冲模。操控安装工具时，如果铆钉或材料未就位，将会损坏冲模工具。

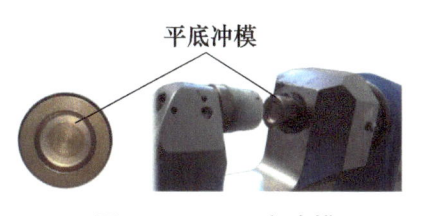

图 9-4-5 平底冲模　　　　图 9-4-6 尖底冲模

使用两种不同的冲模，冲出的铆钉背面形状会有所差异，如图 9-4-7 所示。

5. 柱塞安装

柱塞用来保持自攻铆钉在安装前插入正确的位置，应正确安装到铆钉枪上，如图 9-4-8 所示。

图 9-4-7 冲压铆接板件正面和背面的形状　　　　图 9-4-8 柱塞安装

6. 安装冲压铆钉到柱塞

ESN50 一次只能安装一个冲压铆钉，应使用专用工具将铆钉装入柱塞内，不应使用手指安装，以避免受伤，如图 9-4-9 所示。

图 9-4-9 安装冲压铆钉到柱塞

7. 试铆接

在进行冲压铆接之前，先在废弃材料上执行试铆接以获得正确的压力设置，如图 9-4-10 所示。

8. 正式铆接

将工具与铆钉位置对齐，并按下开关，此工具会

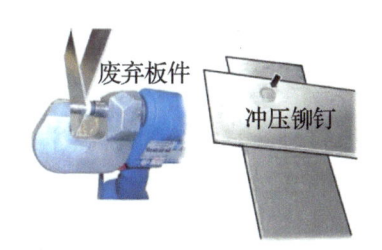

图 9-4-10 试铆接

将自身夹紧到工件上,然后进行铆接,如图9-4-11所示。

🔧 **注意**:在铆钉未就位时启动工具可能会损坏铆钉冲模。

二、冲压铆钉的拆除

1. 可以两侧进入板件的铆钉拆除

图 9-4-11　正式铆接

1)冲出铆钉。在可以两侧进入的板件上,可以使用冲压铆钉枪冲出铆钉,将柱塞和铁砧定位在板件上,冲头对准板件背面铆钉,并按下开关,使冲头作用于板件铆钉,并从面板上将其卸下,如图9-4-12所示。铆钉枪可与更大C形架(200mm深度)配合使用,以增大工作范围。

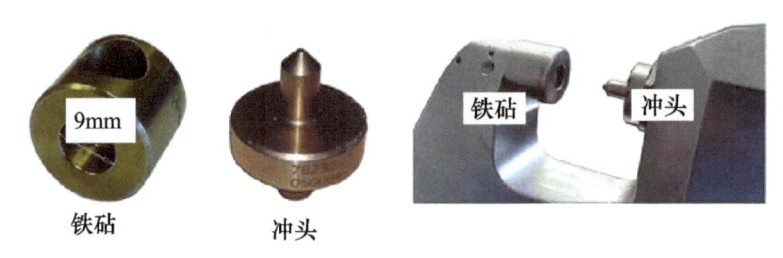

图 9-4-12　冲压铆钉枪冲出铆钉

2)磨除铆钉。如没有铆钉枪工具,也可以在板件上对铆钉进行打磨,然后用样冲从背面冲掉并取下铆钉,如图9-4-13所示。

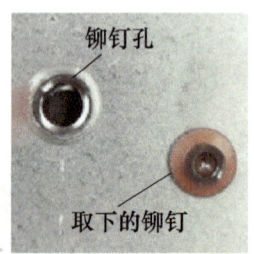

图 9-4-13　磨除铆钉

2. 无法两侧进入板件的铆钉拆除

在无法两侧进入的地方,使用专用的5.3mm钻头钻除铆钉,并清除残留物和所有碎屑。也可以使用类似铝介子机的专用设备在铆钉表面上焊接不锈钢螺杆,如图9-4-14所示。然后使用专用气动拉铆枪将其拉出,拉出的铆钉如图9-4-15所示。

图 9-4-14　焊接不锈钢螺杆　　　图 9-4-15　拉出的冲压铆钉

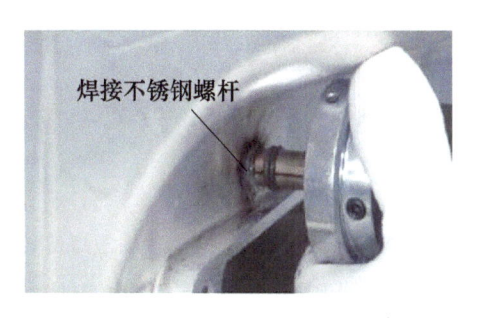

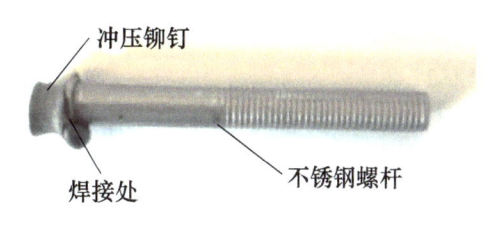

明察秋毫：观察图 9-4-16，探索冲压铆接的缺陷

铆钉基本与板件平齐就表示铆接良好吗？实则不然，冲压铆接质量检测包括非破坏性检测和破坏性检测，非破坏性检测主要是目视检查（包括裂纹和偏移检查），破坏性检测为金相检查（包括板件与板件的间隙和铆钉与板件的间隙）。

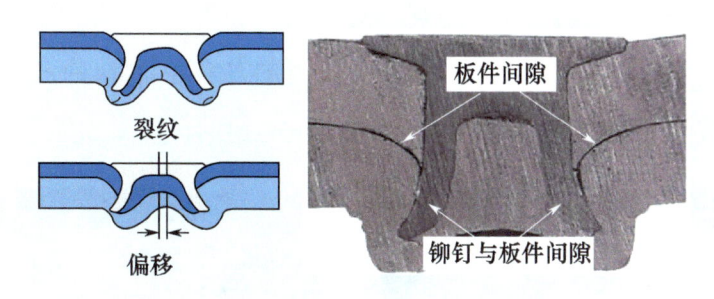

图 9-4-16　冲压铆接的缺陷

任务五　连续成型铆接

连续成型铆接又叫流式铆接（FFR），可以替代冲压铆接（SPR）和盲铆接（BSF）。

1. 连续成型铆接使用范围的确认

在以下情况使用连续成型铆接（FFR）：

1）在维修过程中，因安装冲压铆钉需要与原铆钉有一定距离，在有些部位没有足够的空间安装冲压铆钉。

2）该部位又要求铆钉不能高于板件表面，BSF 不适用。仅可以在维修手册指定的位置安装FFR。

FFR的优点包括可实现多层、多种材料堆叠组合，板件两侧都有超薄接头，可以在原连接位置重复连接。FFR使用的铆钉如图9-5-1所示。

未压缩的铆钉　　　　压缩成型的铆钉

图9-5-1　FFR使用的铆钉

2. 铆钉拆卸

使用带式砂光机除去FFR的铆钉头，去除铆钉头后，用4mm样冲冲出紧固件的中心，并去除所有不需要的材料。如果在维修过程中需要拆卸FFR，并且需要重复连接，应确保孔径完好无损，对齐新面板并完成检查。

当需要拆卸SPR并在原位置安装FFR时，必须在拆卸之后先压平板件，将铆枪工具连接到面板表面，将板件SPR铆扣压平，如图9-5-2所示。

3. 铆钉安装

将新面板对齐到位并完成检查。操作铆枪工具，该工具推动冲孔模穿过孔和新面板，以形成用于FFR的定型孔，如图9-5-3所示。

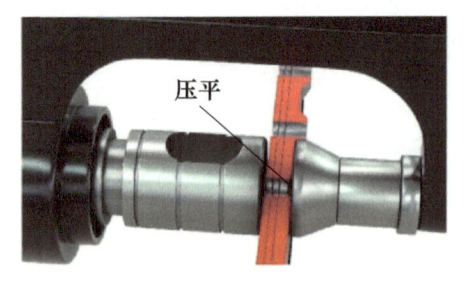

图9-5-2　压平

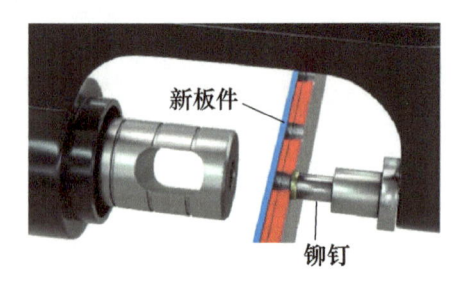

图9-5-3　形成定型孔

将冲模安装到工具的C形架中，操控工具，进行FFR压缩成型，如图9-5-4所示。铆接完毕的板件如图9-5-5所示。

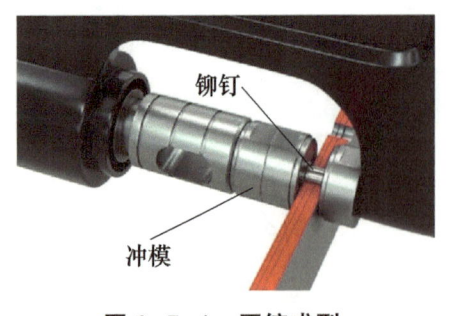

图9-5-4　压缩成型

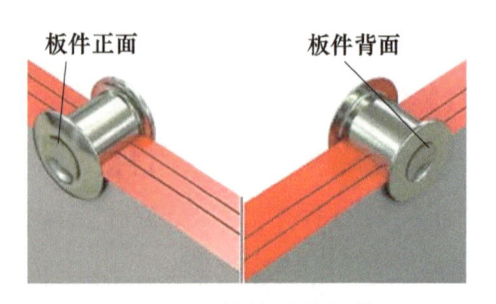

图9-5-5　铆接后的板件

敢想敢说

想一想，连续成型铆接与冲压铆接形状、用途的区别在哪里？并与同学们讨论。

任务六　无铆钉连接

无铆钉连接是一种新型的金属板材连接技术。该技术起源于20世纪80年代末，由德国的TOX公司率先研发成功，因此也称其为"TOX连接"技术。相对于传统的连接技术（点焊等），无铆钉连接技术在节能减排、疲劳强度等方面具有显著优势。

无铆钉连接（图9-6-1）又叫压合，它利用板材压接机和专用连接模具，通过一个瞬间强高压加工过程，依据板件本身材料的冷挤压变形，形成一个具有一定抗拉力和抗剪强度的无应力集中的内部镶嵌圆点或矩形点，即可将不同材质、不同厚度的两层或多层板件连接起来。

图9-6-1　无铆钉连接

1. 连接过程

无铆钉连接过程（图9-6-2）包括压紧、压接、锁住、完成四个步骤。凸模首先与上层板件接触，材料在上模的压力下，开始往凹模内拉伸变形，同时凹模的活动部分向外张开，以使金属板件充分地在凹模的型腔内变形，形成一个紧密的连接点，然后凸模返程，凹模的活动部分在弹簧力的作用下回到原始位置。

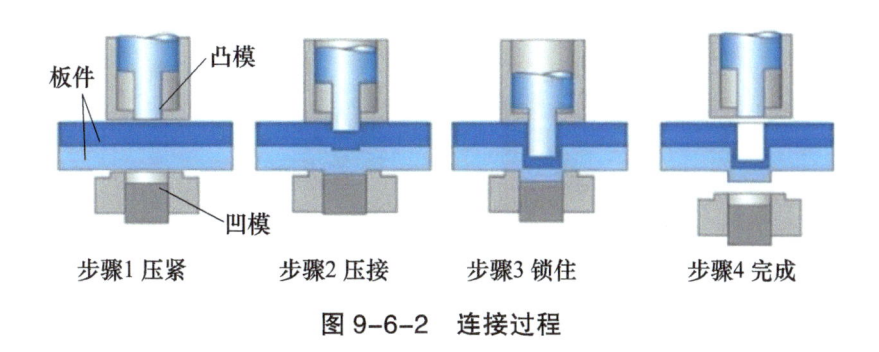

步骤1 压紧　　步骤2 压接　　步骤3 锁住　　步骤4 完成

图9-6-2　连接过程

1）压紧：压紧准备连接的钣金件。

2）压接：凸模把钣金件压入凹模内，当钣金件碰到凹模底部时开始变形扩展。

3）锁住：当钣金件不能再向下变形扩展时，它们就会挤压凹模底部，并开始向两侧变形扩展，从而在凹模侧板材上形成连接点。

4）完成：连接点形成后，凹模与凸模会返回原来位置。

2. 优点

1）没有原料消耗，不需要辅助材料。

2）超越了金属材质局限和厚度局限。

3）可以形成圆点和矩形点连接。

4）连接区域没有热应力。

5）不会损伤工件表面的保护层。

6）不需要预先或事后处理，允许有夹层和多层连接。

7）工作环境好，没有灰尘、毒烟排放，没有噪声。

8）操作简单、消耗低、维修费少。

3. 在汽车上的应用

无铆钉连接适合于钢板、铝板及非金属夹层的连接。使用无铆钉连接的典型零件有车顶窗、保险杠、排气管、油箱、制动器罩壳、车门、仪表框架、发动机支架、发动机舱盖、行李舱盖等。

敢想敢说

目前无铆钉连接仅在制造企业有一定应用，在维修企业尚无应用。图 9-6-3 为保时捷 Paramera 车身表面部件采用无铆钉连接与粘接。想一想维修时应该用什么方法拆卸此接合、用什么接合代替，并与同学讨论。

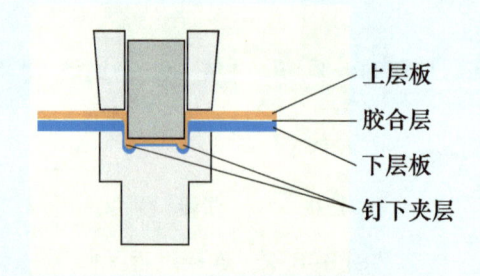

图 9-6-3　无铆钉连接与粘接

第四部分

技术精湛开新局——
车身大损伤修理篇

PART 04

项目十 车身测量技术

项目描述

没有调查就没有发言权，车身测量就是对车身损伤的调查研究。对于车身的大损伤，通过肉眼很难做出正确的判断，只有通过车身测量才可以准确地知道车身有没有损伤、车身损伤的部位在哪里、车身损伤的程度是多少，在维修前的定损评估、维修中的反复比对、维修后的质量检测中都需要进行车身测量。车身测量分为二维测量和三维测量，其中三维测量通常又包括超声波三维测量、激光三维测量和位移传感器三维测量。车身测量又可以分为通用测量和专用模具测量，还可分为机械测量和电子测量。通过车身测量可以有效减少维修企业与保险公司的业务纠纷，这正是"位移激光超声波，保险评估争议少"。

知识链接

车身机械零部件都是依据设计要求，直接或者间接装配在车身构件上，一旦发生碰撞变形，就会导致这些运动构件出现振动、噪声或者磨损，甚至失效，影响汽车使用性能的同时，也缩短了其使用寿命。因此，在事故车修理前，就需要通过测量，判断车身损伤程度，把握变形程度大小，从而确定修理方案；在修理过程中，通过不断测量，对维修工作加以检测，有效地控制修理质量；在修理结束后，还可以通过测量，为验收和质量评估提供可靠的数据。

一、车身二维测量简介

对于车身结构件轻微变形，车身二维测量可以快速测量出车身上测量点的位置数据，将测量结果和理想位置（未受损伤的车身参考点）进行比较，就可以确定车身所受损坏的范围、方向和程度，为车身的诊断和校正提供依据。

1. 常规车身测量工具

（1）卷尺 车身维修人员常用的基本测量工具有钢板尺和卷尺，这两种尺可以测量两个测量点之间的距离,将卷尺的前端进行加工后,再插入控制孔测量时,会使测量结果更为精确,如图10-0-1所示。如果各个测量点之间有障碍,将会使测量不准确,这就需要使用轨道式量规。

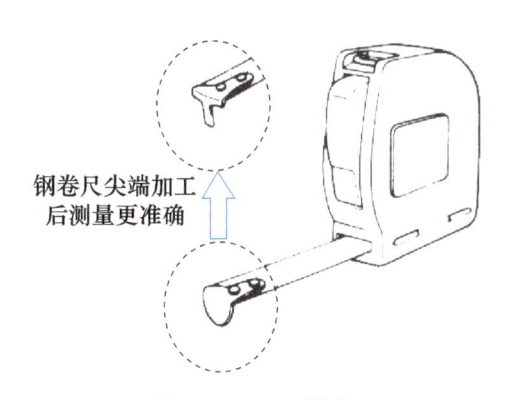

图 10-0-1　卷尺

(2)量规　量规主要有轨道式量规、中心量规和麦弗逊撑杆式中心量规等多种,其中应用最广泛的是轨道式量规。

轨道式量规又名伸缩尺,多用于测量点对点之间的距离。对于测量点之间有障碍物无法测得直线距离,或者两个测量点的投影距离,都可以使用轨道式量规进行测量(图10-0-2)。

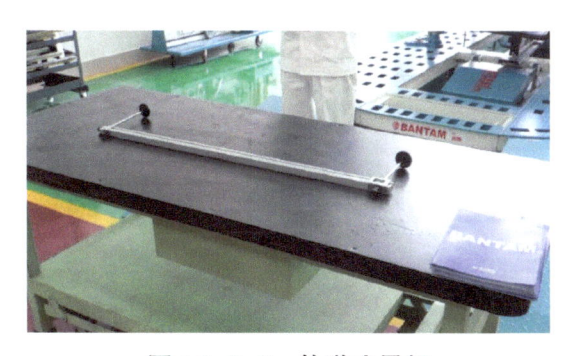

图 10-0-2　轨道式量规

2. 轨道式量规测量

使用轨道式量规进行车身二维测量时,测量头能自对中,测量精度高。

(1)轨道式量规测量的特点

1)一次只能测量一对测量点。

2)轨道式量规测量的最佳位置为悬架和机械元件上的焊点、测量孔等。

3)用轨道式量规还可以对车身下部和侧面尺寸进行测量。

4）小的碰撞损伤中，用这种方法既快速又有效。

（2）测量方法

1）同孔测量法（图10-0-3）。当测量孔的孔径相同时，可采用此方法。直接测量两个测量点孔中心到孔中心的距离。

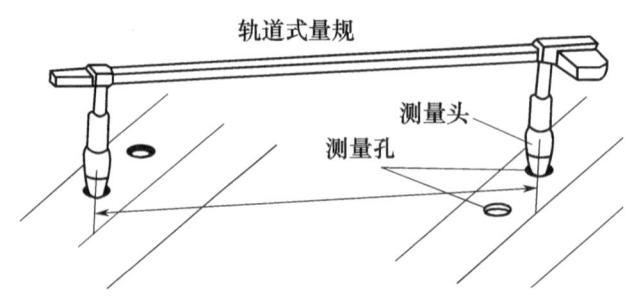

图10-0-3 同孔测量法

2）同缘测量法。当测量孔直径不相同时，可以使用同缘测量法，如图10-0-4所示；当测量孔较浅或测量孔太大，导致锥形测量头无法自对中时，也可以使用同缘测量法，如图10-0-5所示。

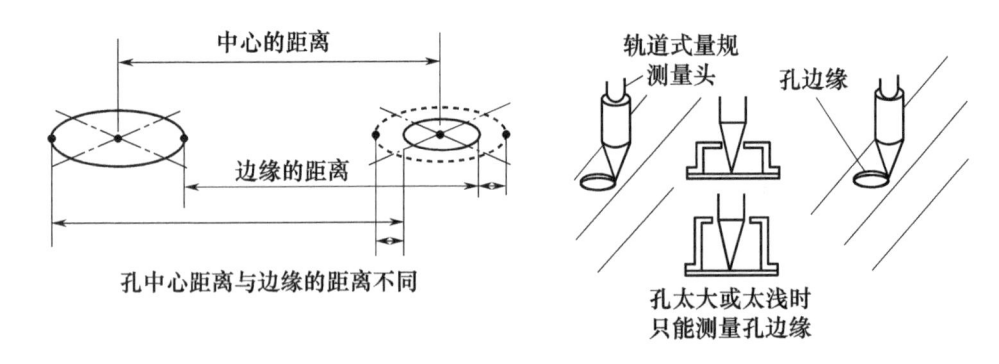

图10-0-4 测量孔直径不同

图10-0-5 测量孔太浅或太大

通过测量孔的内、外边缘距离，取平均值，就是孔中心距离 $D=(AA+BB)/2$，如图10-0-6所示。

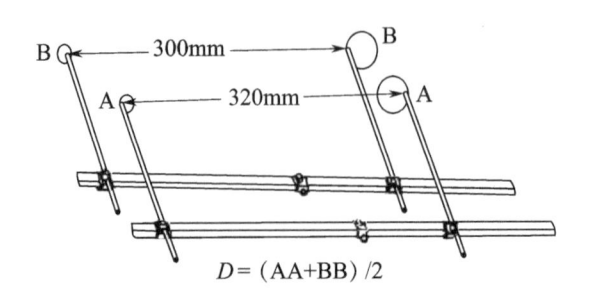

图10-0-6 孔中心距离

二、超声波电子测量系统简介

目前应用最广泛的一种电子测量系统是超声波电子测量系统,如图10-0-7所示。该系统存在以下诸多优点:操作简便、高效;测量稳定、准确;可以实现瞬时测量;测量精度高,误差可以达到 ±1mm 以内;适合车辆的预检、修理中测量和修理后检验等工作。

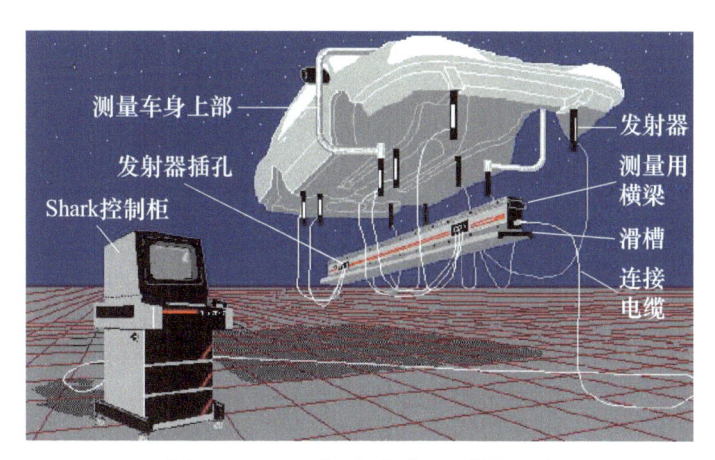

图 10-0-7　超声波电子测量系统

1. 超声波电子测量系统组成

(1)系统组成　该系统主要由 Shark 控制柜、测量用横梁(铝梁)、超声波发射器、连接电缆、车身测量附件等组成。

(2)车身测量附件

1)测量点安装量头。测量点安装量头(图10-0-8)主要包括 CH1、C20、C30、C75S 四种。CH1 卡盘是专为夹持车身螺母而设计的,使用时应注意在夹持螺母时夹持在螺母的面上;C20 和 C30 主要用于测量车身定位孔,自找中心,在测量较小的孔时 C30 可以代替 C20;C75S 圆锥用于测量无悬架状态下的减振器支座。

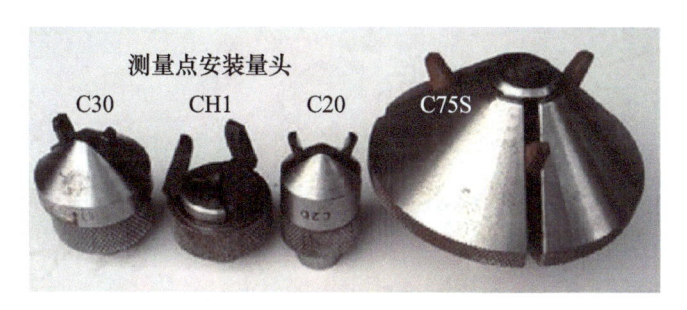

图 10-0-8　测量点安装量头

另外，如果测量点是螺栓孔，就需要用到螺栓孔安装量头（图 10-0-9），如 M12、M16F 等。在选择安装量头时，应注意区分粗细螺纹。

图 10-0-9　螺栓孔安装量头

2）加长杆。加长杆（图 10-0-10）按照长度不同主要分为 E25S、E50S、E100S、E200S、E400S 等几种，其中的数字表示加长杆的长度（mm），用于延伸测量点。

图 10-0-10　加长杆

3）量头转换器。量头转换器（图 10-0-11）用于转换测量点的方向，可将水平方向和向上的测量孔转换为方向向下，以便于安装加长杆或发射器。

图 10-0-11　量头转换器

（3）超声波发射器和接收器　超声波发射器（图 10-0-12）通过测量附件安装在车身测量点上，用于发射超声波。超声波发射器的上下两个部位各有一个超声波发射孔，用发射器连线将其连接到测量横梁的测量插孔中。超声波接收器位于测量横梁上，用于接收超声波，如图 10-0-13 所示。

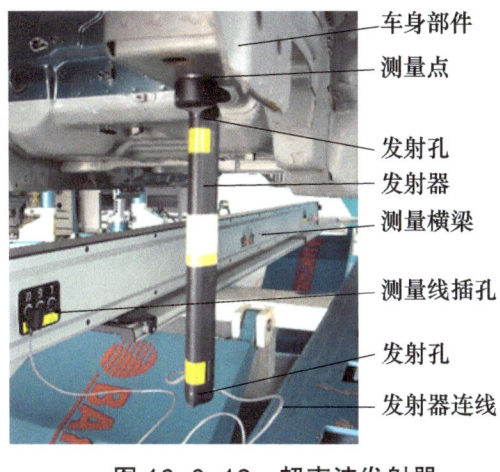

图 10-0-12　超声波发射器　　　　图 10-0-13　超声波接收器

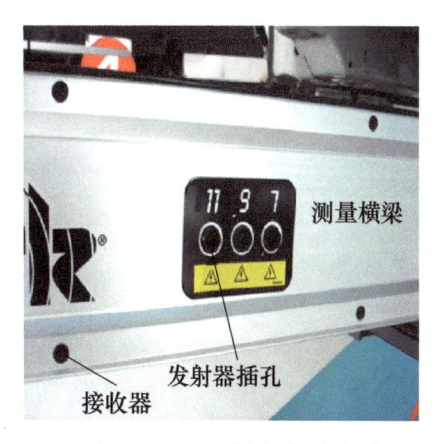

2. 测量原理

超声波发射器通过车身测量附件安装到车身某一构件的测量孔上。通过发射器发射超声波，在测量横梁的上下侧设有超声波接收器，接收到超声波信号后，接收器就可快速精确地测量声波在车辆上不同基准点之间传播所用的时间，计算机根据每个接收器的接收情况自动计算出每个测量点的三维数据，如图 10-0-14 所示。

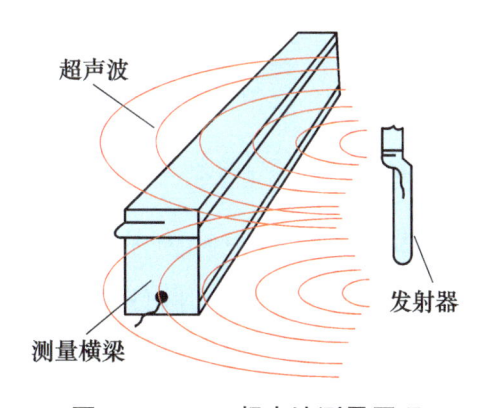

图 10-0-14　超声波测量原理

三、激光三维测量系统简介

目前的三维测量设备主要分为两类，即机械测量系统和电子测量系统。其中，机械测量系统中属于通用型的主要有米桥定位夹具系统，电子测量系统主要有超声波测量系统、激光测量系统、位移传感器测量系统等。部分三维测量系统如图 10-0-15 所示。

a）米桥定位夹具系统　　　b）激光测量系统　　　c）位移传感器测量系统

图 10-0-15　部分三维测量系统

1. 激光三维测量系统的测量原理及优点

（1）激光测量原理　激光三维测量系统基于光学三角测量原理，如图 10-0-16 所示。测量系统利用单一轴心的激光扫描仪 GAILEO（伽利略），将旋转反光镜反射回的激光照射到悬挂在车身测量点的反光标靶上，扫描仪上的照片传感器识别旋转激光反射角度。这个信息被传递到计算机测量系统，并根据三角测量原理进行换算和标靶识别编码，完成数据测量。

测量标靶　　　　　　　激光扫描仪

图 10-0-16　激光测量原理

像使用直尺测量数据，要有一个零点作为尺寸起点一样，车身三维测量也必须先找到长度、宽度和高度的测量基准。只有找到基准，测量才能顺利进行。激光测量系统和其他三维测量系统一样，可以在空间中建立起车身的长度、宽度、高度三维测量基准，如图 10-0-17 所示。

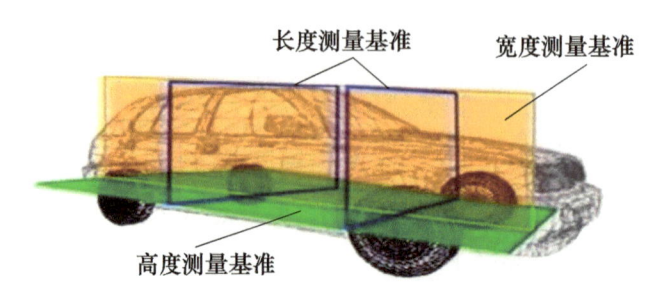

长度测量基准　　宽度测量基准

高度测量基准

图 10-0-17　三维测量基准

（2）优点

1）伽利略扫描仪可以在拉伸修复过程中始终放置在车身底部不间断监测整个车身结构数据是否变化，提高修复率和准确性，拉伸—测量—再拉伸，不会被外界因素诸如噪声、空气流动、光线等干扰。一些测量系统可以提供数千种车型数据，同时提供车身上部开口部分的点对点数据，如门框、车窗、发动机舱等。

2）测量系统无须专用轨道，固定简单。

3）同时监测多点数据变化，操作简单。

2. 激光三维测量系统的设备配置

TRUSC 激光三维测量系统设备主要包括测量系统机柜、计算机 + 彩色打印机、伽利略激光扫描仪、开孔磁吸转接头、螺栓磁吸转接头、测量标靶等配置，如图 10-0-18 所示。

图 10-0-18　激光三维测量系统的设备配置

四、卡尔拉得三维测量系统简介

瑞典卡尔拉得有限公司（CAR-O-LINER）于 1973 年开发出具有测量系统的车身校正系统，之后又推出计算机化的电子测量系统。目前，在 70 多个国家分销网络的支持下，已有超过 35000 套卡尔拉得的碰撞修复系统应用在世界各地。卡尔拉得公司向用户提供设备的同时，更注重提供全面的车身测量数据和技术支持与服务。卡尔拉得有限公司目前在中国市场上推广的产品主要包括对车身结构进行三维尺寸测量的机械和电子测量系统以及各种应用便捷的检测量规，包含车身底部和车身上部可靠的三维尺寸数据。

1. 测量系统组成

卡尔拉得三维测量系统是采用位移传感器进行测量的，由测量机柜、带有连接杆和测量头的电子测量仪、长尺、充电器、蓝牙传输装置、数据光盘及程序组成，如图10-0-19所示。

图 10-0-19　位移传感器三维测量系统组成

在测量机柜中有很多连接杆和测量头，需要根据三维测量系统的提示选择合适的连接杆和测量头，如图10-0-20所示。这些连接杆和测量头包括螺栓螺杆测量头、孔测量头、侧面测量点转换头、上部测量点转换头、加长杆等。

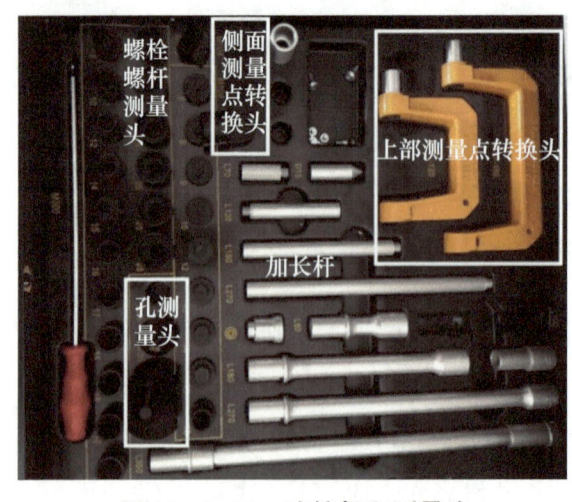

图 10-0-20　连接杆和测量头

2. 长尺的安装与固定

在进行正式测量之前，需要将长尺安装和固定在车身校正平台上。

（1）长尺安装　安装测量长尺时应确保其上的箭头标记的指向与车头方向一致，同时确保测量长尺中心线与工作平台中心线一致，如图 10-0-21 所示。这样做的目的在于确保测量滑尺可以在测量长尺上自由滑动，即使底盘支架和底盘夹具已安装到校正平台上。

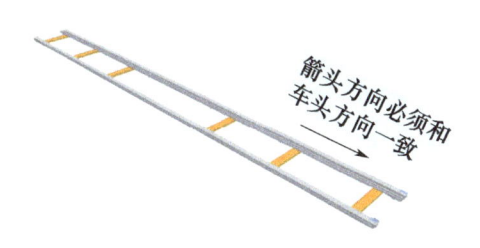

图 10-0-21　长尺安装

（2）长尺固定　使用测量长尺支撑将测量长尺固定在工作平台上（图 10-0-22b）。确保测量长尺中心线与工作平台中心线一致（图 10-0-22a），确保第二个测量长尺支撑的长度比工作平台框架的内部宽度长 10mm（图 10-0-22c）。

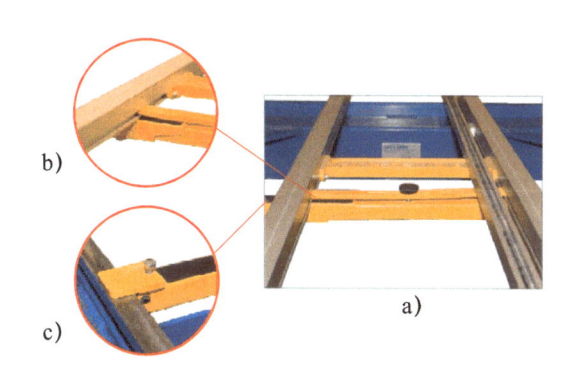

图 10-0-22　长尺固定

五、斯潘内锡（SPANESI）电子测量系统简介

售后维修常用的电子测量系统斯潘内锡（SPANESI）使用自由臂电子测量头（图 10-0-23）进行位移测量，自由臂由多节可以转动的关节连接，每两个臂之间都可以在一个平面内 360° 转动，多节臂的转动能够实现空间三维移动，可以移动到任意位置。在自由臂关节连接处有角度位移传感器，能实时传输空间位置数据到计算机上，计算机能够据此得出测量点的三维数据。

自由臂测量系统每次只能测量一个点，而在实际拉伸过程中经常要同时监控多个点，因此作业时要反复测量控制点的数据变化，测量时要做到适时测量，以便准确监控，如图10-0-24所示。

图10-0-23 自由臂电子测量头　　图10-0-24 适时测量

该系统以汽车制造厂家的标准车身尺寸数据为依据，与通过电子测量得到的事故车辆尺寸数据进行比对和检测，指导维修作业，确保售后维修后的车辆符合厂家的相关要求。

1. 斯潘内锡（SPANESI）电子测量系统组成

斯潘内锡电子测量系统由移动式机柜、测量臂、测量头、电子测量软件、计算机和数据升级光盘组成，如图10-0-25所示。

移动式机柜　　测量臂　　测量头

电子测量软件　　计算机　　数据升级光盘

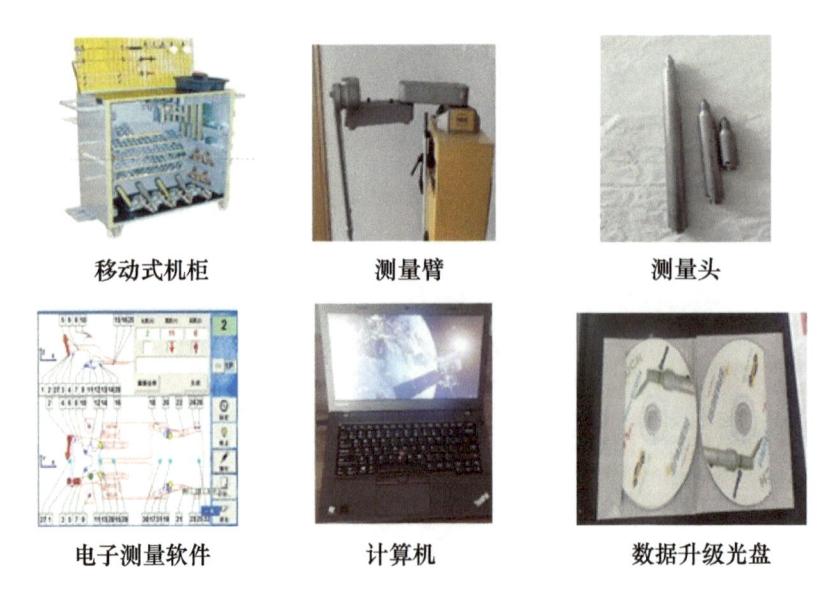

图10-0-25 斯潘内锡电子测量系统组成

2. 测量界面简介

测量界面（图10-0-26）主要包含以下信息：测量点编号、测量类型、测量功能选项、测量点示意图、车辆侧视图、车辆俯视图、打印按钮、退出按钮。即将要测量的点会在图中以黄色标出。

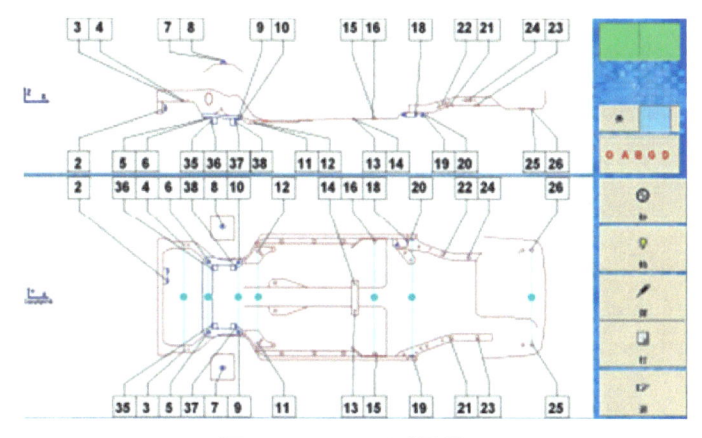

图 10-0-26　测量界面

六、专用模具测量简介

专用模具测量系统基于车身的制造过程，可以对板件进行快速定位、安装、焊接等工作。测量控制点的位置与专用测量头完全配合即可断定车身没有变形或修复完成。由于一套测量头一般仅可专用于测量某一个车身类型的汽车，专用模具的名字就来源于此。

目前维修企业常用的专用模具测量系统为法国CELETTE（史利德），如图 10-0-27 所示。该系统通过专用测量头的三轴相交位置，即时显示车身变形幅度，大大减少预测损坏的时间，并只须简单地将车身变形部位校正至特定测量头位置套好并锁定，便能确保车身底盘修复精度达 100%。

图 10-0-27　专用模具测量系统

1. 专用模具测量系统的优点

1）专用模具测量系统操作简易、快捷，即使钣金工技术有所差异，通过此维修系统，也能获得同样精确的检修效果。

2）车间维修经理能在极短的时间内对修复的车辆进行快速质检。

3）专用测量头能独立支承车体各部分，即使车身某部分在维修时受到拉力，由于有测量头支承，完全不会随其他部分而脱离其位置。

4）专用测量头是根据汽车原厂数据制作的，当钣金工为车身某部位换上新配件时，专用测量头能充分确保新配件在车身的三维正确位置，这样在焊接时便能确保新配件几何位置同原厂一致。

2. 专用模具测量系统 CELETTE 组成

CELETTE 主要包括带有轮座、测量横梁、锚定夹具的校正平台（图10-0-28），基座（图10-0-29），带有延长臂的拉塔（图10-0-30）等。

图10-0-28　校正平台　　　图10-0-29　基座　　　图10-0-30　拉塔

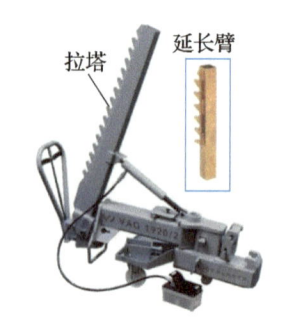

（1）校正平台

1）校正平台台面及测量横梁上铸制了测量系统使用的螺杆洞孔，便于架设不同用途的基座。

2）校正平台装有四个大型轮座组，可轻易移动平台。

3）选用X型的校正平台专用举升机，可以轻易地将校正平台上下升降，如图10-0-31所示。

图10-0-31　X型的校正平台专用举升机

4）当车身放置于校正平台上时，为了确保工作方便，车身与校正平台之间应保留适当的距离，大约250 mm。

（2）拉塔　拉塔的拉力可达10t，并配有延长臂增加作业范围。拉力臂可随着使用的需要，任意架设于校正平台四周，进行拉拔作业。同时也可以将组合接杆式的油压工具，装置在附件中的"油压缸专用推力支撑座"进行多功能接杆式的拉拔作业。

任务一　二维测量

对车身的尺寸进行测量，二维测量的操作流程如下：

1. 定损

通过目测法，对车身整体进行估测，初步判断损伤部位、损伤范围和损伤程度，如图10-1-1所示。

2. 校准量规

使用钢直尺对轨道式量规进行校准，如图10-1-2所示。

图10-1-1　定损

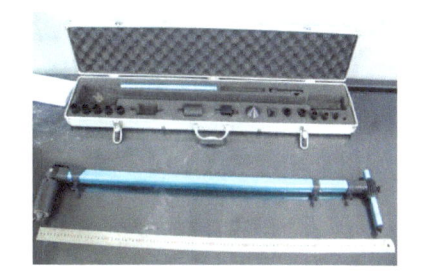

图10-1-2　校准量规

3. 调整轨道式量规水平高度

将其放置在水平位置上，利用水平刻度仪（图10-1-3），调整两边测量柱使之位于同一高度，如图10-1-4所示。

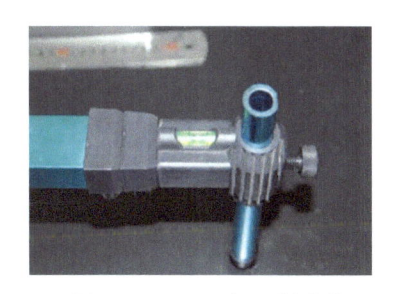

图10-1-3　水平刻度仪

图10-1-4　调整水平高度

4. 测量记录

进行车身测量时，测量尺的两端都要放于孔中心，若主尺的长度不够，可用副尺或者次尺进行延长。测量后，要正确地读取测量值，并记录下来，如

图 10-1-5 所示。

图 10-1-5 实车数据测量记录

在测量中应注意以下事项：测量时不要手持测量头；在不影响测量的情况下，测量头尽量选择短的。

5. 质量评估

查询车型数据库，与原厂的标准尺寸进行对比，判断有无变形。

6. 4S 管理

测量完毕后，进行 4S 管理。

任务二　超声波（Shark）三维测量

超声波三维测量系统的车身测量操作流程如下：

1. 系统设置调整

1）选择合适的车身固定夹具，确保车辆底盘与校正平台间的距离在 30~40cm 之间。

2）采用连接电缆实现铝梁和控制柜的连接。提前将电缆一端连接到铝梁端口上，另一端连接到控制柜的 BEAM 端口上。

2. 进入系统界面

开机并单击链接进入系统操作界面，如图 10-2-1 所示。

3. 新建工单

填写信息，包括客户基本信息、车辆 VIN、保险信息等，如图 10-2-2 所示。

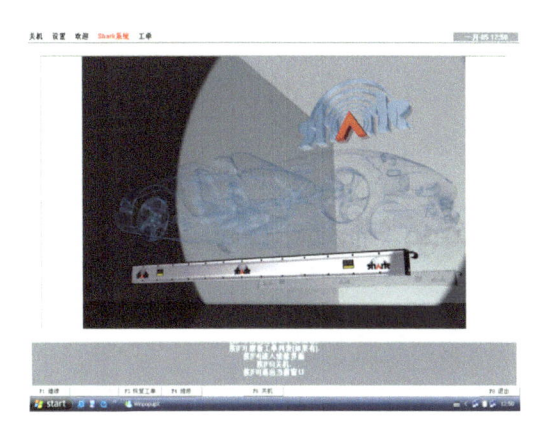

图 10-2-1 进入系统界面

图 10-2-2 新建工单

4. 进入准备界面

进行车辆模式选择，选择有无悬架，以及铝梁与车身方向是否一致等，如图 10-2-3 所示。

5. 基准点选择

在车身中部没有损坏的部位选择一组基准点和一组参考点，如图 10-2-4 所示。

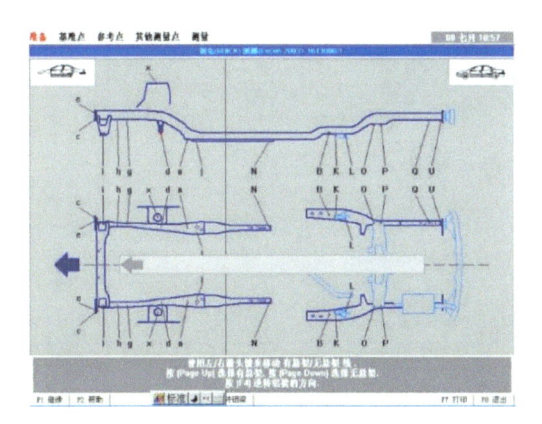

图 10-2-3 准备界面

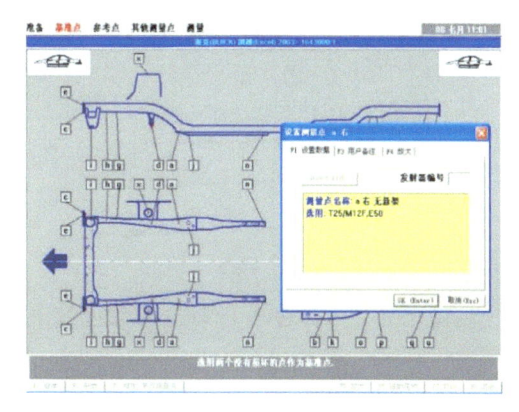

图 10-2-4 基准点选择

6. 安装发射器

根据操作界面提示信息安装测量探头（图 10-2-5）和超声波发射器（图 10-2-6）。

图 10-2-5　安装测量探头　　图 10-2-6　安装超声波发射器

7. 测量点测量

在损伤区域选择多组测量点进行测量，测量的结果可直接显示，也可以打印诊断报告，如图 10-2-7 所示。

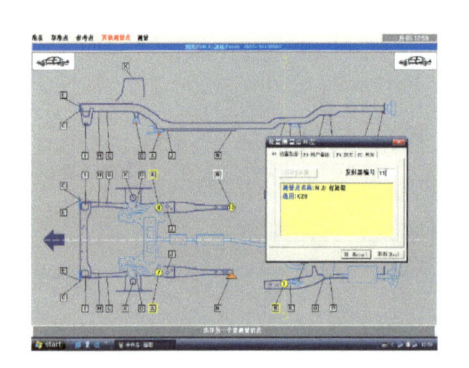

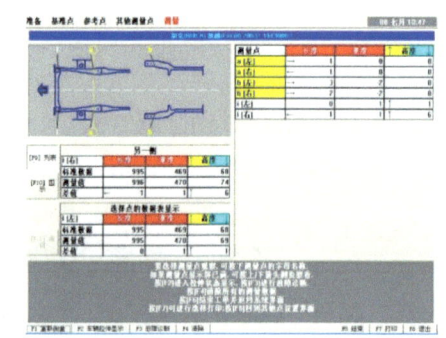

图 10-2-7　测量点测量

8. 4S 管理

测量完毕后，退出系统，并进行 4S 管理。

任务三　激光三维测量

激光三维测量系统的车身测量操作流程如下：

1. 进入系统界面

双击桌面快捷方式进入系统界面，如图 10-3-1 所示。

图 10-3-1　进入系统界面

2. 更改系统语言

具体操作如图 10-3-2 所示。

图 10-3-2　更改系统语言

3. 建立新任务

单击"开始新的测量"建立新任务，如图 10-3-3 所示。

图 10-3-3　建立新任务

4. 输入车辆信息

选择车辆年份、车辆所在地区、车辆品牌及型号、车身形式等信息，如图 10-3-4 所示。

图 10-3-4　输入车辆信息

5. 夹具安装

此时车辆信息选择完毕，如果车辆是需要进行拉伸修复的受损车辆，并需要夹具夹持在车身校正平台上，那么单击"锚桩信息"按照系统提示安装夹具。可以参照实际图片进行安装（图中蓝色车辆标识车身方向），如图10-3-5所示。

图10-3-5　单击"锚桩信息"按照系统提示安装夹具

6. 安装扫描仪

车辆夹持固定后，将扫描仪放置在车身底部校正平台上前后夹具中间位置。无须完全水平居中放置，系统可自动补偿校正，插线端位于驾驶室一侧，并将扫描仪通过数据线与主机连接，如图10-3-6所示。

图10-3-6　安装扫描仪

7. 进入测量界面

扫描仪连接完毕后，单击"下一步"进入测量界面，如图10-3-7所示。

8. 零件关闭

如果待修车辆无悬架、发动机等部件，单击"零件关闭"取消相应部件，如图10-3-8所示。

图10-3-7　进入测量界面　　　图10-3-8　零件关闭

9. 选择基准点

选择基准参考点，并按照参考点信息正确安装测量探头与标靶（前部受损车辆选择后部点为基准点，后部受损车辆选择前部点为基准点）。如图10-3-9所示，红色点为系统推荐基准参考点，也可选择其他黑色点，并可查看实际图片以便于快速安装测量探头。

图10-3-9　选择基准点

10. 测量探头选择

根据不同尺寸的孔洞或者螺栓螺母选择相应的测量探头，如图10-3-10所示。

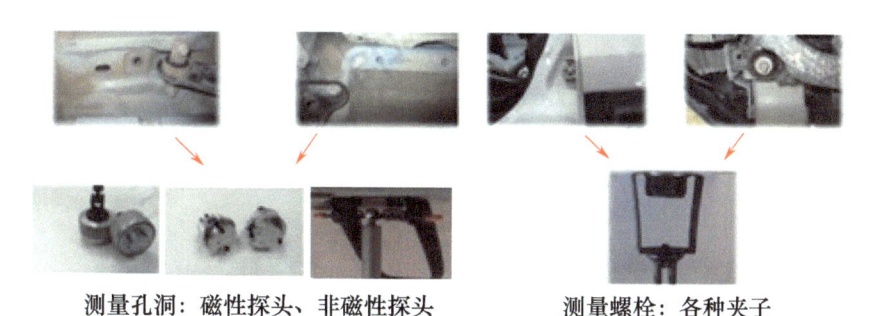

测量孔洞：磁性探头、非磁性探头　　　测量螺栓：各种夹子

图10-3-10　测量探头选择

如果测量探头损坏或者数量不够需要其他不同的探头代替，应在系统中更换默认的探头，否则将影响测量结果，如图10-3-11所示。

图10-3-11　更换默认探头

11. 安装测量标靶

正确安装测量标靶，确保标靶长度及角度可以反射扫描仪发射的光束，并且车身左侧标靶为奇数，右侧标靶为偶数，如图10-3-12所示。

图10-3-12　安装测量标靶

12. 拖放标靶

扫描仪自动识别出标靶号码后，用鼠标将标靶号码拖放至相应测量点上（首

先拖放的点为基准点），如图 10-3-13 所示。

13. 测量基准点与参考点

基准点、参考点选择无误后单击"测量按钮"测量基准点与参考点，如图 10-3-14 所示。

图 10-3-13　拖放标靶　　　图 10-3-14　测量基准点与参考点

14. 其他测量点的测量

之后可进行其他测量点的测量，图片下方显示左右测量点长度，上方显示左右测量点高度，中心线两侧分别显示测量点宽度，同时可查看实际测量数据与标准规格数据。

激光电子测量可同时测量多个点的数据，标靶安装数量较多时应注意避免标靶间互相遮挡，出现遮挡可以移动扫描仪位置，或将已测量完毕的测量点数据冻结后拆除其标靶。

15. 进入实时拉伸测量界面

基准点与参考点测量完毕后，选择需要拉伸部位的测量点，并按照提示安装标靶，单击"车辆修理模式"进入实时拉伸测量界面，如图 10-3-15 所示。

16. 保存或打印数据

拉伸测量完毕后保存或打印数据，如图 10-3-16 所示。

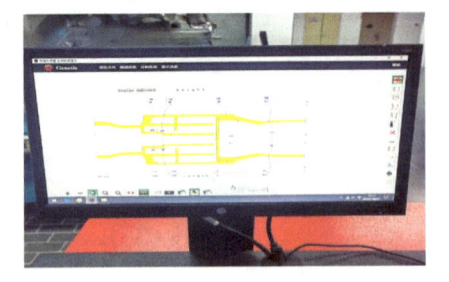

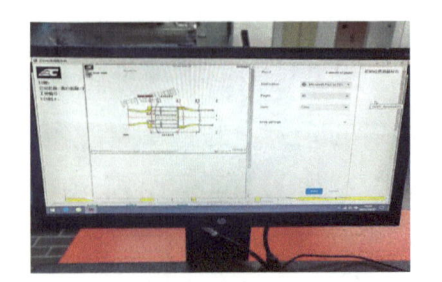

图 10-3-15　车辆修理模式　　　图 10-3-16　保存或打印数据

17. 4S 管理

测量完毕后，退出系统，并进行 4S 管理。

任务四　位移传感器（卡尔拉得）三维测量

位移传感器（卡尔拉得）三维测量操作流程如下：

1. 进入测量系统

单击桌面上的图标，进入 VISION2 X3 电子测量系统，创建新工单（图 10-4-1）。单击系统界面右上角的三角形标志，可以进入下一页面或返回上一页面，如图 10-4-2 所示。

图 10-4-1　创建新工单　　　　图 10-4-2　进入下一页面或返回上一页面

2. 填写工单

填写内容包括工单名称、技工、制造商、车系、车型、单号、车辆类型、车身代码、年份、车辆识别码、车牌号码等信息，如图 10-4-3 所示。本任务选择的车身为上汽荣威 950。

图 10-4-3　填写工单

3. 测量前的准备工作

1）根据实际情况选择车辆在夹具上还是车轮上，如图 10-4-4 所示。

2）根据实际情况选择发动机拆卸或安装，如图 10-4-5 所示。

图 10-4-4　夹具或车轮选择　　图 10-4-5　发动机拆装选择

3）检查夹具是否夹紧裙边（图 10-4-6），并按要求力矩拧紧夹具螺母（图 10-4-7）。

图 10-4-6　夹具夹紧裙边检查　　图 10-4-7　夹具螺母

4）取下测量仪（图 10-4-8），并将其安装到铝梁上，打开锁紧开关，如图 10-4-9 所示。

图 10-4-8　测量仪　　图 10-4-9　测量仪安装

5）前后、左右、上下摆动测量仪的各个节点，激活四个角度传感器（将四个叉号变成对号则完成），如图 10-4-10 所示。

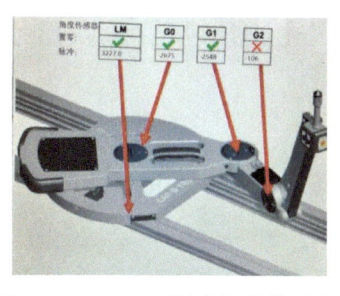

图 10-4-10　激活角度传感器

4. 进行测量

1）选择基准点。通常选择中间车身的两对加一个测量点共五个点为基准点。先单击 18 号点（该点长度尺寸为 0），如图 10-4-11 所示。查找该点的位置和测量头，如图 10-4-12 所示。

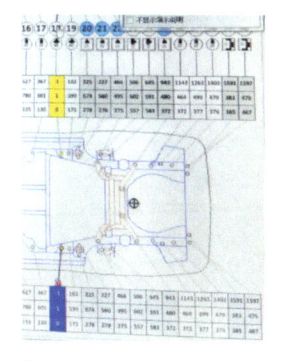

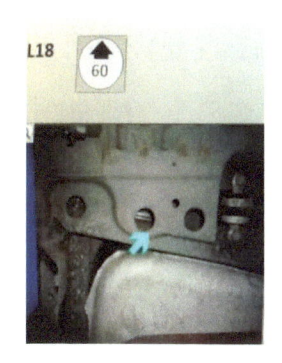

图 10-4-11　单击 18 号点　　图 10-4-12　18 号点在车身上的位置

2）连接杆和测量头安装。按照提示在附件柜中选择连接杆和测量头，并安装到测量仪上。

3）18 号点测量。按照提示在车身上找到 18 号点的位置，并将测量头依次放入 18 号（左）和 18 号（右）测量孔中，如图 10-4-13 所示。按下测量按钮完成该点测量，如图 10-4-14 所示。

图 10-4-13　测量头放入测量孔中　　图 10-4-14　18 号点测量

4）其他基准点测量。依次完成其他基准点的测量，完成后界面如图 10-4-15 所示。

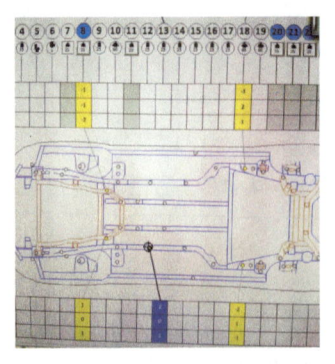

图 10-4-15　基准点测量完毕界面

5）其他测量点测量。继续对其他所有必要的测量点进行测量（图 10-4-16），并保存完成测量诊断，测量完毕后界面如图 10-4-17 所示。

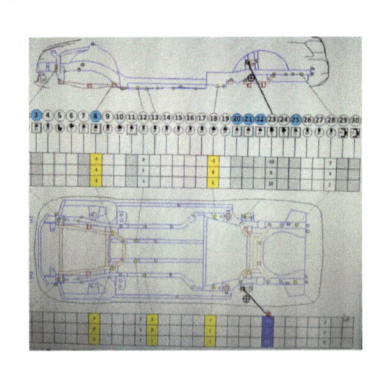

图 10-4-16　其他测量点测量　　图 10-4-17　测量完毕后界面

5.4S 管理

测量完毕后，退出系统，并进行 4S 管理。

任务五　斯潘内锡（SPANESI）电子测量

斯潘内锡（SPANESI）电子测量操作流程如下：

1. 进入系统

双击 SPANESI Test Touch 图标（图 10-5-1），打开系统。

2. 连接测量臂

连接计算机蓝牙与测量臂，等待软件与测量臂连接，如图 10-5-2 所示。

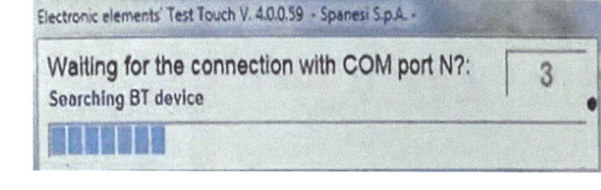

图 10-5-1　SPANESI Test Touch 图标

图 10-5-2　连接测量臂

3. 激活测量臂

1）前后、左右、上下移动测量臂。

2）观察到界面中所有红色方块变绿即表示此位置测量臂传感器已激活。未激活状态如图 10-5-3 所示，激活后状态如图 10-5-4 所示。

图 10-5-3　测量臂未激活状态　图 10-5-4　测量臂激活后状态

3）所有方块变绿后即可停止并单击 Exit。

4. 创建工单

创建工单（图 10-5-5）的流程和填写的主要信息为：

①新建工单；②调出工单；③工单基础内容；④客户基础信息；⑤选择车型；⑥创建新车型数据；⑦维修前与维修后选项；⑧测量车身；⑨退出。

5. 车身基准点标定（测量中心线）

1）单击工单后，进入界面，系统自动推荐标定基准点（图 10-5-6），基准点以黄色标出，单击标定，会出现标定类型选项。

图 10-5-5　创建工单

2）基准点如损坏需更换基准点，可自由选择三四个基准点，如图 10-5-7 所示。

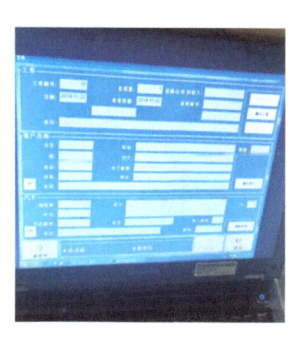

对于前损伤，系统将自动推荐损伤车辆前部的基准点；对于后损伤，系统将自动推荐损伤车辆后部的基准点。

🔧 **注意**：标定基准点如果有误差，系统会进行提示，如果误差较大，需要重新进行基准点测量。

图 10-5-6　标定基准点　　　　　图 10-5-7　自由选择基准点

6. 车身装配点测量

1）根据提示选择测量位置探针，如图 10-5-8 所示。选择探针的参数包括探针长度、探针安装位置、测量臂延长杆类型。另外需要注意的是，黑色小图代表不安装延长杆。

2）直接将测量探针移动到系统标示的装配点即可测量，如图 10-5-9 所示。在测量点附近系统会发出提示音，在测量点位置按下测量臂上的黄色按钮进行测量。移动到标准位置附近时会有提示音，在损伤区域可能不会有提示音；测量时按下测量臂的黄色按钮进行测量。

图 10-5-8　选择测量位置探针　　　　图 10-5-9　测量装配点

7. 4S 管理

测量完毕后，退出系统，并进行 4S 管理。

任务六　专用模具测量

CELETTE 原厂备有各种车型专用的测量模具头组件，横梁和基座为通用，只有测量模具头为专用，不同的车型需要配备不同的测量模具头。

专用模具的测量流程如下：

1. 车型图纸查询

在更换模具头时，首先须查询车型图纸（图 10-6-1）确认其正确的安装位置。注意每一个横梁、基座和模具头，均有不同的编号。

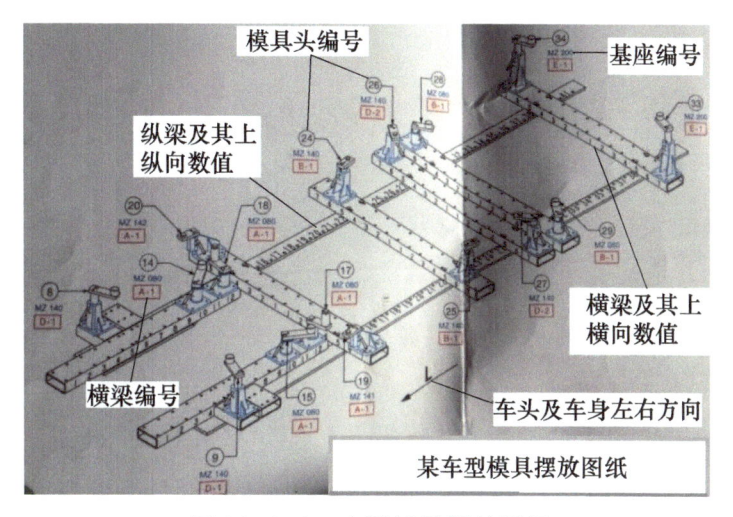

图 10-6-1　车型模具摆放图纸

2. 横梁安装

根据横梁编号及其在纵梁上的纵向数值位置，采用横梁螺栓将横梁安装到纵梁上，如图 10-6-2 所示。

图 10-6-2　横梁安装

3. 基座选择

根据基座编号，选取合适的基座。基座适用于当前以及以后的所有车型模具。根据模具摆放图安装基座，可对车身进行快速无误的检测，安装时无须使用附加工具，在车辆不拆或全拆的情况下都可以顺利架装模具。基座（图 10-6-3）包括 MZ080、MZ140、MZ200、MZ260、MZ601 等不同编号若干组，其中的数值表示基座的高度（mm）。

4. 基座固定

选用合适长度的基座螺栓（图 10-6-4），将基座固定在横梁上。

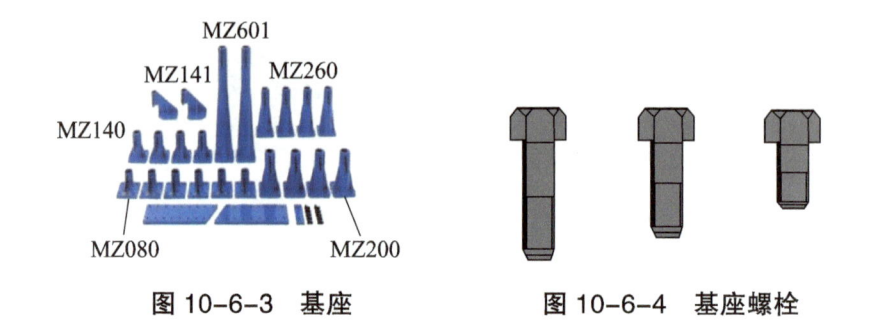

图 10-6-3　基座

图 10-6-4　基座螺栓

5. 模具头选择

根据模具摆放图纸，选取合适的测量模具头（图 10-6-5）。

6. 模具头安装

根据模具摆放图纸，将模具头安装在基座的不同位置，如图 10-6-6 所示。注意基座与模具头销孔的对应位置。

图 10-6-5　测量模具头

7. 车身损伤评估

依次确定车身测量孔与模具头的位置是否匹配对正，如对正，则表示车身测量孔位置正确，没有损伤；否则，则表示车身测量孔位置有偏差，该处有损伤。

图 10-6-6　模具头安装

8. 4S 管理

测量完毕后，进行 4S 管理。

项目十一 车身校正技术

项目描述

当车身骨架即结构件发生损伤变形时，需要上车身校正平台对车身变形进行校正，在校正中应持续对车身变形数据进行测量。只要涉及车身结构件的变形都会纳入车身大事故的范畴，都需要上架（上校正平台）进行维修。如果将汽车维修工比作汽车医生，那么进行车身大事故损伤修复的钣金工可以比作骨科医生，车身校正平台可以称作手术台。这正是"伤筋动骨结构件，校正平台大事故。模具夹具来定位，十吨拉塔校正好"。

知识链接

车身校正的重点是精确地恢复车身的尺寸与状态，校正（拉伸）车身时，有一个基本原则，即按与碰撞力相反的方向，在碰撞区施加拉伸力。

当碰撞很轻，损伤比较简单时，这种方法很有效。当发生剧烈碰撞时，简单地用这种标准的拉伸操作方式就不能使车身恢复原状。只在相反的方向施加拉力，是无法使车身复原的，因为每一个板件的强度和恢复率都不同。所以在拉伸过程中，按照每个板件的强度和恢复率情况，不断改变拉力的大小和方向，是非常重要的，如图 11-0-1 所示。

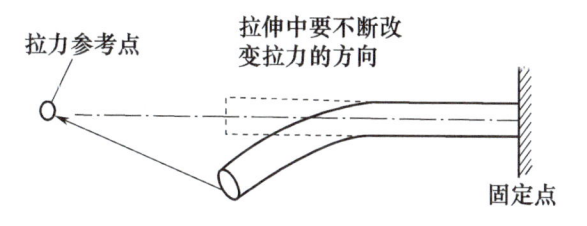

图 11-0-1 拉力大小和方向的改变

为了高质量地完成维修任务，必须先对车身碰撞损坏区域进行精确的诊断，确定导致变形的主要原因、确定损坏的类型及严重程度、分析损坏的范围，找到受损的所有部件，在此基础上，再根据检测的结论，着手制定修复方案。盲目地进行维修作业，不但无法完全修复损伤，甚至还会对车身造成二次损伤。

事故车辆分析诊断的一般步骤如下：

1）了解汽车车身结构，分析构造组成部件。

2）目测碰撞位置，确定碰撞力的方向及大小，检查全车可能存在的损伤区域。

3）利用测量设备工具对主要构件定位参数进行精确检测，并将实测数据与维修手册标准值对比，确定损伤程度。

4）根据相关测量数据制定维修方案。

目前市场上有多种车身校正系统，本项目以斯潘内锡、奔腾、卡尔拉得三种校正系统为例进行介绍。

一、斯潘内锡（SPANESI）校正设备简介

SPANESI 是带通用定位夹具的大梁校正仪，在很多售后服务企业，尤其是高端品牌 4S 店均采用该大梁校正仪进行车身校正。

1. 校正设备构成

SPANESI 车身大梁校正仪由举升系统、框架系统、拉伸系统、测量系统组成，如图 11-0-2 所示。

图 11-0-2　斯潘内锡校正设备组成

（1）举升系统　举升系统（图 11-0-3）包括剪式举升机和液压控制单元，最大举升高度为 1.8m。

（2）框架系统　框架系统（图 11-0-4）包括主架、主架齿条、C 形钢总成（C 形钢、C 形钢下滑块、C 形钢上滑块）和脚轮。设备长为 5m、宽为 1.8m。

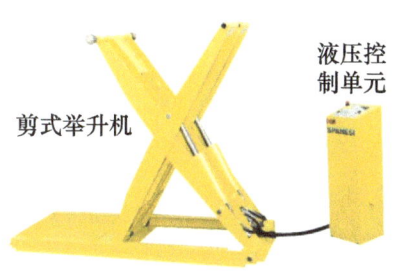

图 11-0-3　举升系统　　　　图 11-0-4　框架系统

（3）拉伸系统　拉伸系统（图 11-0-5）包括拉塔、反作用力油缸、链条、导轮及控制器等。拉塔最大拉力为 6~10t。拉塔立柱的旋转可精确调整拉伸角度，确保了拉伸角度的精准。

（4）测量系统　测量系统（图 11-0-6）包括测量横梁、主车身测量系统和辅助车身测量系统。

图 11-0-5　拉伸系统　　　　图 11-0-6　测量系统

测量横梁放在框架系统上，上面放置基座，在基座上面安装立柱。在框架上有表示 X 轴的长度尺寸，在测量横梁上有表示 Y 轴的宽度尺寸，在立柱上有表示 Z 轴的高度尺寸。横梁可以在长度方向上前后移动，基座可以在宽度方向上左右移动，立柱可以在高度方向上上下移动，三者共同构建了车身的三维测量体系。

主车身测量系统（图 11-0-7）用来测量车身底盘即下车身尺寸，包括很多带有编号及尺寸的测量立柱和模具头；辅助测量系统（图 11-0-8）用于测量侧面和上部车身数据，通常采用麦弗逊测量尺组件。

图 11-0-7　主车身测量系统　　　图 11-0-8　麦弗逊测量尺组件

2. 车身校正平台的应用

（1）事故车上架　当车辆进行大事故维修时，需要将事故车放置到校正平台上，通常称之为上架，包括牵引上架和接收上架两种上架方式。

1）牵引上架　当车身发生损坏时，需要利用上车导板、拉塔及电动绞盘将事故车移动至车身大梁校正平台，如图 11-0-9 所示。

图 11-0-9　牵引上架

2）接收上架。先将事故车辆用两柱举升机举升，后将车身大梁校正平台推至两柱举升机降下事故车，完成接收上架，如图 11-0-10 所示。

图 11-0-10　接收上架

（2）车身拉拔　可以对车身进行单一方向拉拔（图 11-0-11），也可以采用车身校正系统对车身大梁进行多方向的复合拉拔（图 11-0-12）。拉拔时将车身测量孔拉拔至按照车身三维数据图摆放的模具头位置，并使车辆测量孔与模具头互相配合在一起。

图 11-0-11　单一方向拉拔　　图 11-0-12　复合拉拔

在 SPANESI 数据库内存储了世界上各种车辆的维修数据资料（三维数据图），可以根据事故车的品牌、型号和事故状态，得到需要的维修资料。图 11-0-13 所示为某车型数据图。

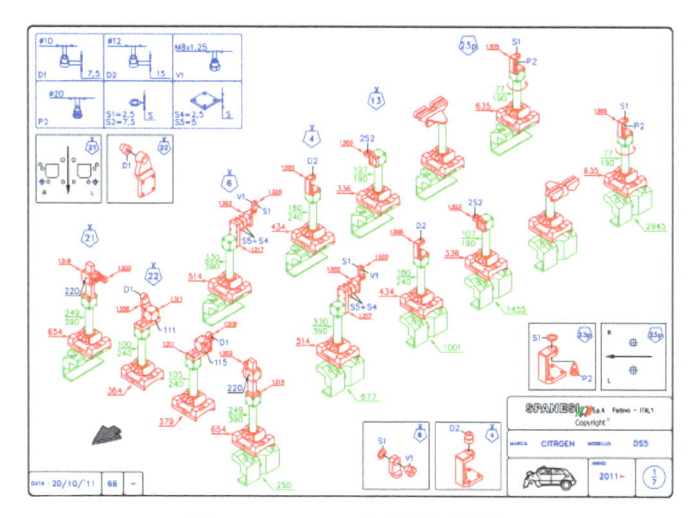

图 11-0-13　某车型数据图

在进行车身校正时，应由未变形点向变形点逐步推进。如果是前部损伤，则由后部向前开始安装模具，如果是后部损伤，则由前部向后开始安装模具，如果是前后夹击事故，则需从中部开始安装模具。模具安装如图 11-0-14 所示。

模具的作用不仅是辅助车身测量，还可以对车身部件进行定位和辅助支撑，如图 11-0-15 所示。

图 11-0-14　模具安装　　图 11-0-15　车身部件的定位与辅助支撑

二、奔腾（BANTAM）平台式校正设备简介

奔腾平台式校正设备是一款应用广泛、通用型的车身校正设备，可以对各种类型的车身进行有效拉伸作业。

1. 校正设备构成

（1）校正平台　校正平台（图 11-0-16）是车身维修主要的工作平台，车身测量以及拉伸校正工作都在此平台上完成。

（2）平台升降系统　平台升降系统（图 11-0-17）主要由起降支腿、液压油缸以及锁紧机构等部分组成，可以使平台升降到一定的工作高度。

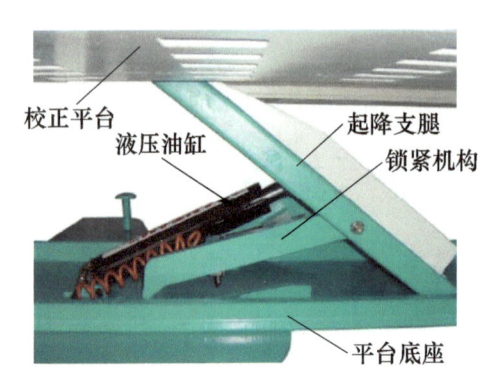

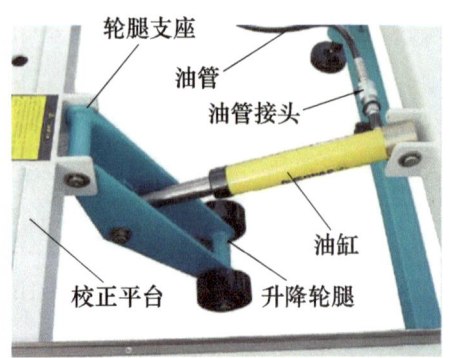

图 11-0-16　校正平台

图 11-0-17　平台升降系统

（3）上车系统　上车系统（图 11-0-18）主要由上车板、拖车器、车轮支架、牵引器（拉车器）等部分组成，主要用来将事故车移动到车身校正平台上。

（4）塔柱拉伸系统　塔柱拉伸系统（图 11-0-19）主要由塔柱、链条、顶杆、斜拉臂、导向环等部分组成。塔柱内部有液压油缸，液压油推动油缸活塞，活塞再推动顶杆，顶杆伸出塔柱的同时拉动链条，通过导向环的作用将链条上下拉动转换成水平或其他角度的拉伸。

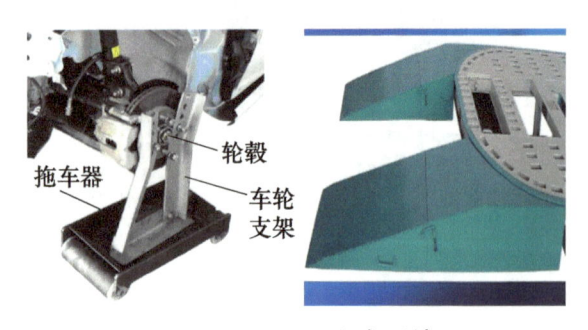

图 11-0-18　上车系统

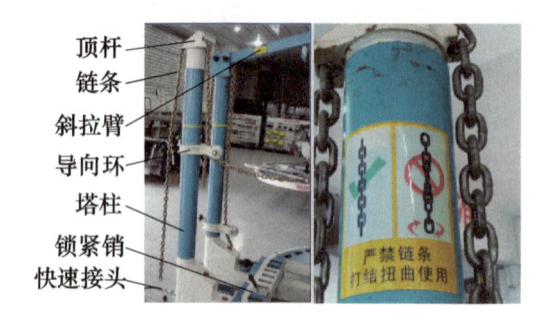

图 11-0-19　塔柱拉伸系统

（5）液压与气压系统　车身拉伸校正工作是通过强大的液压力把车身上变形的板件拉伸到位，校正仪一般配备气动液压泵或电动液压泵，通过油管把液压油输送到塔柱内部的油缸中，推动油缸的活塞顶出。气动液压系统一般是分体控制的，而比较先进的电动液压系统一般是集中控制的，由一个或两个电动泵来控制所有的液压装置，这样效率更高，工作平稳。

（6）车身固定主夹具　事故车辆在维修前，需要通过固定在平台上的主夹具（图11-0-20）紧固车辆，使车辆、平台和主夹具成为一个刚性的整体，以确保车辆在拉伸校正操作时不能移动。为了满足不同车身下部固定位置的需要，主夹具结构有多种形式。双夹头夹具可以夹持比较宽的裙边部位，以防止拉伸中损坏夹持部位。单夹头夹具的钳口很宽，能够夹持车架。

图 11-0-20　车身固定主夹具

（7）钣金工具　钣金工具（图11-0-21）包含各种用于车身不同部位拉伸作业所需要的夹持工具，主要包括链条连接板、副链、捆链、大梁拉钩、5T夹钳、3T夹钳、鸭嘴夹钳、减振器拉座、拖拉板、大拉板和小拉板等。

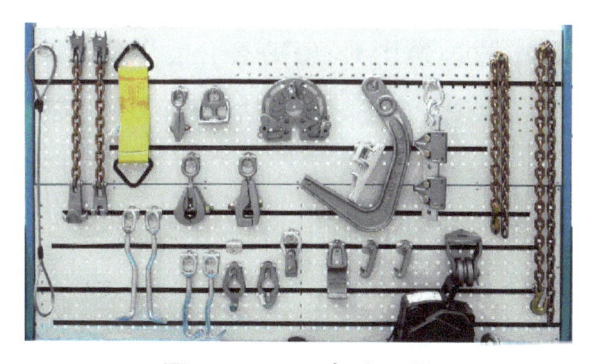

图 11-0-21　钣金工具

2. 车身校正时的注意事项

（1）钣金工具注意事项　在使用钣金工具时必须注意正确的使用方法，否则会损坏车身和夹具本身。在拉伸时必须使拉力方向的延长线通过钳口的中心，否则，夹钳有可能因产生扭转力而脱开，同时造成钳口和车身部分进一步损伤，

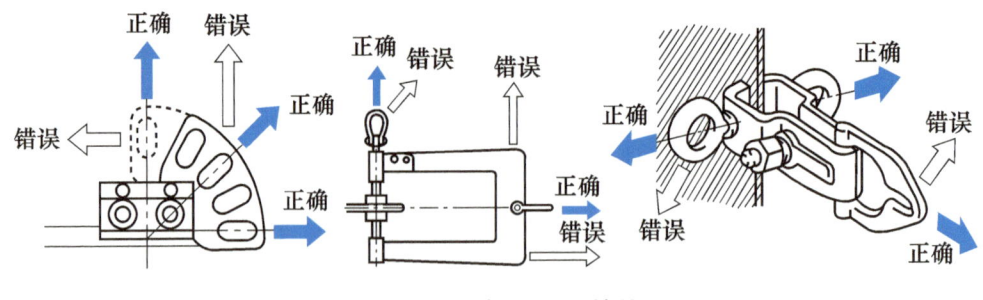

如图 11-0-22 所示。

图 11-0-22　钣金工具的使用

（2）塔柱校正拉伸注意事项　使用塔柱校正拉伸应注意以下几点：

1）拉伸时要把塔柱与平台的固定螺栓紧固牢靠。

2）拉伸时，链条在顶杆的锁紧窝锁紧，链条不能有扭曲，所有链节都呈一条直线。

3）导向环的固定手轮是在拉伸前固定导向环高度的，当拉伸开始后要松开手轮。

4）用厚防护毯包住链条或用安全绳把链条、钣金工具固定在车身上的牢固部件上。

三、卡尔拉得（CAR-O-LINER）车身校正系统简介

瑞典卡尔拉得有限公司（CAR-O-LINER）是汽车碰撞修复设备的主要供应商，目前在中国市场上主要推广的产品包括适用于大、中、小碰撞事故车辆修复的车身校正系统。卡尔拉得有限公司在推广自己产品的同时，也为中国汽车碰撞修复产业带来了新的维修理念，先后为保险公司、修理厂、职业培训院校、行业主管部门及相关组织多次举办专题研讨会，为一线的钣金工进行技术培训，对钣金车间进行综合评估，组织钣金工技能比赛，广泛联系汽车制造企业联合举办培训讲座。

1. 校正设备构造

卡尔拉得系统的构造与斯潘内锡系统的构造基本相同，都是由举升系统、框架系统、拉伸系统、测量系统组成的。所不同的是卡尔拉得系统通常采用位移传感器的测量系统。

卡尔拉得系统的拉塔（图 11-0-23）可以布置在校正平台四周的任何一个位置，通过带楔形锁紧装置和安全板的牵引杆固定在校正平台上。拉塔可以横向旋转，并用水平锁锁销固定在适当的位置。拉塔举升臂可以倾斜以获得最佳的牵引角度，举升臂依靠竖向锁锁销固定。可以在举升臂上安装加长臂。举升臂与液压油缸固定件之间安装了安全拉索，用于限制举升臂向外移动。液压油缸最大压力为 10t，通过内置驱动装置提供动力。举升臂端部的固定支架用于安装额外的液压油缸。

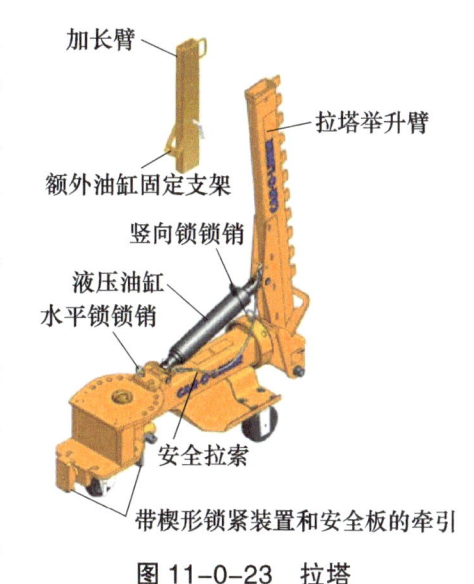

图 11-0-23 拉塔

2. 拉伸应用实例

卡尔拉得校正平台还可以实现以下拉伸操作，包括向前拉伸（图 11-0-24）、向上拉伸（图 11-0-25）、向下拉伸（图 11-0-26）、采用延长臂侧向拉伸（图 11-0-27）、多方向复合拉伸（图 11-0-28）等。

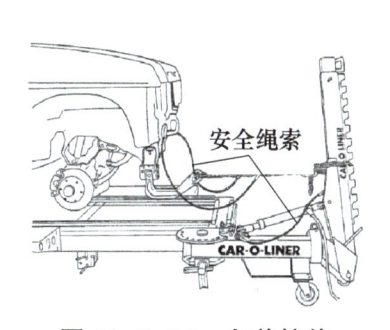

图 11-0-24 向前拉伸　　图 11-0-25 向上拉伸

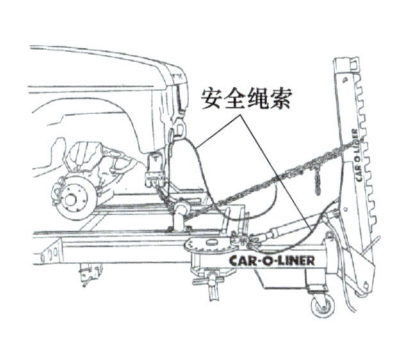

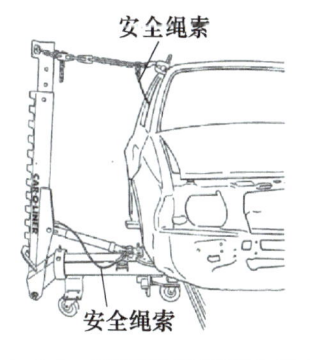

图 11-0-26 向下拉伸　　图 11-0-27 采用延长臂侧向拉伸

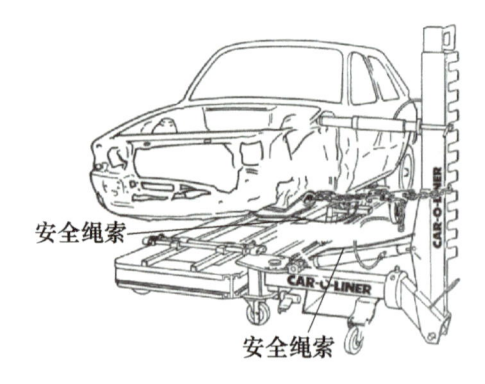

图 11-0-28　多方向复合拉伸

任务一　斯潘内锡（SPANESI）系统车身校正

采用 SPANESI 大梁校正平台对左前部损伤事故车（图 11-1-1）进行修复，流程如下：

1. 车身图纸识读

首先根据事故车的损伤状态查找相应的三维数据图（图 11-1-2），根据车辆的具体情况结合图纸，首先将 6 点和 13a（对应的 4 个点）作为基础点进行定位模具的安装。

图 11-1-1　左前部损伤事故车

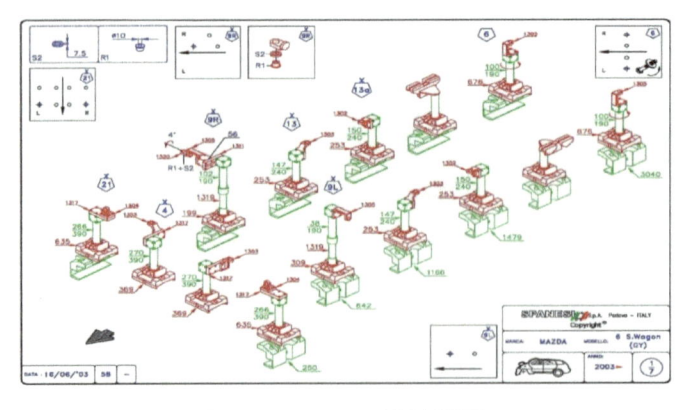

图 11-1-2　三维数据图

2. 定位夹具安装

解体后的事故车通过定位夹具将 6 点和 13a 点按数据图提供的数据依次安装

在大梁校正平台上,如图 11-1-3 所示。此时事故车已纳入 SPANESI 三维数字系统。

图 11-1-3　定位夹具安装

3. 右纵梁修复

经过拉伸校正后右纵梁上的 4 点被定位夹具固定,此时右纵梁修复到位,如图 11-1-4 所示。

4. 左纵梁评估

经过评估,左纵梁由于损伤严重需要更换,如图 11-1-5 所示。

图 11-1-4　右纵梁修复　　图 11-1-5　左纵梁评估

5. 焊点去除

使用焊点去除钻清除纵梁车身焊点,注意不要伤及下层板件,如图 11-1-6 所示。

6. 修整焊接接口

将纵梁与车身分离,修整纵梁与车身的焊接接口,对接口部位进行打磨,如图 11-1-7 所示。

图 11-1-6　焊点去除　　图 11-1-7　修整焊接接口

7. 左纵梁安装

根据三维数据图通过定位模具将新左纵梁安装到位（左纵梁上的 9、4 两点依次安装到位），如图 11-1-8 所示。

8. 左纵梁固定

固定轮旋，对左纵梁进行固定，通过 7 点的定位模具将新轮旋固定在校正仪上，用大力钳将新轮旋与车身纵梁衔接固定，如图 11-1-9 所示。

图 11-1-8　左纵梁安装　　图 11-1-9　左纵梁固定

9. 数据检查并焊接

使用门尺进行数据检查（图 11-1-10），在 SPANESI 数据库中查出减振孔（12 点）测量图，组装麦弗逊测量尺对新轮旋进行定位测量，确定无误后进行焊接。

10. 外部板件安装调整

匹配外部板件部分，安装车门翼子板进行缝隙比对，并调整缝隙至规定尺寸，大事故车整形修复完毕，如图 11-1-11 所示。

11. 4S 管理

测量校正完毕后，进行 4S 管理。

图 11-1-10　数据检查　　图 11-1-11　外部板件安装调整

任务二　奔腾（BANTAM）系统车身校正

使用奔腾（BANTAM）系统进行车身校正的操作流程如下：

1. 准备工作

1）做好个人安全防护。

2）事故车辆可靠地固定在校正平台上。

3）影响校正拉拔的车身部分已经拆卸完成。

2. 拉伸塔柱移动

将塔柱推动至需要校正作业的区域，塔柱要与车身损伤区域相交成垂直角度。

3. 拉伸塔柱固定

利用塔柱固定螺栓，将塔柱固定于维修作业区。

4. 安装钣金夹具

选择合适的钣金夹具，连接拉拔校正区域。为了确保安全，务必使用安全绳将夹具、链条和车身串联在一起，如图 11-2-1 所示。

5. 调整导向轮高度

1）松开导向轮锁止螺栓，调整导向轮高度。

2）导向轮的高度应与损伤作业平面成垂直角度，调整完毕后，锁紧导向轮调节螺栓，如图 11-2-2 所示。

图 11-2-1　安装钣金夹具　　图 11-2-2　调整导向轮高度

6. 拉伸链调整

检查链条是否有扭曲、打结等现象，如有扭曲或打结等现象，应松开导向轮锁止螺栓进行调节，使所有的链节全部处于同一平面，如图 11-2-3 所示。

图 11-2-3　拉伸链调整　　图 11-2-4　选择液压缸状态

7. 选择液压缸状态

将校正设备液压缸置于塔柱拉伸状态，如图 11-2-4 所示。

8. 检查拉伸链条

拉伸链条拉伸前应处于链条锁紧槽内，如不处于锁紧槽内，应立即调整，防止拉伸过程中脱落，造成重大安全事故，如图 11-2-5 所示。

9. 旋动塔柱液压缸阀门

塔柱液压缸为开关控制阀形式，拉伸时应将阀门处于"ON"位置，校正完成，待塔柱液压顶杆复位后，再将阀门旋至"OFF"位置，如图 11-2-6 所示。

图 11-2-5　拉伸链条检查　　图 11-2-6　塔柱液压缸阀门

10. 拉伸校正作业

1）校正作业时，注意适时观察拉伸数据（图 11-2-7），将车身拉伸至正确位置。不能拉伸过度，对车身造成二次损伤。

2）拉伸到一定位置后，使用钣金锤敲击受损区域，使受损区域应力集中点的应力分散，提高板件修复效率。

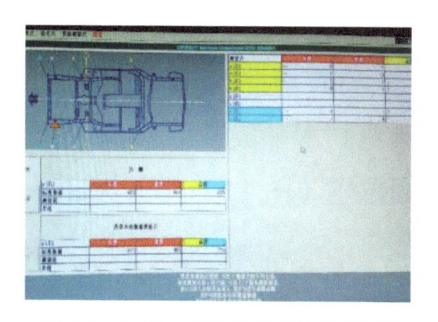

图 11-2-7　适时观察拉伸数据

11. 4S 管理

校正完毕后，退出系统，并进行 4S 管理。

任务三　卡尔拉得（CAR-O-LINER）系统车身校正

采用卡尔拉得校正平台进行车身校正，操作流程如下：

1. 平台升降

将控制开关打开，将功能旋钮转到平台升降功能，如图 11-3-1 所示。通过控制上升和下降按钮，将校正平台调整到拉塔可以装入平台边缘的高度（通常为平台可以下降的最低位置），在下降过程中，应注意打开机械锁止（图 11-3-2）。

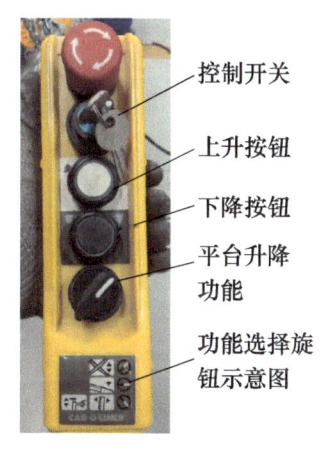

图 11-3-1　平台升降功能调整　　图 11-3-2　机械锁止

2. 拉塔安装固定

将拉塔通过楔形锁紧装置和安全板的牵引杆固定在校正平台上。先将安全板调整到水平位置（图 11-3-3），推动拉塔使其靠紧平台边缘，将安全板调整到竖直位置（图 11-3-4）勾住平台内下边缘，然后通过楔形锁紧装置锁紧。

图 11-3-3　安全板水平位置 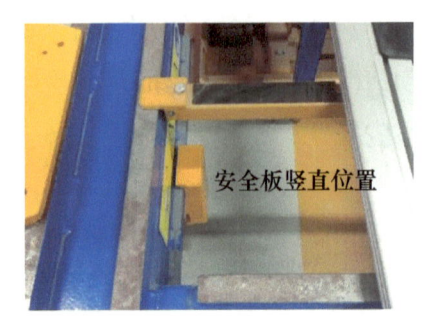　　　图 11-3-4　安全板竖直位置

3. 拉塔调整

将控制开关打开，将功能选择旋钮转到拉塔拉伸功能（图 11-3-5）。将拉塔横向旋转到合适位置，并用水平锁锁销固定在适当的位置，如图 11-3-6 所示。

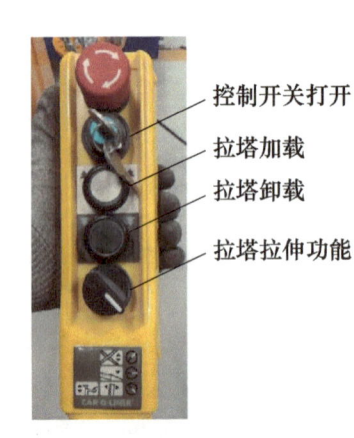

图 11-3-5　拉塔拉伸功能调整 　　　图 11-3-6　拉塔横向位置调整

4. 拉伸附件选择

根据损坏部位情况，找到校正平台上的拉伸附件（图 11-3-7）。

5. 拉伸附件连接

根据拉伸部位的不同，选择合适的拉伸附件（图 11-3-8），连接到车身需拉伸的部位上。

图 11-3-7　拉伸附件　　　　图 11-3-8　拉伸附件连接

6. 拉伸前安全准备

将拉伸铁链在合适的拉塔举升臂背齿位置绕过拉塔,用拉伸铁链可靠勾住拉伸附件进行连接,如图 11-3-9 所示。将车身、拉伸附件、铁链用安全绳索连接在一起,防止脱落伤人,如图 11-3-10 所示。

图 11-3-9　拉伸铁链连接　　　　图 11-3-10　安全绳索连接

7. 液压油管连接

用液压油管将平台油管接口(图 11-3-11)与液压油缸油管接口(图 11-3-2)连接起来。

图 11-3-11　平台油管接口连接　　　图 11-3-12　液压油缸油管接口连接

8. 车身拉伸

按下加载按钮，对车身进行拉伸，在拉伸过程中和拉伸完成后应对拉伸部位进行电子测量，如图 11-3-13 所示。拉伸过程应分几次完成，可以在保持拉力的时候，对损伤部位进行放松应力操作，如图 11-3-14 所示。直至把拉伸点校正到标准位置。

图 11-3-13　校正中的电子测量　　图 11-3-14　进行应力放松

9. 4S 管理

校正完毕后，退出系统，并进行 4S 管理。

中等职业教育汽车专业理实一体化系列教材

ZHONGDENG ZHIYE JIAOYU QICHE ZHUANYE LISHIYITIHUA XILIE JIAOCAI

汽车车身钣金修复技术

任务工单及理论习题

烟台瑞达汽车科技有限公司 ○ 组编

纪建平 黄涛 于晓亮 ○ 主编

班级：

姓名：

机械工业出版社
CHINA MACHINE PRESS

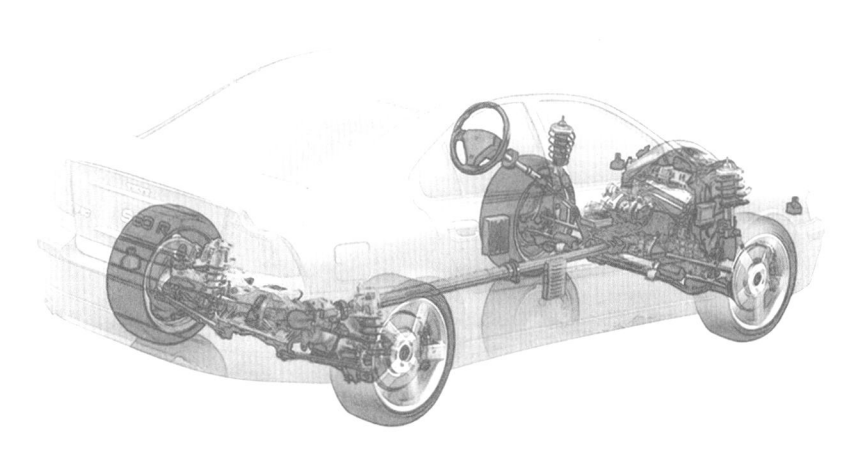

目　录

第一部分　书证融通育新人——职业技能等级证书篇

项目一　准备作业与部件检查拆装 ……………………………………… 1

课后习题 …………………………………………………………………… 1

　　任务工单一　前保险杠的调整与拆装 ………………………………… 3

　　任务工单二　翼子板的检查与拆装 …………………………………… 4

　　任务工单三　车窗玻璃升降器的调整与拆装 ………………………… 5

项目二　钣金工具设备的保养与操作 …………………………………… 6

课后习题 …………………………………………………………………… 6

　　任务工单一　气动工具的保养 ………………………………………… 8

　　任务工单二　介子机的调整与应用 …………………………………… 9

　　任务工单三　点焊机的调整与焊点检查 ……………………………… 10

　　任务工单四　MAG 焊机调试与塞焊焊接 …………………………… 11

项目三　车身外部板件的修复 …………………………………………… 12

课后习题 …………………………………………………………………… 12

　　任务工单一　翼子板的修复 …………………………………………… 14

　　任务工单二　车门的修复 ……………………………………………… 15

　　任务工单三　车身线的修复 …………………………………………… 16

项目四　黏合剂使用与塑料件检修 ……………………………………… 17

课后习题 …………………………………………………………………… 17

　　任务工单一　塑料的鉴别 ……………………………………………… 19

　　任务工单二　塑料的粘接和焊接修复 ………………………………… 20

第二部分 技艺傍身出新秀——车身小损伤修理篇

项目五 免喷漆修复技术 21
课后习题 21
  任务工单一　拉拔法修复 23
  任务工单二　顶撬法修复 24
  任务工单三　内应力法修复 25

项目六 车身铝外板修复技术 26
课后习题 26
  任务工单一　手工具修复 27
  任务工单二　介子机修复 28

项目七 钣金成形技术 29
课后习题 29
  任务工单一　放样和认识放样工具 31
  任务工单二　常用钣金成形工艺 32

第三部分 技能提升成新锐——车身中损伤修理篇

项目八 车身热接合技术 33
课后习题 33
  任务工单一　MIG 焊接 35
  任务工单二　MIG 钎焊 36
  任务工单三　激光焊接 37
  任务工单四　激光钎焊 38
  任务工单五　连续成型旋接 39
  任务工单六　摩擦焊接 40

项目九　车身冷接合技术 ··· 41

　　课后习题 ·· 41

　　　　任务工单一　折边连接 ·· 44

　　　　任务工单二　胶粘连接 ·· 45

　　　　任务工单三　盲铆接 ··· 46

　　　　任务工单四　冲压铆接 ·· 47

　　　　任务工单五　连续成型铆接 ·· 48

　　　　任务工单六　无铆钉连接 ··· 49

第四部分　技术精湛开新局——车身大损伤修理篇

项目十　车身测量技术 ·· 50

　　课后习题 ·· 50

　　　　任务工单一　二维测量 ·· 53

　　　　任务工单二　超声波三维测量 ··· 54

　　　　任务工单三　激光三维测量 ·· 55

　　　　任务工单四　位移传感器（卡尔拉得）三维测量 ····································· 56

　　　　任务工单五　斯潘内锡（SPANESI）电子测量 ·· 57

　　　　任务工单六　专用模具测量 ·· 58

项目十一　车身校正技术 ··· 59

　　课后习题 ·· 59

　　　　任务工单一　斯潘内锡（SPANESI）系统车身校正 ································· 62

　　　　任务工单二　奔腾（BANTAM）系统车身校正 ······································· 63

　　　　任务工单三　卡尔拉得（CAR-O-LINER）系统车身校正 ·························· 64

第一部分　书证融通育新人——职业技能等级证书篇

项目一　准备作业与部件检查拆装

课后习题

一、填空题

1. （　　）广泛应用于多种不同的车身装饰件，需要使用小样冲和U形或V形卡扣起子拆除和安装。
2. （　　）需要用U形或V形卡扣起子工具使轴升起，才能拆除卡扣。
3. 使用合适的U形或V形卡扣起子工具来拆除（　　），然后通过一个撬起动作使卡扣从部件上分离。
4. 在车身外部件拆装中，需要使用常见的（　　）和（　　）、（　　）、（　　）等工具。
5. 在拆装过程中，很重要的是使用（　　）和（　　）等工具。
6. （　　）具有多种不同的形式，是理想的饰件拆除工具。
7. 两种类型的卡扣起子都具有（　　）和（　　）轮廓，非常适合于拆除推芯卡扣、抽芯卡扣、树形卡扣和装饰板卡扣。
8. （　　）是拆除小塑料仪表板盖的好工具。
9. 挑针套件按照长度不同还分为3种规格：（　　）、（　　）和（　　）。

二、判断题

1. 使用合适的螺钉旋具以顺时针方向旋转将轴拆除，然后就可将铆钉的剩余部分拆除。（　　）
2. 装饰板卡扣是装饰板上常用的一种卡扣，通过使用合适的U形或V形卡扣起子工具将卡扣从板件上撬起。（　　）
3. 在使用金属螺钉旋具进行操作时，不建议使用胶带纸包裹螺钉旋具头部。（　　）
4. 塑料卡扣由硬质塑料制成，可减少饰件及车身损坏的风险。（　　）

5. 将起子定位在靠近紧固件的饰件之下，然后通过一个撬起动作使紧固件从车身上松开，即可完成拆除流程。（　　）

6. 使用金属卡扣起子不存在损坏饰件风险，可直接应用于车身卡扣拆卸。（　　）

7. 内外装饰板件的拆装中，需要拆装电器部件，就要断开和连接电线接头。（　　）

三、简答题

1. 拆卸和安装零配件的准备工作有哪些？

2. 在拆装过程中，应注意什么问题？

3. 车身零部件的范围包括什么？

任务工单一　前保险杠的调整与拆装

姓名：	班级：	学号：	教师签字：
初评：合格□　不合格□	复评：合格□　不合格□		
日期：	日期：	日期：	

一、车辆信息记录

品牌	整车型号	生产日期
发动机型号	发动机排量	行驶里程
车辆识别码		

二、查询前保险杠的拆装步骤位置

1. 前保险杠拆装步骤手册位置

第　　章	节	页

2. 前保险杠的拆装步骤

三、写出题目指定的保险杠结构中的两处位置需要使用的工具和拆装的螺栓卡扣型号

拆卸部件名称	卡扣	螺栓型号（数量）
	无□　有□（数量　　　）	
	无□　有□（数量　　　）	

四、检查并调整前保险杠，使其符合要求，实际调整偏移的保险杠至手册要求尺寸

调整位置数据	标准数据 A	数据：　　mm	实际调整数据	数据：　　mm
	标准数据 B	数据：　　mm	实际调整数据	数据：　　mm

五、写出在保险杠拆装过程中使用的设备工具和耗材辅料

1. 设备工具

2. 耗材辅料

任务工单二　翼子板的检查与拆装

姓名：		班级：		学号：		教师签字：
初评：合格□　不合格□		复评：合格□　不合格□				
日期：		日期：		日期：		

一、车辆信息记录

品牌		整车型号		生产日期	
发动机型号		发动机排量		行驶里程	
车辆识别码					

二、查询翼子板的拆装步骤位置

1. 翼子板拆装步骤手册位置

第　　章	节	页

2. 翼子板的拆装步骤

三、写出题目指定的翼子板结构中的两处位置需要使用的工具和拆装的螺栓卡扣型号

拆卸部件名称	卡扣	螺栓型号（数量）
	无□　有□（数量　　　）	
	无□　有□（数量　　　）	

四、检查并调整翼子板，使其符合要求，实际调整偏移的翼子板至手册要求尺寸

调整位置数据	标准数据 A	数据：　　mm	实际调整数据	数据：　　mm
	标准数据 B	数据：　　mm	实际调整数据	数据：　　mm

五、写出在翼子板拆装过程中使用的设备工具和耗材辅料

1. 设备工具

2. 耗材辅料

任务工单三　车窗玻璃升降器的调整与拆装

姓名：	班级：	学号：	教师签字：
初评：合格□　不合格□	复评：合格□　不合格□		
日期：	日期：	日期：	

一、车辆信息记录

品牌	整车型号	生产日期
发动机型号	发动机排量	行驶里程
车辆识别码		

二、查询车窗玻璃升降器的拆装步骤位置

1. 车窗玻璃升降器拆装步骤手册位置

第　　章	节	页

2. 车窗玻璃升降器的拆装步骤

　

　

　

三、写出题目指定的车窗玻璃升降器结构中的两处位置需要使用的工具和拆装的螺栓卡扣型号

拆卸部件名称	卡扣	螺栓型号（数量）
	无□　有□（数量　　　）	
	无□　有□（数量　　　）	

四、写出在车窗玻璃升降器拆装过程中需要注意的事项

　

　

五、写出在车窗玻璃升降器拆装过程中使用的设备工具和耗材辅料

1. 设备工具

　

2. 耗材辅料

项目二 钣金工具设备的保养与操作

课后习题

一、填空题

1. （　　）的锤尖主要用于敲击较小的高点以及进入空间受限的区域，锤子的另一端面为冠状面，可用来精修车身外板件部分。
2. （　　）和（　　）主要用于柔和地锤击薄钢板，这样不会破坏板件漆膜，也不会造成板件过多的延展，适合于损伤板件的粗修阶段。
3. 垫铁一般由合金钢制成，重量是一般锤子的（　　），因此在敲击时，其不会弹起。
4. （　　）也是一种常用的垫铁，它也有许多形状，如足尖式和足根式垫铁用于在狭窄部位进行敲击，而其平面直角边则用以矫正凸缘。
5. （　　）不仅可以当作锤子使用，还可以当作垫铁使用。单独清除油漆时最好不要用砂纸类型的磨削方式，而应该使用（　　）。
6. （　　）主要配合圆盘打磨机来打磨旧漆膜，因其带面较窄，可以对板件较深或狭窄的损伤区域进行旧漆膜打磨。
7. 气动切割锯可用于切割厚度（　　）的钢板或（　　）的铝板，严禁用于高强度钢板的切割。
8. 焊点去除钻可以配合（　　）进行固定，以便施加稳定的压力。
9. 抽芯铆钉气动拉铆枪使用的铆钉直径为（　　），工作气压为 0.45~0.65MPa。
10. 外形修复机通过将（　　）、（　　）、螺钉等介子与板件焊接在一起。
11. 外形修复机包括主机、（　　）、搭铁夹、（　　）以及各种配件等。
12. 电阻点焊机的基本组成部分有主机、（　　）、焊枪、弹簧悬挂等。
13. 电阻点焊焊点的质量检查需要通过（　　）、（　　）、（　　）和（　　）来完成。
14. 焊点不正常断裂形式包括（　　）和（　　）。
15. MAG 焊采用（　　）或（　　）作为焊接保护气，在车身上主要用来焊接钢板，所以可以称为（　　）。
16. 导电嘴到工件的距离应该是（　　）。
17. 焊接方向分为（　　）和（　　）两种。
18. 气体保护焊建议的保护气体流量为（　　）。
19. 气体的流量可直接从压力调节器的（　　）读出来，也可采用临时安装在焊枪喷嘴端的（　　）测出来。

二、判断题

1. 外形修复机通过内部的变压器将高电压转换成 10V 左右的直流电。（ ）
2. 在整体式铝车身的焊接中，有 90%~95% 采用电阻点焊的形式连接。（ ）
3. 在进行目视焊接检查时，需要在 350~500lx 的光照强度下，使用 2~5 倍放大镜检查所有焊接接头。（ ）
4. 原厂焊点直径为 7.0~8.4mm，维修时应尽量恢复原厂工艺。（ ）
5. 压痕深度不超过单层板厚的 30%。（ ）
6. 对焊点进行剥离，撕裂后在其中一个焊片上留有一个小于焊点直径的孔，另外一块焊件上有一个熔核。（ ）
7. 随着电流的减小，焊接熔深、剩余金属的高度和焊缝的宽度也会增大。（ ）
8. 距离过大，从焊枪端部伸出的焊丝长度增加而产生预热，增加了焊丝熔化的速度，焊接熔深浅，保护气体所起的作用也会减小。（ ）
9. 正向焊接的熔深较大且焊缝较平。（ ）
10. 如果送丝速度太快将堵塞电弧，同时会产生更多飞溅。（ ）

三、简答题

1. 砂轮具有哪两个功能？操作要点是什么？

2. 不同型号的气动切割锯条的适用范围是什么？

3. 气动拉铆枪使用前注意事项是什么？

4. 外形修复机使用的注意事项是什么？

5. 电阻点焊的工作过程分为哪三个阶段？

6. 电阻点焊焊点的常见焊接缺陷类型有哪些？

7. 焊接时，需要对哪些参数进行调整？

任务工单一　气动工具的保养

姓名：	班级：	学号：	教师签字：
初评：合格□　不合格□	复评：合格□　不合格□		
日期：	日期：	日期：	

一、对气动圆盘打磨机和砂带机进行日常保养，并完成记录

1. 保养步骤

2. 保养效果评价	完成□　　未完成□

二、对气动切割锯进行日常保养，并完成记录

1. 保养步骤

2. 保养效果评价	完成□　　未完成□

三、对气动钻进行日常保养，并完成记录

1. 保养步骤

2. 保养效果评价	完成□　　未完成□

四、对焊点去除钻进行日常保养，并完成记录

1. 保养步骤

2. 保养效果评价	完成□　　未完成□

五、对气动铆枪进行日常保养，并完成记录

1. 保养步骤

2. 保养效果评价	完成□　　未完成□

任务工单二　介子机的调整与应用

姓名：	班级：	学号：	教师签字：
初评：合格□ 不合格□	复评：合格□ 不合格□		
日期：	日期：	日期：	

一、介子机的模式选择，并记录模式功能

1.

2.

3.

二、介子机参数选择与调整，并记录调整方法

1.

2.

3.

三、对车门面板上的损伤进行修复，并记录

1. 选择模式及对应的参数

2. 操作步骤记录

四、维修板件结果评判

板面形状状态	高□/中□/低□	板面平整状态	高□/中□/低□
板面应力集中点消除情况	（　）处/完整消除□	板面崩弹情况	范围:/无崩弹□

任务工单三　点焊机的调整与焊点检查

姓名：		班级：	学号：	教师签字：
初评：合格□　不合格□		复评：合格□　不合格□		
日期：		日期：	日期：	

一、焊接材料模式选择，记录七种材料模式

　

　

　

二、根据提供材料，调整板厚、功率、点焊气压，并记录

1. 材料板厚

2. 功率

3. 点焊气压

三、对提供的板件材料进行电阻点焊焊接，并记录焊接步骤

　

　

　

　

　

　

　

　

四、焊接板件结果评判

1. 焊点外观质量观察

表面裂缝	有□　无□	表面气孔	有□　无□
表面飞溅	有□　无□	焊点变形	有□　无□
焊点1直径		焊点2直径	

2. 破坏性试验	合格□　不合格□

说明理由：

任务工单四　MAG 焊机调试与塞焊焊接

姓名：	班级：	学号：	教师签字：
初评：合格☐　不合格☐	复评：合格☐　不合格☐		
日期：	日期：	日期：	

一、调整手动焊接模式和气体流量，并记录调整步骤

1. 调整手动焊接模式

2. 调整气体流量

二、根据提供材料，调整焊接电流和出丝速度，记录数值，并总结调整依据

1. 焊接电流

2. 出丝速度

3. 焊接电流调整依据

4. 出丝速度调整依据

三、对提供的板件材料进行 MAG 焊接，并记录步骤

四、焊接板件结果评判

飞溅	有☐　无☐	表面气孔	有☐　无☐
未填满	有☐　无☐	焊点失圆	有☐　无☐
焊点 1 直径		焊点 2 直径	
焊点 1 高度		焊点 2 高度	
焊点 1 背透		合格☐　不合格☐	
焊点 2 背透		合格☐　不合格☐	

项目三 车身外部板件的修复

课后习题

一、填空题

1. （　　）是需要使用手工具修复的外板件。
2. 实敲法又称为（　　）、（　　），顶铁垫在哪里手锤敲在哪里。
3. 虚敲法又称为（　　）、（　　）。
4. 顶铁垫在最低点，手锤敲击附件的高点，铁锤不在垫铁上敲击，这种敲击方法是（　　）。
5. 采取（　　），面板延展较小，同时需要控制敲击力度和敲击点，适合于大面积损伤凹陷的修复。
6. 车门面板的表面形状，由（　　）、（　　）、（　　）和平面组成，表面比较复杂。
7. 冲压的钢板通过（　　）塑造车身线，以保持钢板的形状和强度。
8. 在进行钢板维修作业时，如果表面不止一处（　　），则从（　　）的变形区域开始维修。
9. 辅助工具主要有（　　）、拉伸指针、垫片拉杆、（　　）等。

二、判断题

1. 当损坏部位以车身外部板件变形为主，尚没有达到需要更换的标准时，一般采取钢板维修的方式进行修复。（　　）
2. 钢板延展时，采用虚敲法进行修理。（　　）
3. 铁锤在垫铁上敲击法适用于修理较小、较浅的凹陷和折损，也可以用这种方法来延伸金属，使其恢复原来的形状。（　　）
4. 板件修理操作中，采用实敲法，存在面板延展较大的风险，因此在敲击时，控制敲击力度，并保证正确敲击在受损的区域。（　　）
5. 采用铁锤不在垫铁上敲击的方法来修整金属板时，将垫铁放在金属板最低处的下面，用铁锤敲击附近的高处，实际上铁锤并没有敲击垫铁。（　　）
6. 车门的修复通常采用介子机拉拔法进行修复。（　　）
7. 漆膜未受损的车门板最好采用实敲法修复。（　　）
8. 车顶钢板前后及侧部采用介子机修复。（　　）

三、简答题

1. 汽车车身外部板件常见的修复方法以及适用范围是什么？

2. 缩火的原理是什么？

3. 车身筋线或板件边缘发生塑性损伤时，维修的顺序是什么？

4. 强力拉拔组合工具的特点是什么？

5. 简易拉拔组合工具的特点是什么？

任务工单一　翼子板的修复

姓名：		班级：	学号：	教师签字：
初评：合格□　不合格□		复评：合格□　不合格□		
日期：		日期：	日期：	

一、穿戴安全防护用品，并记录

二、对面板进行损伤评估，并记录评估方法以及操作要点

1.

2.

3.

4.

三、对面板进行精修，并记录操作要点

四、对面板进行缩火，并记录操作要点

五、面板修复结果评判

高点	有□（　　）处（每5mm为一处）	无□
低点	有□（　　）处（每5mm为一处）	无□
穿孔	有□（　　）处（每5mm为一处）	无□
崩弹	有□	无□
表面光滑	是□	否□
修复结果	合格□	不合格□

任务工单二　车门的修复

姓名：	班级：	学号：	教师签字：
初评：合格□　不合格□	复评：合格□　不合格□		
日期：	日期：	日期：	

一、穿戴安全防护用品，并记录

二、对车门面板进行损伤评估，并记录损伤类型的特点

1. 直接损伤

2. 间接损伤

3. 弹性变形

4. 塑性变形

三、对面板旧漆层进行打磨，并记录操作要点

四、对面板进行凹陷拉拔，并记录操作步骤

五、面板修复结果评判

高点	有□（　）处（每5mm为一处）	无□
低点	有□（　）处（每5mm为一处）	无□
穿孔	有□（　）处（每5mm为一处）	无□
崩弹	有□	无□
表面光滑	是□	否□
修复结果	合格□	不合格□

任务工单三　车身线的修复

姓名：	班级：	学号：	教师签字：
初评：合格□　不合格□	复评：合格□　不合格□		
日期：	日期：	日期：	

一、穿戴安全防护用品，并记录

　

　

　

二、打磨筋线位置旧漆膜，并记录操作要点

　

　

　

　

三、外形修复机参数选择与调整，并记录操作步骤

　

　

　

四、对车身线进行强力拉拔修复，并记录操作步骤

　

　

　

　

五、面板修复结果评判

高点	有□（　　）处（每5mm为一处）	无□
低点	有□（　　）处（每5mm为一处）	无□
穿孔	有□（　　）处（每5mm为一处）	无□
崩弹	有□	无□
表面光滑	是□	否□
修复结果	合格□	不合格□

项目四 黏合剂使用与塑料件检修

课后习题

一、填空题

1. 车身塑料件损坏后在汽车维修企业一般有两种修理方法:(　　)和(　　)。
2. 目前汽车上使用的塑料件主要采用(　　)和(　　)两种类型的塑料。
3. 在待焊部位加工成一定几何形状的沟槽,称作(　　)。
4. 当需要对车身塑料进行焊接时,应先对塑料开坡口,常见的开坡口形状有(　　)、(　　)等。如果损伤未穿透板件,可以采用(　　)或(　　)。
5. 在日常生活中,常见的塑料损伤包括四种:(　　)、(　　)、(　　)、(　　)。
6. 由于电烙铁可以在无空气源的情况下使用,这种修理方法也称为(　　)。
7. 塑料焊枪又称为(　　),用来加热塑料焊条,使塑料焊条熔化和黏结。
8. (　　)是一款手持式塑料修复机,无噪声、无污染。
9. 针对不同角度、不同形状的破损,可以通过改变(　　)和(　　)的方法进行修复。
10. 采用塑料焊枪对塑料进行焊接的方法通常称为(　　)。
11. 焊条施加压力的大小和(　　)、(　　)有关。

二、判断题

1. 热固性塑料能通过加热反复熔化再成型,可以进行焊接修复。　(　　)
2. 热塑性塑料冷却后硬化成一种永久的形状,不能焊接,只能用胶黏剂粘结。　(　　)
3. 如果损伤穿透板件,可以采用 X 形坡口或双 U 形坡口。　(　　)
4. 所有的塑料损伤都可以进行维修。　(　　)
5. 电烙铁用来将破损塑料保险杠内部的裂缝烫化或抹平塑料,也可以直接对焊条进行焊接。　(　　)
6. 焊枪口喷出的热量集中,风速高。　(　　)
7. 在焊接过程中,应保证焊条与母材平面成 60° 的夹角。　(　　)
8. 风嘴应沿着焊接方向做匀速直线运动,根据焊条直径和母材厚度选择焊接速度。　(　　)
9. 焊接速度过快,焊条和母材容易烧焦,产生气泡或凹坑。　(　　)
10. 焊接速度过慢,焊条和母材没有完全熔化,产生裂缝甚至虚焊。　(　　)
11. 为了受热均匀,焊条做匀速直线运动的同时,风嘴还呈扇状均匀摆动。　(　　)

三、简答题

1. 为什么要采用修复塑料件的维修方法？

2. 各列举三种热塑性材料和热固性材料，并说明其修理方法。

3. 在采用热空气塑料焊接时，应控制好的焊接参数有哪些？

4. 在实际操作中，如何对焊条施加压力？

任务工单一　塑料的鉴别

姓名：	班级：	学号：	教师签字：
初评：合格□　不合格□	复评：合格□　不合格□		
日期：	日期：	日期：	

一、塑料的鉴别

1. 塑料的鉴别方法

2. 塑料焊条的种类

二、塑料损伤维修更换标准

1. 塑料划痕

2. 塑料凹陷

3. 塑料裂痕

4. 塑料穿孔

任务工单二　塑料的粘接和焊接修复

姓名：	班级：	学号：	教师签字：
初评：合格□　不合格□	复评：合格□　不合格□		
日期：	日期：	日期：	

一、步骤记录

1. 记录塑料划痕修复的步骤

2. 记录塑料凹陷修复的步骤

3. 记录塑料裂痕修复的步骤

4. 记录塑料穿孔修复的步骤

二、修复状态评价

板面形状状态	高□　中□　低□	板面平整状态	高□　中□　低□
是否存在龟裂	是□　否□	是否存在脱胶状况	是□　否□

第二部分　技艺傍身出新秀——车身小损伤修理篇

项目五　免喷漆修复技术

课后习题

一、填空题

1. 车身损伤对应的变形类型是（　　）或无明显延展的（　　）。
2. 车身凹陷的损伤评估方法除了传统的目测法、触摸法、尺规测量法、按压法以外，还包括一种称之为（　　）的评估方法。
3. 整平灯与修复板面夹角为（　　），摆放时还应使眼睛、凹陷、整平灯三者角度为（　　）。
4. 拉拔法指的是修复作用力直接作用在（　　），通过拉拔力修复车身凹陷的方法。
5. 按照拉拔力产生方式的不同，拉拔法又可以分为（　　）和（　　）。
6. 拉拔器可以分为三种，分别是（　　）拉拔器、（　　）拉拔器、（　　）拉拔器。
7. 黑色区域的车身是（　　）结构，凹陷修复相对容易。
8. 灰色区域的车身基本是单层结构，少数是（　　），凹陷修复难度中等。
9. 缩火产生的热量是由于（　　）的热效应，而内应力法修复产生的热量是因为（　　）。
10. 免喷漆修复也称为（　　）、（　　）、（　　）。

二、判断题

1. 免喷漆修复技术最大的优势是不伤原车漆，但不能够实现汽车保值。　　　　　　　　　　　　　　　　　　　　　　　　　　（　　）
2. 维修后喷涂的油漆，也可以采用免喷漆修复进行修补。　　（　　）
3. 如果损伤处为高点，灯管在该处会聚光；如果损伤处为低点，灯管在该处会散光。　　　　　　　　　　　　　　　　　　　（　　）

4. 采用免喷漆修复技术不会对环境造成污染。（   ）
5. 顶撬法指的是修复作用力作用在车身凹陷的内侧，利用杠杆原理通过撬杠顶撬修复车身凹陷的方法。（   ）
6. 内应力法修复指的是通过板件局部受热而使其内部产生应力来修复车身凹陷的方法，类似于传统钣金中的缩火。（   ）

三、简答题

1. 免喷漆修复市场增长非常缓慢的原因是什么？

2. 免喷漆修复的内涵是什么？

3. 根据修复作用力产生的方式不同，可以归纳出哪三种不同的车身凹陷修复方法？

4. 顶撬法的技术难点是什么？

5. 什么是电磁热效应现象？

任务工单一　拉拔法修复

姓名：		班级：	学号：	教师签字：
初评：合格□　不合格□		复评：合格□　不合格□		
日期：		日期：		

一、穿戴安全防护用品，并记录

二、对整平灯进行摆放确定高低点，并记录操作要点

三、选取拉拔法修复需要使用的工具，并记录工具名称

四、使用拉拔法修复板面损伤，并记录操作要点

五、板面修复结果评判

高点	有□（　　）处	无□
低点	有□（　　）处	无□
崩弹	有□	无□
表面光滑	是□	否□
修复结果	合格□	不合格□

任务工单二　顶撬法修复

姓名：		班级：	学号：	教师签字：
初评：合格□　不合格□		复评：合格□　不合格□		
日期：		日期：		

一、穿戴安全防护用品，并记录

二、对撬杠支点进行选择，并记录操作要点

三、选取顶撬法修复需要使用的工具，并记录工具名称

四、使用顶撬法修复板面损伤，并记录操作要点

五、板面修复结果评判

高点	有□（　　）处	无□
低点	有□（　　）处	无□
崩弹	有□	无□
表面光滑	是□	否□
修复结果	合格□	不合格□

任务工单三　　内应力法修复

姓名：	班级：	学号：	教师签字：
初评：合格□　不合格□	复评：合格□　不合格□		
日期：	日期：		

一、穿戴安全防护用品，并记录

二、对凹陷修复仪进行调整，并记录操作要点

三、选取内应力法修复需要使用的工具，并记录工具名称

四、使用内应力法修复板面损伤，并记录操作要点

五、板面修复结果评判

高点	有□（　）处	无□
低点	有□（　）处	无□
崩弹	有□	无□
表面光滑	是□	否□
修复结果	合格□	不合格□

项目六　车身铝外板修复技术

课后习题

一、填空题

1. 铝合金的使用可以最大程度地使汽车整车质量减轻（　　　）。
2. 铝暴露在空气中很快在表面形成一层（　　　），它使金属铝和空气隔绝开来，防止其进一步被腐蚀。
3. 应用在车身上的铝合金主要包括（　　）、（　　）、（　　）、（　　）等。
4. 6000系列是（　　）合金，此种合金强度高、耐蚀性佳且具有抗压性、良好的加工性，可用作（　　）和（　　）。
5. 7000系列是（　　）合金，热处理性能好，可用于汽车的（　　）和保险杆加强梁。
6. （　　）适用范围是可以两侧进入的部位，（　　）适用于可以一侧进入的部位，即受损部位的背面不能接触到。
7. 铝合金介子直径为（　　）mm不等，长度一般为（　　）mm，为减少铝介子与铝板的接触面积，铝介子的头部有一个很小的（　　）。
8. 热风枪加热铝合金外板时，主要的监测工具有（　　）、（　　）、（　　）。

二、判断题

1. 对于钢铝两种金属，铝失去电子成为阴极，钢铁得到电子成为阳极。（　　）
2. 4000系列铝硅合金，抗磨损性佳、低熔点，经常用作减振器支座和铝合金焊丝。（　　）
3. 5000系列铝镁合金，通常用作复杂的冲压件和铝合金焊丝。（　　）
4. 车身覆盖件是车身重要而又相对独立的部件，其设计的目标是减少阻力和增加美观，一般刚度和强度等与车身结构件差不多。（　　）
5. 除了前翼子板损伤外，其他部位损伤一般都采用介子机进行修复。（　　）

三、简答题

1. 铝的物理性质有哪些？

2. 什么是电化学腐蚀？

3. 铝合金的优点是什么？

4. 铝合金维修时加热温度过高或过低有什么影响？

任务工单一　　手工具修复

姓名：	班级：	学号：	教师签字：
初评：合格□　不合格□	复评：合格□　不合格□		
日期：	日期：		

一、穿戴安全防护用品，并记录

　

二、对板件进行损伤评估，并记录操作要点

　

三、选取手工具修复需要使用的工具，并记录工具名称

　

四、使用手工具修复铝板面损伤，并记录操作要点

　

五、板面修复结果评判

高点	有□（　　）处　无□
低点	有□（　　）处　无□
崩弹	有□　　　　　无□
表面光滑	是□　　　　　否□
修复结果	合格□　　　　不合格□

任务工单二　介子机修复

姓名：	班级：	学号：	教师签字：
初评：合格□　不合格□	复评：合格□　不合格□		
日期：	日期：		

一、穿戴安全防护用品，并记录

二、对介子机参数进行调整，并记录操作要点

三、选取介子机修复需要使用的工具，并记录工具名称

四、使用介子机修复铝板面损伤，并记录操作要点

五、板面修复结果评判

高点	有□（　　）处	无□
低点	有□（　　）处	无□
穿孔	有□（　　）处	无□
崩弹	有□	无□
表面光滑	是□	否□
修复结果	合格□	不合格□

项目七 钣金成形技术

课后习题

一、填空题

1. 钣金展开的方法有两种，即（　　　）和（　　　）。
2. 展开图的画法可以分为（　　　）展开法、（　　　）展开法、（　　　）展开法等。
3. 求一般位置线段实长的常用方法有（　　　）、（　　　）等。
4. 把展开图画到施工板料或纸板上的过程叫（　　　）。
5. 常见的钣金件加工成形技术有（　　　）、（　　　）、（　　　）、弯曲、拱曲、卷边、咬缝及拔缘等。
6. 手工制筋方法有（　　　）和（　　　）两种。
7. 车身上风窗玻璃处拐角、车门框处拐角是（　　　）与（　　　）的应用。
8. 收边有（　　　）收边、（　　　）收边和（　　　）收边等方法。
9. 弯曲形式一般有两种，即（　　　）和（　　　）。
10. 拔缘主要针对环形板料边缘的弯曲，分为（　　　）和（　　　）两种形式。

二、判断题

1. 制作金属板材制件的过程，一般是先依据展开图放样、切割下料，然后再通过弯曲、拱形、制筋、冲压、焊接等工艺制作出所需要的钣金件。（　　　）
2. 目前，我国一般采用的展开方法是图解法。（　　　）
3. 放射线展开法主要应用于圆台、棱台等。（　　　）
4. 三角形展开法主要应用于机件的表面是由平面、柱面和锥面的全体或部分曲面组合而成的任意形状的表面。（　　　）
5. 划针是用来在板料上划线的基本工具，一般由低碳钢制成。（　　　）
6. 样冲也叫心冲，由高碳钢制成，长90~150mm，正火处理。（　　　）
7. 样冲主要用来冲圆心或钻孔时冲中心孔。（　　　）
8. 在钣金件表面上制出各种凸筋，可以提高其刚度和使用性能，增加美感。（　　　）
9. 大量生产时，制筋工艺一般由手工完成。（　　　）
10. 通过板料变薄而导致角形零件弯曲成型的方法叫作收边。（　　　）

11. 放边是使钣金零件的边缘或周沿增厚或收缩内弯成形的工艺方法。（　　）

12. 把较薄的金属板料锤击成凹面形状的零件，称为拱曲。（　　）

三、简答题

1. 什么是钣金件的展开？

2. 什么是平行线展开法？

3. 什么是放射线展开法？

4. 放射线展开法的原理是什么？

5. 放样的一般步骤是什么？

任务工单一　　放样和认识放样工具

姓名：	班级：	学号：	教师签字：
初评：合格□　不合格□	复评：合格□　不合格□		
日期：	日期：		

一、穿戴安全防护用品，并记录

　

二、选取放样时需要使用的工具，并记录工具名称及用法

　

三、对给定图形进行放样，并记录操作要点

　

四、放样结果评判

尺寸偏大	有□（　　）处　　无□
尺寸偏小	有□（　　）处　　无□
表面美观	是□　　　　　　否□
放样结果	合格□　　　　　不合格□

任务工单二　常用钣金成形工艺

姓名：	班级：	学号：	教师签字：
初评：合格□　不合格□	复评：合格□　不合格□		
日期：	日期：		

一、进行制筋，并记录操作要点

二、进行放边和收边，并记录操作要点

三、进行弯曲和拱曲，并记录操作要点

四、进行卷边和咬缝，并记录操作要点

五、进行拔缘，并记录操作要点

六、结果评判

制筋结果	合格□	不合格□
放边收边结果	合格□	不合格□
弯曲拱曲结果	合格□	不合格□
卷边咬缝结果	合格□	不合格□
拔缘结果	合格□	不合格□

第三部分 技能提升成新锐——车身中损伤修理篇

项目八 车身热接合技术

课后习题

一、填空题

1. 车身板件的连接分为（   ）和（   ）。
2. 车身接合技术分为（   ）和（   ）。
3. MIG焊接属于电弧焊中（   ）的一种，指的是采用惰性气体隔绝空气对母材进行保护，以防止高温使（   ）的焊接方式。
4. 汽车车身上的MIG焊接通常指的是（   ）的焊接，所以也可以称为（   ）。
5. 铝合金在空气中极易与氧气发生反应生成（   ），此物质形成的时间非常短，大约（   ）之内，在处理后的铝板表面就形成了一层致密的薄膜。
6. 钎焊是指（   ）和焊件同时加热到钎料熔化温度后，利用（   ）填充固态工件的缝隙使金属连接的焊接方法。
7. 根据钎料熔点的不同，钎焊又分为（   ）和（   ）。
8. 锡焊在车身维修上也有应用，被称为（   ）。
9. 车身维修中用到的是采用铜基钎料焊接钢铁车身的（   ）。
10. 按照钎焊加热热源的不同可以将钎焊分为（   ）、（   ）、浸沾钎焊、感应钎焊、真空钎焊等。
11. 车身维修或制造中用到的主要是（   ）和（   ）。
12. （   ）是使用惰性气体保护的电弧铜钎焊，也叫电弧铜焊、MIG硬钎焊、MIG钎焊。
13. 广义上的激光焊接在车身中主要指的是（   ）和（   ）两种方式。
14. 应用在汽车白车身上的激光焊接通常有（   ）、（   ）、（   ）三种方式。
15. （   ）主要用于顶盖和侧围的连接、侧围组焊以及车门焊接。
16. 车顶外板与侧围外板激光钎焊钣金贴合为线接触，在车身制造企业，一般采用（　　）将车顶外板和侧围外板接合起来,由于所使用的钎料（焊丝）为铜,也称为（　　）。

17. 连续成型旋接又叫（　　）,也称为热钻孔、流式钻孔、成形钻孔或摩擦搅拌钻孔,简称为（　　）连接。

18. 连续成型旋接会使零件熔化向前移动并形成一个套筒,其总长度可达初始材料厚度的（　　）。

19. 车身上的摩擦焊接主要分为两种类型：（　　）和（　　）。

二、判断题

1. 氧化铝好似盔甲阻止了铝板进一步被氧化,同时会使焊接产生缺陷。（　　）
2. 在铝焊接过程中不用注意清洁氧化层和焊接的时效性。（　　）
3. 软钎焊的钎料熔点低于650℃,接头强度较低。（　　）
4. 过度的加工硬化凹陷区域,可以采用铅锡合金把凹陷部位直接填补起来。（　　）
5. 补锡工艺因环保问题现在已经淘汰,产生污染的原因主要是所用锡条主要成分是有毒的重金属铅。（　　）
6. 硬钎焊的钎料熔点高于450℃,接头强度较高（大于200 MPa）。（　　）
7. 在MIG钎焊焊接过程中,温度远高于传统MAG焊接,母材本身不熔化,铜焊丝熔化。（　　）
8. 熔融的铜焊丝位于钢板外侧,母材板件通过液体的毛细管作用接合。（　　）
9. 由于液体无须外力辅助即可流动,且流动方向与外力方向相反,所以采用后退法焊接及推焊的焊接方法,可增强焊接强度。（　　）
10. 车顶外板与侧围外板激光钎焊钣金贴合为线接触。（　　）
11. 摩擦焊接会产生热量,这是在压缩过程中将一个部件抵靠在另一个不同部件转动产生的。（　　）

三、简答题

1. 当前车身上常用的接合工艺有哪些?

2. 列举铝合金与钢铁的物理性能并对比。

3. 对材料进行MIG电弧钎焊和MIG焊,采用的保护气体有哪些?

4. 激光拼焊板的优点有哪些?

5. 汽车拼焊板按焊缝类型分类可以分为哪三种?

任务工单一　MIG 焊接

姓名：	班级：	学号：	教师签字：
初评：合格□　不合格□	复评：合格□　不合格□		
日期：	日期：		

一、在车身上确定 MIG 焊接的适用范围，并记录

二、在车身上执行焊接前的安全操作，并记录

三、对焊接前的板件进行清洁，并记录步骤

四、对焊机进行调整，并记录要点

1. 送丝管

2. 导电嘴

3. 送丝轮

五、尝试进行搭接焊、塞焊、对接焊，并记录操作要点

1. 搭接焊

2. 塞焊

3. 对接焊

六、搭接焊板件结果评判

目视检查	烧穿□　焊偏□　飞溅□　缺口□　跳焊□
无损检查	合格□　　不合格□
破坏性检查	合格□　　不合格□

任务工单二　MIG 钎焊

姓名：	班级：	学号：	教师签字：
初评：合格□　不合格□	复评：合格□　不合格□		
日期：	日期：		

一、对焊机进行调整，并记录操作要点

　

　

　

二、在控制面板上对焊机进行调整，并记录操作要点

　

　

　

三、在板件上进行槽焊，并记录开槽和槽焊操作要点

　

　

　

四、进行平焊和立焊操作，并记录操作要点

　

　

　

五、尝试进行钎焊部位板件分离，并记录操作要点

　

　

六、槽焊板件结果评判

正面检查	合格□　不合格□
背面检查	合格□　不合格□

七、对接焊板件结果评判

正面检查	合格□　不合格□
背面检查	合格□　不合格□
热影响区检查	合格□　不合格□

任务工单三　激光焊接

姓名：	班级：	学号：	教师签字：
初评：合格□　不合格□	复评：合格□　不合格□		
日期：	日期：		

一、网上搜索激光焊接视频，观察并记录激光焊接系统结构

二、在车身上找到激光焊接的部位，并总结激光焊接的应用

三、检查激光焊接外观质量，并记录相关要点

任务工单四　激光钎焊

姓名：	班级：	学号：	教师签字：
初评：合格□　不合格□	复评：合格□　不合格□		
日期：	日期：		

一、网上搜索激光钎焊视频，观察并记录激光钎焊系统结构

二、在车身上找到激光钎焊的部位，并总结激光钎焊的应用

三、观看激光钎焊车顶外板更换视频，并记录更换步骤

任务工单五　连续成型旋接

姓名：	班级：	学号：	教师签字：
初评：合格□　不合格□	复评：合格□　不合格□		
日期：	日期：		

一、网上搜索连续成型旋接视频，观察并记录接合过程

二、尝试分析旧的自攻螺钉的拆卸要点

三、尝试分析新的自攻螺钉的安装要点

任务工单六　摩擦焊接

姓名：	班级：	学号：	教师签字：
初评：合格□　不合格□	复评：合格□　不合格□		
日期：	日期：		

一、网上搜索摩擦焊接视频，观看并分析摩擦焊的优点

二、尝试在车身上找到摩擦搅拌焊的部位，并分析该焊接的接合过程

三、尝试在车身上找到摩擦元件焊的部位，并分析该焊接的接合过程

四、分析摩擦搅拌焊和摩擦元件焊的焊点分离方法，并记录要点

项目九　车身冷接合技术

课后习题

一、填空题

1. 将外板延伸至内板边缘之外的部分向后折回到内板的下方产生重叠接合，并且将所述边缘相互挤压，该连接方式被称为（　　　）。
2. 为了将水分阻隔在板件空隙之外并且防止腐蚀，折边连接通常与（　　　）配合使用，内板和外板的间隙中需涂抹（　　　）。
3. 在某些高端品牌的复合材料车身上，甚至车身（　　　）上也采用折边连接。
4. 为了防止不同三种材料因热胀冷缩系数不同而不能紧密地接合，在外板铝合金等间隔上设计了（　　　）。
5. 粘接力的大小取决于（　　　）和（　　　）。
6. 黏附力指的是板件材料与黏接剂分子之间的力，包括三个力：（　　　）、分子间的作用力、（　　　）。
7. （　　　）指的是胶黏剂分子间内部相互吸引接合的力。
8. 结构黏合胶能抵抗（　　　）和（　　　），不能有效承受（　　　）。
9. 板件上的污染分为（　　　）和（　　　）。
10. 汽车上用的胶除了胶粘连接的结构胶外，还有在汽车的（　　　）、（　　　）和（　　　）等方面起重要作用的密封胶。
11. 接合不同金属或金属与非金属材料时，采用（　　　）进行板件接合的盲铆接（BSF）就是非常好的选择之一。
12. （　　　）也被称为抽芯铆钉或拉铆钉，英文叫"blind rivet"。
13. 盲铆钉的结构包括（　　　）、（　　　）和（　　　）。
14. 盲铆钉按照铆钉头的形式分为（　　　）和（　　　）两种。
15. 盲铆接使用的铆枪包括（　　　）和（　　　），在车身维修中，通常采用气动铆钉枪进行盲铆接。
16. （　　　）是铆钉在一定的压力作用下、以一定速度穿入2层或多层板材形成铆钉与板材互锁的一种冷接合技术。
17. 在铆接过程中，影响铆接质量的因素包括（　　　）、（　　　）、冲头压力与位移、预压紧力等。
18. 在原厂使用冲压铆接的位置，维修时应采用（　　　），除非当工具的检修受限、无法使用工具或板件上的空间不足时，才可将冲压铆接更换为（　　　）。
19. （　　　）又叫（　　　），它利用板材压接机和专用连接模具，通过一个瞬间强高压加工过程完成连接。

二、判断题

1. 在采用新材料和应用新技术制成的新型汽车车身上，胶粘连接在车身上所占比例逐步下降。（　　）
2. 胶粘连接可以代替某些板件的点焊、电弧焊等传统工艺，实现无法焊接的金属与非金属或不同金属板件连接，从而优化了生产工艺。（　　）
3. 两块相同材料的板件都可以采用胶粘连接进行接合。（　　）
4. 粘接力的大小等于黏附力和黏合力的和。（　　）
5. 胶粘和铆接在车身上一般情况下都是互相配合使用。（　　）
6. 在氧化焰对所有接触粘接面进行处理后铝片仍然热时，用刷子涂抹液体耦合剂，这也可以极大地改善粘接面的附着力。（　　）
7. 油脂、指纹、污水等液体会阻碍胶和板件接合。（　　）
8. 板件上的灰尘、粉尘、纤维的固体会增加胶粘的接触面积，影响胶的黏性。（　　）
9. 压力过大，结构胶不能进入毛细孔和排出空气，造成粘接缺陷。（　　）
10. 当板件可以两侧进入时，接合紧固件的选择众多，但如果板件只有一侧可以进入，则接合紧固件的选择余地大为缩小。（　　）
11. 钉杆上预设的断裂处，当受到预设拉力时，此处最先断裂。（　　）
12. 铆接结构件通常采用 4.2mm 的铆钉，铆接覆盖件通常采用 6.5mm 的铆钉。（　　）
13. 在原厂车身上应用最多的是盲铆接。（　　）
14. 在维修企业，盲铆接得到了广泛的应用，很多原厂的冲压铆接在维修企业都用盲铆接代替。（　　）
15. 相比电阻点焊工艺，冲压铆接能减少 30% 的强度，所以在铝合金车身或钢铝混合车身上得到了广泛应用。（　　）
16. 与电阻点焊相比，冲压铆接使用铆钉，会使质量增加。（　　）
17. 新铆钉应安装在原铆钉中心位置，以便为以后的维修保留位置。（　　）
18. 售后维修与原厂生产中在安装铆钉前都需要在铝面板上钻孔。（　　）
19. 为便于安装，售后维修冲压铆钉应与车身原厂装配的铆钉具有相同的倒角刺，可以复制原厂接头。（　　）
20. 一旦将铆钉安装到面板组件中，即应将腐蚀保护剂涂抹在铆钉的两边，防止水与空气进入，发生电化学腐蚀。（　　）

三、简答题

1. 如何增加板面粗糙度？

2. 盲铆钉接合的过程是什么？

3. 冲压铆接的优点是什么？

4. 冲压铆接包括哪些步骤？

5. 售后维修冲压铆钉的位置如何确定？

6. 在何种情况下使用连续成型铆接？

7. 无铆钉连接的优点是什么？

任务工单一　　折边连接

姓名：		班级：	学号：	教师签字：
初评：合格□　不合格□		复评：合格□　不合格□		
日期：		日期：		

一、穿戴安全防护用品，并记录

　
　
　
　

二、对车门外板进行损伤评估，确定是否需更换外板，并记录要点

　
　
　
　

三、拆卸分离车门外板，并记录操作步骤

　
　
　
　
　

四、安装新的车门外板，并记录操作步骤

　
　
　
　
　

五、折边连接结果评判

内外板缝隙	有□　　无□
外板损伤	有□　　无□
外板翘曲	有□　　无□
总体结果	合格□　　不合格□

任务工单二　胶粘连接

姓名：	班级：	学号：	教师签字：
初评：合格□　不合格□	复评：合格□　不合格□		
日期：	日期：		

一、穿戴安全防护用品，并记录

二、对旧板件的胶粘进行分离，并记录操作要点

三、对旧板件的杂物进行清除，并记录操作要点

四、对板件表面进行清洁，并记录操作要点

五、对板件进行胶粘连接，并记录操作步骤和要点

任务工单三　盲铆接

姓名：		班级：	学号：	教师签字：
初评：合格□　不合格□		复评：合格□　不合格□		
日期：		日期：		

一、穿戴安全防护用品，并记录

二、对板件进行盲铆接，并记录操作过程

三、分离盲铆钉，并记录操作要点

四、盲铆接结果评判

板件间缝隙	有□	无□
铆钉与板间缝隙	有□	无□
铆接不到位	有□	无□
板件产生裂纹	有□	无□
总体结果	合格□	不合格□

任务工单四　冲压铆接

姓名：	班级：	学号：	教师签字：
初评：合格□　不合格□	复评：合格□　不合格□		
日期：	日期：		

一、穿戴安全防护用品，并记录

二、认识电动冲压铆钉工具 ESN50，并记录配件名称

三、安装冲压铆钉，并记录操作步骤和要点

四、采用不同方法拆除冲压铆钉，并记录操作要点

1. 可以两侧进入板件的铆钉拆除

2. 无法两侧进入板件的铆钉拆除

任务工单五　连续成型铆接

姓名：	班级：	学号：	教师签字：
初评：合格□　不合格□	复评：合格□　不合格□		
日期：	日期：		

一、确认车身上连续成型铆接的部位，并分析其使用范围

二、拆除板件上的连续成型铆钉，并记录操作要点

三、安装连续成型铆钉，并记录操作要点

任务工单六　无铆钉连接

姓名：	班级：	学号：	教师签字：
初评：合格□　不合格□	复评：合格□　不合格□		
日期：	日期：		

一、查询网络资源，并分析无铆钉连接的过程

二、查看无铆钉连接部位，试分析无铆钉连接的优点

三、查找车身上的无铆钉连接，并分析其在车身上的应用

第四部分　技术精湛开新局——车身大损伤修理篇

项目十　车身测量技术

课后习题

一、填空题

1. 对于车身结构件（　　　），车身二维测量可以快速测量出车身上测量点的位置数据。
2. 车身维修人员常用的基本测量工具有（　　　）和（　　　），这两种尺可以测量两个测量点之间的距离。
3. 量规主要有（　　）、（　　）和（　　　）等多种。
4. 轨道式量规又名（　　　），多用于测量（　　　）之间的距离。
5. 使用轨道式量规进行车身二维测量时，测量头能（　　　），测量精度高。
6. 当测量孔直径不相同时，可以使用（　　　）测量。
7. 当（　　）或（　　），可以使用同缘测量法测量。
8. 测量点安装量头主要包括（　　）、（　　）、（　　）、（　　）四种。
9. 加长杆按照长度不同主要分为（　　）、E50S、（　　）、E200S、E400S等几种。
10. （　　　）用于转换测量点的方向，将水平方向和向上的测量孔转换为方向向下，以便于安装加长杆或发射器。
11. 目前的三维测量设备主要分为两类，即（　　　）和（　　　）。
12. 激光测量系统和其他三维测量系统一样，可以在空间中建立起车身的（　　）、（　　）、（　　）三维测量基准。
13. TRUSC激光三维测量系统设备主要包括测量系统机柜、计算机+彩色打印机、（　　）、（　　）、（　　）、（　　）、测量标靶等配置。
14. 卡尔拉得三维测量系统是采用（　　　）进行测量的，由测量机柜、带有连接杆和测量头的（　　　）、长尺、充电器、蓝牙、数据光盘及程序组成。

15. 测量机柜中有很多连接杆和测量头，包括（　　）、（　　）、侧面测量点转换头、上部测量点转换头、加长杆等。
16. 在进行正式测量之前，需要将（　　）安装和固定在车身校正平台上。
17. 售后维修常见的电子测量系统斯潘内锡使用（　　）进行位移测量。
18. 斯潘内锡电子测量系统由移动式机柜、（　　）、（　　）、电子测量软件、计算机和数据升级光盘组成。
19. 专用模具测量系统主要包括带有轮座、测量横梁、锚定夹具的（　　），（　　），带有延长臂的拉塔等。
20. 由于一套（　　）一般仅可专用于测量某一个车身类型的汽车，专用模具的名字就来源于此。

二、判断题

1. 如果各个测量点之间有障碍，就需要使用轨道式量规进行测量。（　　）
2. 超声波发射器通过测量附件安装在测量铝梁上，用于发射超声波。（　　）
3. C20 和 C30 主要用于测量车身螺柱。（　　）
4. 测量点是螺栓孔的话，就需要用到螺栓孔安装量头。在选择安装量头时，应注意区分粗细螺纹。（　　）
5. 安装测量长尺时应确保其上的箭头标记的指向与车头方向一致，同时确保测量长尺中心线与工作平台中心线一致。（　　）
6. 自由臂由多节可以转动的关节连接，每两个臂之间都可以在一个平面内 180° 转动。（　　）
7. 自由臂测量系统每次可测量多个点，而在实际拉伸过程中经常要同时监控多个点，因此作业时要反复测量控制点的数据变化。（　　）
8. 专用模具测量系统基于车身的制造过程，可以对板件进行快速定位、安装、焊接等工作。（　　）

三、简答题

1. 为什么要进行车身测量？

2. 超声波电子测量系统的优点有哪些？

3. 超声波三维测量的原理是什么？

4. 激光测量原理是什么？

5. 专用模具测量系统的优点是什么？

任务工单一　二维测量

姓名：	班级：	学号：	教师签字：
初评：合格□　不合格□	复评：合格□　不合格□		
日期：	日期：		

一、穿戴安全防护用品，并记录

二、对车身进行二维测量，并记录操作步骤和要点

三、数据记录

左 – 右测量值	标准值
右 – 左测量值	标准值
测量值	标准值
测量值	标准值
测量值	标准值
测量值	标准值

四、车身损伤评估

左 – 右	合格□　不合格□
右 – 左	合格□　不合格□
–	合格□　不合格□
–	合格□　不合格□
–	合格□　不合格□
–	合格□　不合格□

任务工单二　超声波三维测量

姓名：	班级：	学号：	教师签字：
初评：合格□　不合格□	复评：合格□　不合格□		
日期：	日期：		

一、穿戴安全防护用品，并记录

二、指出超声波三维测量系统各部分的名称，并记录

三、对车身进行超声波三维测量，并记录操作步骤和要点

四、数据记录

1. 测量点（　　）测量值　　　　　　　　标准值
2. 测量点（　　）测量值　　　　　　　　标准值
3. 测量点（　　）测量值　　　　　　　　标准值
4. 测量点（　　）测量值　　　　　　　　标准值
5. 测量点（　　）测量值　　　　　　　　标准值
6. 测量点（　　）测量值　　　　　　　　标准值

五、车身损伤评估

测量点（　　）	合格□	不合格□　需维修点（　　）
测量点（　　）	合格□	不合格□　需维修点（　　）
测量点（　　）	合格□	不合格□　需维修点（　　）
测量点（　　）	合格□	不合格□　需维修点（　　）
测量点（　　）	合格□	不合格□　需维修点（　　）
测量点（　　）	合格□	不合格□　需维修点（　　）

任务工单三　激光三维测量

姓名：	班级：	学号：	教师签字：
初评：合格□　不合格□	复评：合格□　不合格□		
日期：	日期：		

一、穿戴安全防护用品，并记录

二、指出激光三维测量系统各部分的名称，并记录

三、对车身进行激光三维测量，并记录操作步骤和要点

四、数据记录

1. 测量点（　　）	测量值	标准值
2. 测量点（　　）	测量值	标准值
3. 测量点（　　）	测量值	标准值
4. 测量点（　　）	测量值	标准值
5. 测量点（　　）	测量值	标准值
6. 测量点（　　）	测量值	标准值

五、车身损伤评估

测量点（　　）	合格□	不合格□　需维修点（　　）
测量点（　　）	合格□	不合格□　需维修点（　　）
测量点（　　）	合格□	不合格□　需维修点（　　）
测量点（　　）	合格□	不合格□　需维修点（　　）
测量点（　　）	合格□	不合格□　需维修点（　　）
测量点（　　）	合格□	不合格□　需维修点（　　）

任务工单四　位移传感器（卡尔拉得）三维测量

姓名：	班级：	学号：	教师签字：
初评：合格□　不合格□	复评：合格□　不合格□		
日期：	日期：		

一、穿戴安全防护用品，并记录

　
　
　

二、指出卡尔拉得三维测量系统各部分的名称，并记录

　
　
　
　

三、对车身进行位移传感器三维测量，并记录操作步骤和要点

　
　
　
　
　

四、数据记录

1. 测量点（　　）测量值　　　　　　　　标准值
2. 测量点（　　）测量值　　　　　　　　标准值
3. 测量点（　　）测量值　　　　　　　　标准值
4. 测量点（　　）测量值　　　　　　　　标准值
5. 测量点（　　）测量值　　　　　　　　标准值
6. 测量点（　　）测量值　　　　　　　　标准值

五、车身损伤评估

测量点（　　）	合格□	不合格□　需维修点（　　）
测量点（　　）	合格□	不合格□　需维修点（　　）
测量点（　　）	合格□	不合格□　需维修点（　　）
测量点（　　）	合格□	不合格□　需维修点（　　）
测量点（　　）	合格□	不合格□　需维修点（　　）
测量点（　　）	合格□	不合格□　需维修点（　　）

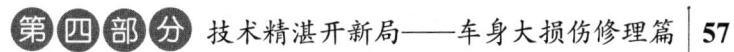

任务工单五　斯潘内锡（SPANESI）电子测量

姓名：	班级：	学号：	教师签字：
初评：合格□　不合格□	复评：合格□　不合格□		
日期：	日期：		

一、穿戴安全防护用品，并记录

二、指出斯潘内锡（SPANESI）系统各部分的名称，并记录

三、对车身进行斯潘内锡电子测量，并记录操作步骤和要点

四、数据记录

1. 测量点（　　）测量值　　　　　　　　标准值
2. 测量点（　　）测量值　　　　　　　　标准值
3. 测量点（　　）测量值　　　　　　　　标准值
4. 测量点（　　）测量值　　　　　　　　标准值
5. 测量点（　　）测量值　　　　　　　　标准值
6. 测量点（　　）测量值　　　　　　　　标准值

五、车身损伤评估

测量点（　　）	合格□	不合格□　需维修点（　　）
测量点（　　）	合格□	不合格□　需维修点（　　）
测量点（　　）	合格□	不合格□　需维修点（　　）
测量点（　　）	合格□	不合格□　需维修点（　　）
测量点（　　）	合格□	不合格□　需维修点（　　）
测量点（　　）	合格□	不合格□　需维修点（　　）

任务工单六　专用模具测量

姓名：	班级：	学号：	教师签字：
初评：合格□　不合格□	复评：合格□　不合格□		
日期：	日期：		

一、穿戴安全防护用品，并记录

二、指出 CELETTE 专用模具测量系统各部分的名称，并记录

三、采用专用模具对车身进行测量，并记录操作步骤和要点

四、车身损伤评估

测量点（　　）	合格□	不合格□
测量点（　　）	合格□	不合格□
测量点（　　）	合格□	不合格□
测量点（　　）	合格□	不合格□
测量点（　　）	合格□	不合格□
测量点（　　）	合格□	不合格□

项目十一 车身校正技术

课后习题

一、填空题

1. 车身校正的重点是精确地恢复车身的（　　）与（　　）。
2. 校正车身时，有一个基本原则，即按（　　），在碰撞区（　　）。
3. 当发生剧烈碰撞时，在相反的方向施加拉力，是无法使车身复原的，因为每一个板件的（　　）和（　　）都不同。
4. 在拉拔过程中，按照每个板件的强度和恢复率情况，不断改变拉力的（　　）和（　　）。
5. 盲目地进行维修作业，不但无法完全修复损伤，甚至还会对车身造成（　　）。
6. SPANESI是带（　　）的大梁校正仪。
7. SPANESI车身大梁校正仪是由（　　）、（　　）、（　　）、（　　）组成的。
8. 举升系统包括（　　）和（　　），最大举升高度为1.8m。
9. 框架系统包括（　　）、主架齿条、（　　）和脚轮。
10. 拉伸系统包括（　　）、反作用力油缸、链条、（　　）及控制器等。
11. 测量系统包括（　　）、（　　）和（　　）。
12. 测量横梁放在（　　）上，上面放置（　　），在基座上面安装（　　）。
13. 横梁可以在（　　）上前后移动，基座可以在（　　）上左右移动，立柱可以在（　　）上上下移动，三者共同构建了车身的三维测量体系。
14. 主车身测量系统用来测量车身底盘即下车身尺寸，包括很多带有编号及尺寸的（　　）和（　　）。
15. 辅助测量系统用于测量（　　）和（　　）数据，通常采用（　　）组件。
16. 当车辆进行大事故维修时，需要将事故车放置到校正平台上，通常称之为（　　），包括（　　）和（　　）两种方式。
17. 可以对车身进行（　　）拉拔，也可以采用车身校正系统对车身大梁进行多方向的（　　）。
18. 奔腾校正平台是车身维修主要的工作平台，（　　）以及（　　）工作都在此平台上完成。
19. 平台升降系统主要由（　　）、（　　）以及锁紧机构等部分组成，可以实现平台升降到一定的工作高度。
20. （　　）主要由上车板、拖车器、车轮支架、牵引器（拉车器）等部分组成，主要用来将事故车移动到车身校正平台上。
21. （　　）主要由塔柱、链条、顶杆、斜拉臂、导向环等部分组成。

22. 卡尔拉得系统由举升系统、（　　）、（　　）、测量系统组成。

二、判断题

1. 当碰撞很轻，损伤比较简单时，按与碰撞力相同的方向施加拉伸力很有效。（　　）
2. 拉塔立柱的旋转可精确调整拉伸角度，确保了拉伸角度的精准。（　　）
3. 在框架上有表示 X 轴的宽度尺寸，在测量横梁上有表示 Y 轴的长度尺寸，在立柱上有表示 Z 轴的高度尺寸。（　　）
4. 拉拔时将车身测量孔拉拔至按照车身三维数据图摆放的模具头位置，并使车辆测量孔与模具头互相配合在一起。（　　）
5. 在进行车身校正时，应采用由变形点向未变形点逐步推进的方式。（　　）
6. 如果是前部损伤，则由后部向前开始安装模具，如果是后部损伤，则由前部向后开始安装模具，如果是前后夹击事故，则需从中部开始安装模具。（　　）
7. 模具的作用不仅是辅助车身测量，还可以对车身部件进行定位和辅助支撑。（　　）
8. 事故车辆在维修前，需要通过固定在平台上的主夹具紧固车辆，使车辆、平台和主夹具成为一个刚性的整体，以确保车辆在拉伸校正操作时不能移动。（　　）
9. 奔腾单夹头夹具可以夹持比较宽的裙边部位，以防止拉伸中损坏夹持部位；双夹头夹具的钳口很宽，能够夹持车架。（　　）
10. 卡尔拉得系统的拉塔可以布置在校正平台四周几个固定位置，通过楔形锁紧装置和安全板的牵引杆固定在校正平台上。（　　）
11. 卡尔拉得系统拉塔可以横向旋转，并用水平锁锁销固定在适当的位置。（　　）
12. 卡尔拉得系统拉塔举升臂可以倾斜以获得最佳的牵引角度，举升臂依靠竖向锁锁销固定。（　　）

三、简答题

1. 事故车辆分析诊断的一般步骤是什么？

2. 怎样进行牵引上架？

3. 怎样进行接收上架？

4. 钣金工具使用时的注意事项是什么？

5. 使用塔柱校正拉伸的注意事项是什么？

6. 除了侧向拉伸，卡尔拉得校正平台还可以实现哪些拉伸操作？

任务工单一　斯潘内锡（SPANESI）系统车身校正

姓名：		班级：		学号：		教师签字：
初评：合格☐　不合格☐		复评：合格☐　不合格☐				
日期：		日期：				

一、穿戴安全防护用品，并记录

二、读取斯潘内锡系统车身图纸，并记录基准点所需的定位夹具

三、按照车身图纸，将基准点定位夹具安装到大梁校正平台，并记录对应的长、宽、高数值

四、对左、右前梁进行更换校正，记录操作步骤

五、车身校正数据检查

测量点（　　）	合格☐	不合格☐
测量点（　　）	合格☐	不合格☐
测量点（　　）	合格☐	不合格☐
测量点（　　）	合格☐	不合格☐

任务工单二　奔腾（BANTAM）系统车身校正

姓名：	班级：	学号：	教师签字：
初评：合格□　不合格□	复评：合格□　不合格□		
日期：	日期：		

一、穿戴安全防护用品，并记录

二、认识奔腾校正设备，并记录各部分名称

三、对车身校正平台上的指定点进行拉伸车身校正，并记录操作步骤

四、车身校正数据检查

测量点（　　）	校正前数据	校正后数据
测量点（　　）	校正前数据	校正后数据
测量点（　　）	校正前数据	校正后数据
测量点（　　）	校正前数据	校正后数据
测量点（　　）	校正前数据	校正后数据
测量点（　　）	校正前数据	校正后数据

任务工单三　卡尔拉得（CAR-O-LINER）系统车身校正

姓名：	班级：	学号：	教师签字：
初评：合格□　不合格□	复评：合格□　不合格□		
日期：	日期：		

一、穿戴安全防护用品，并记录

二、认识控制开关，并记录各部分功能

三、对车身校正平台上的指定点进行拉伸车身校正，并记录操作步骤

四、将不同的拉伸附件连接到车身上，并记录适用部位

五、车身校正数据检查

测量点（　　）	校正前数据	校正后数据
测量点（　　）	校正前数据	校正后数据
测量点（　　）	校正前数据	校正后数据
测量点（　　）	校正前数据	校正后数据
测量点（　　）	校正前数据	校正后数据
测量点（　　）	校正前数据	校正后数据

下载地址：
需要配套资源的教师可登录机械工业出版社教育服务网www.cmpedu.com 免费注册后下载，或联系机工小编索取（微信:13683016884/电话:010-88379674）

机工教育微信服务号　　机工小编　　○策划编辑◎齐福江 / 封面设计◎陈沛